JOURNAL DU NOUVEAU SIÈCLE
2003

RÉGINE DEFORGES

CE SIÈCLE AVAIT TROIS ANS

Journal de l'année 2003

ÉDITIONS DU SEUIL
*27, rue Jacob, Paris VIe*

ISBN 2-02-058527-8

www.seuil.com

À Ketty Angel, chanteuse de tango.

À Miriam Ieiva, Blanca Reyes, Gisela Delgado,
Julia Estevez Pecheo, Nancy Alfaya
et à toutes les épouses des prisonniers de
conscience cubains.

Ce monde en lui-même n'est pas raisonnable,
c'est tout ce qu'on en peut dire.

Albert Camus.

La liberté est la loi de l'homme
comme le mouvement est la loi de la Terre.

Émile de Girardin.

J'entreprends aujourd'hui de tenir mon journal de l'année 2003.

C'est avec enthousiasme que j'ai accepté, il y a quelques semaines, la proposition faite par les Éditions du Seuil, mais, les jours passant, je me suis rendu compte de l'ampleur de la tâche. Car s'il m'est aisé de gribouiller mes impressions quotidiennes sur de petits carnets, il m'apparaît désormais difficile de devoir rendre ce que sont l'ordinaire et l'extraordinaire de notre temps. D'autant que je me suis attelée, depuis bientôt un an, à l'écriture de la suite d'*Alger, ville blanche* qui va forcément pâtir de ce nouveau travail. Mais ce défi me plaît. J'aime me confronter avec l'information, avec les réalités de l'époque. Je me propose ici d'être le plus honnête possible dans mes prises de position, mes critiques comme mes éloges, mes enthousiasmes, mes colères, d'être un témoin sincère, sinon objectif, des événements de cette année 2003 et de ne cacher que ce qui est de l'intime. Quoique... Pour être sûre de tenir vis-à-vis de moi-même cet engagement, je tiendrai un journal parallèle qui ne sera pas publié. « C'est de la triche », comme disent les enfants. Peut-être. Mais je ne veux pas, sous prétexte de convenance, me censurer. « Je joue avec les mots ? » On verra bien.

Janvier

Mercredi 1er janvier. *Ars-en-Ré.* « Bonne année ! » lancent en entrant les clients du bistrot d'Ars où je prends un café. « Bonne année ! » répondent les consommateurs accoudés au bar. Bonne année ! Il faut une sérieuse dose d'optimisme pour croire que cette année 2003 sera bonne dans un monde qui ne parle que de guerre et de famine. Ce n'est pas la lecture de l'article d'Edgar Morin, intitulé « Vers l'abîme ? » paru dans *Le Monde* de ce premier jour de l'année, qui me suggérera le contraire. À l'énumération des raisons du cataclysme annoncé, on frémit. Même s'il conclut que « le chaos où l'humanité risque de sombrer porte en lui son ultime chance » et s'il rappelle que « quand la chenille est entrée dans le cocon, elle détruit son organisme, mais forme celui du papillon, à la fois même et autre que la chenille [...] C'est pourquoi il faut passer par la désespérance pour retrouver l'espérance », on ne garde que ses sombres prédictions.

Je ne veux retenir, en ce début d'année, que les yeux remplis de larmes de Lionel Jospin venant de présenter ses vœux à une vieille dame de l'âge de sa mère qui a choisi de « mourir dans la dignité ». Son visage de vieil enfant sous les boucles de ses cheveux blancs, ses lèvres tremblantes, ses traits chavirés trahissaient son chagrin. Quand nos regards se sont croisés, d'un même élan nous sommes allés l'un vers l'autre nous étreignant comme pour rechercher une consolation devant l'inéluctable, pour nous protéger des mortels présages... Ni les rengaines chantées par Yvan Levaï et Valérie Solvit, reprises en chœur par Claude Cabanes, Serge Madec, Sonia Rykiel, Wiaz et les autres convives de cette nuit de la Saint-Sylvestre n'ont réussi à chasser la tristesse qui m'avait envahie. J'ai abandonné la fête et je suis rentrée à l'hôtel sous une pluie fine à travers les rues désertes.

Jeudi 2 janvier. *Ars-en-Ré.* Les petits cafés de campagne ferment les uns après les autres. On ne peut que regretter cette disparition de lieux où les habitants du village aimaient, autour d'un verre, disputer une partie de cartes ou simplement échanger les nouvelles du pays ; où les esseulés trouvaient un peu de chaleur humaine. Ici, comme ailleurs, les autochtones doivent faire plusieurs kilomètres pour boire un café ou jouer leur tiercé hebdomadaire. On peut trouver dérisoire mon apitoiement sur la fermeture des estaminets, mais, après celles des épiceries, des boulangeries de campagne, des bureaux de poste et des écoles, c'est un peu de l'art de vivre des Français qui disparaît.

La marée noire du *Prestige* n'a pas encore atteint la côte vendéenne, mais cela ne saurait tarder. La tempête, soufflant ce matin sur l'océan, était si forte qu'il était difficile de marcher le long de la jetée. Les mouettes, elles-mêmes, semblaient la proie des vents. Face à la masse déchaînée, je remarquai que j'avais attendu plusieurs jours avant de venir la contempler. On sait qu'on a quitté l'enfance quand on ne se précipite plus dès l'arrivée pour « voir la mer ».

On est heureux d'apprendre, avec le ministre de l'Intérieur, qu'il y a eu peu d'incidents pendant la nuit du réveillon. Tout cela grâce à Nicolas Sarkozy et à sa police largement déployée sur le territoire, notamment à Paris. Le brave homme ! Il est sur tous les fronts, comme nous le montrent complaisamment les chaînes de télévision appelées à en témoigner. Jamais ministre de l'Intérieur n'aura tant fait pour la sécurité de ses concitoyens. Ni pour nous le faire savoir. Qu'importe si ces déploiements de police exacerbent la colère des habitants des quartiers sensibles ; il est important que la « France d'en bas » sache qu'on la protège. Vivent donc la fermeture et la destruction du centre de Sangatte qui laissent dans la rue les réfugiés afghans, tchétchènes, irakiens et autres malheureux fuyant leur pays dans l'espoir de trouver un moyen de gagner la Grande-Bretagne. Les habitants du Pas-de-Calais, après s'être réjouis, commencent à s'inquiéter de la présence de ces pauvres hères dans leurs cités. Et vive la diminution des voitures brûlées dans les banlieues de Strasbourg par rapport à l'année dernière ! « C'est bien, a déclaré le ministre, mais j'aimerais tellement qu'il y en ait zéro. » Les propriétaires des véhicules incendiés aussi.

Durant toute la nuit, le valeureux ministre s'est montré partout, en banlieue comme dans la capitale. Il court, il court le Sarkozy... Il est passé par ici, il repassera par là...

Vendredi 3 janvier. *Ars-en-Ré.* Dîner, hier soir, chez Lionel et Sylviane Jospin où la conversation allait de Francis Blanche à saint Augustin. À peine quelques allusions remplies d'humour de nos hôtes sur la défaite du 21 avril dernier. Par discrétion, chacun retient les questions qui lui brûlent les lèvres.

La tempête s'est calmée laissant sur les plages bouteilles de plastique et premières boulettes de fioul. Dans le TGV du retour, où je parcours les journaux de ces derniers jours : on est toujours sans nouvelle d'Ingrid Betancourt, otage de la guérilla colombienne depuis dix mois. Rien ne semble impressionner les membres des FARC (Forces armées révolutionnaires de Colombie) qui détiennent la jeune femme et quelques milliers d'otages. Et certainement pas la visite à Bogota du ministre des Affaires étrangères français, Dominique de Villepin, avec lequel elle étudia à Sciences po. En France, on avait appris l'existence d'Ingrid Betancourt à l'occasion de la sortie de son livre, *La Rage au cœur* [1]*, qui s'est vendu à plus de deux cent mille exemplaires. À l'époque, les Colombiens n'apprécièrent guère que cet ouvrage fût publié d'abord en France, qu'elle y lave « le linge sale de la Colombie à l'étranger ». Son surnom, en France, de « Jeanne d'Arc des Andes » ne leur disait rien ou n'attira que leurs moqueries.

Samedi 4 janvier. *Boutigny.* Le jardin prend un aspect féerique sous l'épaisse couche de neige. Quand la neige tombait, ma grand-mère Blanche avait coutume de dire : « La Sainte Vierge plume ses oies. » Toute la maisonnée assiste, émerveillée, au ballet des lourds flocons. Sur les routes glissantes, les voitures circulent à faible allure.

La marée noire du *Prestige* fournit à Jacques Chirac l'occasion de dénoncer « des hommes d'affaires véreux, des voyous des mers qui profitent cyniquement du manque de transparence du système actuel »,

* Les notes bibliographiques sont rassemblées en fin d'ouvrage.

oubliant qu'en matière d'inspection des navires, la France est, selon les mots de Loyola de Palacio, commissaire de l'Union européenne, «la lanterne rouge de l'Europe». Ne dit-on pas qu'il faut d'abord balayer devant sa porte ?... Quant à Jean-Pierre Raffarin, botté, vêtu d'un parka rouge, suivi par les caméras de télévision, il a déclaré avec emphase en shootant dans des boulettes de fioul sur la plage du Grand Crohot en Gironde : «Quand les activités humaines manipulent la nature contre les hommes, ça s'appelle de la barbarie ! » Et Roselyne Bachelot d'opiner du chef.

Dimanche 5 janvier. *Boutigny.* Sur Europe 1, j'écoute Patrick Besson parler de son nouveau livre, *La Cause du people* – bon titre –, regroupant, si j'ai bien compris, ses portraits, vrais ou supposés, parus dans *Voici.* «Un journal de pauvres, fait par des pauvres, lu par des pauvres et par des riches aussi, quelquefois, comme *L'Humanité.*» Je sursaute : l'amalgame a dû lui sembler de la dernière branchitude, iconoclaste, alors qu'il n'est que facile et stupide. Je connais Patrick Besson depuis ses débuts ; j'ai lu la plupart de ses livres, et ses éditoriaux dans divers journaux. J'ai souri à son humour de sale gosse étonné d'être là où il était, à son insolence, je n'ai pas pris au sérieux ses positions politiques car il en changeait souvent... Dans le poste, l'animateur riait et moi je souffrais de ces propos.

Autrefois, Besson m'amusait, là, il m'a agacée et déçue par son autosatisfaction.

Il fait un temps magnifique et le froid a conservé, sur les bois et les champs, la neige nouvelle. Sous le soleil, les branches des arbres de la forêt ressemblent à de délicats lacis, inaccessibles aux plus habiles dentellières ou brodeuses. Sur la route qui mène à La Cour des Hayes, où nous attendent pour déjeuner Pierre Nora et Gaby Van Zuylen, Pierre et moi nous nous extasions béatement. Une lumière hivernale égaie la cuisine où nous prenons le repas. Gaby, qui est une remarquable maîtresse de maison, s'interroge sur ses talents de cordon bleu. Il n'empêche que nous faisons honneur aux plats. Nous parlons des derniers livres que nous avons lus, de politique, de nos travaux en cours, ce qui m'amène à parler de ce journal. «Genre très difficile sinon impossible, m'avertit Pierre Nora. On ne peut pas être vrai sous peine de se brouiller avec tout le monde. » Je lui fais remarquer qu'il faut prendre, parfois, le risque de déplaire. Gaby annonce la venue à Paris de Yerushalmi et souhaite organiser un dîner en son honneur. Ce nom ne nous dit rien, nous l'avouons. Nos hôtes nous expliquent que Yosef Hayim Yerushalmi est l'un des grands spécialistes du judaïsme et que ses ouvrages font autorité dans le monde entier, notamment *Zakhor. Histoire juive et Mémoire juive*. Pierre Nora quitte la table pour aller le chercher et... ne le trouve pas. Il me promet de me le déposer dans la semaine, tant ce livre l'a marqué.

De retour à la maison, je rassemble dans un cageot des brindilles pour allumer un feu dans la cheminée de mon bureau ; par commodité, j'y dépose mon portable. On devine la suite : bois et téléphone sont partis en fumée. Quelle conne !

Lundi 6 janvier. *Paris*. Embouteillages sur toute la France, à cause du froid et de la neige.

Rendez-vous avec Claudine Bourretz avec qui je prépare une anthologie, *Les Poètes et les Putains*, à laquelle je travaille depuis plusieurs années. L'éloge des putains n'est pas à la mode dans la France d'aujourd'hui, raison de plus pour publier ce livre.

Une nouvelle fois des Palestiniens se sont fait exploser en Israël, entraînant dans la mort vingt-trois personnes et en blessant une centaine d'autres. Il était 18 h 30 à Tel-Aviv le 5 janvier quand, dans la rue Roch-Pina, a eu lieu une première explosion suivie d'une autre, à deux cents mètres dans la rue Yessoud-Haamala quelques secondes plus tard. Dans ce quartier piétonnier où se retrouvent les travailleurs étrangers, dont de nombreux clandestins, ce fut le carnage. Je souffre de tant de souffrances. Ces actions meurtrières renforcent la détermination d'Ariel Sharon de n'accorder aucune chance de vie à un État palestinien et servent sa politique de répression et de colonisation. Selon Nasser Abd-Rabbo, parlant au nom de l'autorité palestinienne qui a condamné ces attentats, cela « sert les intérêts électoraux de Sharon », lequel accuse Arafat de « soutenir le terrorisme ».

C'est un peu facile et lassant de voir l'amalgame fait par Bernard-Henri Lévy, et d'autres, entre la politique de Vichy et la décision du conseil d'administration de l'Université Pierre-et-Marie-Curie de ne pas renouveler l'accord d'association Union européenne-Israël, au motif que « l'occupation israélienne des territoires de Cisjordanie et de Gaza rend impossible l'activité d'enseignement supérieur et de recherches de nos collègues palestiniens ». Ce renouvellement, selon le conseil d'administration, « constituerait un soutien à la politique actuelle de l'État israélien... ». Le CRIF (Conseil représentatif des institutions juives de France) parle d'« un boycott abject », ce qui est aller un peu vite. D'autant que dans l'article 3 de la motion votée par le conseil d'administration de l'Université Paris-VI il est stipulé que le conseil d'administration « mandate le président de l'université pour nouer des contacts avec les autorités universitaires israéliennes et palestiniennes afin d'œuvrer dans le sens de la paix pour qu'il soumette l'ensemble de ces questions à l'assemblée de la Conférence des présidents d'université ». Les ponts ne sont donc pas coupés. Je remarque que l'on est pour certains boycotts et pas pour d'autres selon nos humeurs du moment. L'histoire de ces trente dernières années en est pleine. Je ne suis pas Claude Lanzmann qui qualifie de « honte, doublée de lâcheté » la motion incriminée. Il faut au contraire beaucoup de courage pour dénoncer publiquement ce qui se passe dans les territoires occupés et refuser de se rendre complice des crimes commis. « Si je continue comme ça, on ne pourra plus rien dire sans être taxé d'extrémisme », a déclaré le président de Paris-VI, Gilbert Béréziat ou... d'antisémitisme. J'ai pensé, un moment, aborder le sujet dans ma chronique « Pêle-mêle » de *L'Humanité*, que j'aurais intitulée : « Je suis antisémite. » Pierre m'en dissuade, disant que je ne ferais pas le poids et que je me ferais lyncher par ceux dont je dénoncerais la mauvaise foi.

J'arrête là aujourd'hui. Disserter là-dessus m'accable et m'attriste. Comment faire comprendre à mes amis juifs que je souffre avec eux à chaque attentat en Israël, à chaque acte antisémite en France et que je souffre tout autant quand je vois le sort qui est fait au peuple palestinien ?

Mercredi 8 janvier. Sept ans déjà depuis la disparition de François Mitterrand. Que reste-t-il de l'homme à la rose ? Sans doute est-il trop tôt pour dresser un bilan objectif.

C'est un 8 janvier que le père de Pierre est mort d'un cancer, à quarante-neuf ans. Pierre, enfant, ne s'en est jamais remis ; adulte non plus. Officier dans l'armée française, le prince Wiazemsky fut fait prisonnier en 1940 ; plus tard, envoyé dans un camp, il servit d'interprète aux détenus soviétiques. Celui que ses compagnons de captivité appelaient le « camarade prince » a appris dans ce camp très dur à connaître le peuple russe et à l'aimer. À la libération du camp, par l'armée Rouge, il fut incorporé dans l'armée soviétique en raison des services rendus aux prisonniers et se retrouva à Berlin au moment de la chute de la capitale du Reich. C'est là qu'il rencontra Claire Mauriac, alors conductrice dans la Croix-Rouge, et la séduisit... Il n'avait jamais entendu parler de François Mauriac. Elle devint, malgré ses craintes, une princesse très acceptable. De cette union naquirent Pierre et Anne qui est aujourd'hui un écrivain connu.

Les bruits de guerre se renforcent. La France se rapproche des États-Unis : Jacques Chirac pendant la cérémonie des vœux a demandé à l'armée de se tenir prête.

Hier soir, j'ai vu à la télévision le documentaire *L'Odyssée de l'espèce* qui retrace l'évolution des hominidés, il y a sept millions d'année. J'ai regardé ce film, fascinée comme un enfant. L'homme vient de si loin ! Ce qu'il a su créer à partir de rien ne cesse de m'émerveiller. Comment avec tout ce savoir accumulé n'arrive-t-il pas à vivre en harmonie avec la nature et en paix avec ses congénères ?

Je suis allée assister à la « prière pour la fraternité et pour l'espoir » à la synagogue de la rue Gaston-de-Caillavet dans le XVe, à la suite de l'agression dont a été victime, le 3 janvier, le rabbin Gabriel Farhi, dont le père, le rabbin Daniel Farhi a fondé le MJLF (Mouvement juif libéral de France). Deux cents personnes environ, malgré le froid, assistaient, avec recueillement, à la cérémonie retransmise par haut-parleurs. De nombreuses personnalités politiques et religieuses avaient trouvé place à l'intérieur de la synagogue : Édouard Balladur, l'inévitable Nicolas Sarkozy, Alain Juppé, Bertrand Delanoë, Laurent Fabius et Lionel Jospin qui, à sa sortie, fut applaudi, l'archevêque de Paris, le cardinal Lustiger, le recteur de la mosquée de Paris, Dalil Boubakeur, le pasteur Jean-Arnold de Clermont, président de la Fédération protestante de France, et un représentant de l'Église orthodoxe. La cérémonie se termina par le *Chant de la paix*, chanté par Yitzhak Rabin, quelques minutes avant son assassinat par un extrémiste juif.

Samedi 11 janvier. On meurt de froid dans la rue en France. Les associations humanitaires et la police s'activent pour porter secours aux SDF. Certains acceptent d'aller dans des centres d'hébergement, d'autres refusent, préférant la rue et ses dangers. Peut-on obliger quelqu'un à se protéger malgré lui ? À Paris, deux cent vingt-huit personnes ont été conduites de force par la police et les pompiers dans des centres d'hébergement. « Coucher dehors avec une couverture ou un simple manteau par moins huit degrés est un suicide inconscient. C'est normal que nous intervenions », a déclaré un haut fonctionnaire de la préfecture. Selon *L'Humanité*, plus de six millions de personnes vivraient en France au-dessous du seuil de pauvreté. Bien sûr, ces « pauvres » ne sont pas tous à la rue, mais comment peut-on vivre et se loger avec moins de 500 euros par mois ?

Dimanche 12 janvier. La tristesse m'envahit malgré le soleil qui rayonne sur la ville. Nulle raison ne justifie ce mal-être. Nous sommes restés à Paris ce week-end à cause du froid et des routes verglacées de l'Île-de-France. En dépit de la température hivernale, c'est un temps à aller aux Puces ou sur les quais fouiner dans les caisses des bouquinistes, mais je n'ai envie de rien. Je n'aime pas rester à Paris en fin de semaine. La foule des consommateurs et des lécheurs de vitrines qui arpentent les rues de la capitale m'oppresse. Est-ce la raison de cette tristesse ?

Hier, nous sommes allés au théâtre des Champs-Élysées écouter l'orchestre national de Lille dirigé par Jean-Claude Casadesus. En première partie *Harold en Italie* d'Hector Berlioz, une symphonie écrite pour Niccolo Paganini qui refusa d'en assurer la création, considérant la partition pour alto comme peu valorisante. Plus tard, en écoutant les quatre mouvements, il devait le regretter en reconnaissant la beauté de l'œuvre. Ce fut un grand moment d'émotion partagée. Comme chaque fois que j'assiste à un concert, je me promets d'y aller plus souvent.

Puis, le temps passe... La *Messe glagolitique* du Tchèque Leos Janacek ne m'a pas séduite, mais ma culture musicale est si pauvre !

Je n'ai pas la main heureuse en ce moment en matière de lecture, la plupart des derniers romans parus me tombent des mains ou me déçoivent. C'est le cas du troisième roman de Patrice de Méritens, *Orient-Extrême*[2], qui est une sorte d'érotique sur fond de drame du 11 septembre. Déjà, l'année dernière, *Nox ou la Chambre d'émeraude* m'avait déçue alors que je l'attendais avec impatience, tant j'avais aimé et défendu *L'Adieu à Bugatti*, son admirable premier roman. Donc : « 11 septembre au matin, plein soleil, plein kérosène, plein feu, *on entrait dans un nouveau siècle* – comme jadis à Sarajevo... l'appareil filait dans l'azur, traçant une large spirale... Yang-Li, sang de mon cœur, mascaret de ma vie, tu avais quitté Paris la veille, te séparant de moi, telle une voleuse d'âme. Masse grise des tours de Manhattan. Lumière, chaleur panoramique. Fuyards défenestrés. Bruits mats. Scintillement des écrans. » Le narrateur divague autour du sexe de Yang-Li, une jeune Chinoise se parfumant avec *Shalimar*, rencontrée à Roissy. « Devant le clitoris, ce poissonnet vibratile, déclencheur d'iode, je suis l'amateur de viande crue en quête de sensations, pervers mangeur de *fugu* cernant au plus précis sa découpe, comme si la bille vivante, offusquée par une maladresse, eût pu jeter un venin mortel. » Le lecteur ne saura pas si la jeune femme a pris l'avion ce jour-là.

Mercredi 15 janvier. Hier, je suis allée écouter de la musique algérienne à l'Hôtel de Ville de Paris dans le cadre de l'année de l'Algérie. Une foule nombreuse, composée d'Algériens et de Français, se pressait dans le grand salon au plafond surchargé de dorures et de femmes nues. Aucun décorateur n'oserait de nos jours exposer le corps féminin comme le faisaient les décorateurs et les architectes de la fin du XIXe siècle. Après le discours de bienvenue du maire de Paris, le programme de « Barbès Café » a commencé par une chanteuse constantinoise, Thouraya, qui suivit à Tunis les cours de la Rachidia, aux côtés de grands maîtres locaux comme Salah Mehdi et Ali Riahi. À plusieurs reprises, les « youyous » et applaudissements saluèrent son interprétation. Puis ce furent le tour d'Akli Yahiatèn qui chanta des chansons kabyles, de Méryem Abed qui avait triomphé en 1958 avec *El Bahdja M'dinet el Djazaïr*, et d'Amar El Achab, né dans la casbah d'Alger, considéré comme la dernière figure emblématique du blues d'Alger, nommé chaâbi (populaire), créé dans les années vingt. L'orchestre était dirigé par Kamel Hamadi, auteur-compositeur de très nombreuses chansons pour, notamment, Lounis Aït Menguellet, El Hadj El Anka, Khaled et Cheb Mami. Ce concert était un hommage rendu aux immigrés et aux Français qui, durant le XXe siècle, ont façonné l'image de Paris, capitale des musiques du monde.

Déjeuner à L'Alcazar avec Jacques Bertrand de Lyon, un ex-voisin de la rue de Buci. Comme à notre habitude, c'est-à-dire deux ou trois fois par an, nous avons évoqué la Seconde Guerre mondiale, la Résistance à laquelle il a participé, la guerre d'Algérie qu'il a faite pendant deux ans, la politique et la littérature. Nous sommes tombés d'accord à propos du mauvais film sur Jean Moulin, diffusé sur la première chaîne, qui, en dépit de la chose jugée, présente René Hardy comme un traître, ainsi que Pierre Bénouville.

Pris un verre au Flore avec Gérard Oberlé, ami libraire, qui s'est installé dans le Morvan où il concocte des catalogues de livres anciens qui font autorité à travers le monde. Par ailleurs, notre amateur de salami (c'est le titre et le sujet de son dernier ouvrage) écrit des romans policiers dont le héros récurrent porte le nom d'un poète du XVIIe siècle, Jean-Baptiste Chassignet, né et mort à Besançon. Oberlé n'avait que de bonnes nouvelles à m'annoncer : il venait d'acheter l'édition originale des œuvres de Chassignet, ouvrage qu'il ne pensait pas voir de son vivant ; il avait signé un contrat pour ses prochains livres avec les éditions Grasset et Frédéric Beigbeider allait publier ses chroniques radiophoniques chez Flammarion. Voir un homme heureux remonte le moral.

Jeudi 16 janvier. Je me suis endormie sous les doigts d'Ulla, que je vois chaque semaine. Ses massages sont pour moi une façon de retrouver mon corps, ses sensations les plus secrètes sous les mains de l'autre.

Déjeuner chez La Foue avec Gérard Bourgadier, ami amant de mon adolescence avec lequel je suis allée à Cuba au mois de décembre. Il n'est pas encore revenu de là-bas et ne me cache pas son bonheur de ces quelques jours passés ensemble. « Tu m'as sauvé la vie », me dit-il avec cette sincérité fougueuse qui est la sienne. Le temps n'a fait que renforcer notre amitié qui, débarrassée du souci de plaire, se nourrit d'elle-même, de nos souvenirs communs. Nos conversations sont toujours de la plus grande franchise. Nous osons nous dire des choses intimes car nous savons n'être pas jugé par l'autre. La Seconde Guerre mondiale a été pour nous, qui étions alors des enfants, un moment fort et fondateur de notre vie. Pour lui, c'est le souvenir d'une marque infamante sur le mur de la maison familiale ; pour moi, dans la même petite ville, à Montmorillon, le spectacle de trois femmes tondues, poussées par une populace haineuse. Dans la foule, massée sur les trottoirs, près de ma mère, de ma grand-mère Blanche et de ma sœur Chantal, se tenait la sage-femme qui m'avait mise au monde, Mme Courradeau, que j'aimais bien. Avec d'autres « tricoteuses », elle invectivait ces malheureuses d'une façon que je ne supportais pas. Je m'enfuis en courant, honteuse de ce que je voyais. Quelques années plus tard, ce fut mon tour d'être insultée et maltraitée par des femmes de ma ville natale, sous prétexte que j'étais amoureuse d'une fille. J'avais eu le tort d'évoquer cette liaison juvénile dans mon journal intime volé par des gamins de mon âge. Quand elles me bousculaient, je me remémorais les tondues, je m'identifiais à elles. C'est ce que j'ai dit un jour à Gérard : « Si j'avais eu quinze ans à la fin de la guerre, on m'aurait tondue. » Cette réflexion l'avait frappé. Ces deux événements avaient sans doute décidé mon goût de la provocation, mes déboires d'éditeur de livres érotiques, mes premières confrontations avec la police, mes contributions devant les tribunaux : toujours, cette image des femmes tondues, à jamais fichée dans ma mémoire, revenait. Cette évocation nous amena à parler de la souillure originelle qui était la nôtre, de l'angoisse, de la mort et des livres qui sont, pour nous, les seuls remparts contre la peur.

Vendredi 17 janvier. Aujourd'hui, Lucie, ma petite-fille, a huit ans.

J'ai déjeuné à L'Orient-Extrême avec Michèle Blondel, une artiste moins connue en France qu'aux États-Unis, au Japon et en Corée, où ses sculptures attirent les collectionneurs. J'ai publié son premier livre, *Thérèse qui rit quand on la baise*, roman érotique, insolent et drôle, comme elle.

Dîner chez Camille pour l'anniversaire de Lucie qui fut couverte de cadeaux. Elle se prénomme Lucie comme ma grand-mère paysanne de qui je tiens le goût de la lecture. La petite Lucie, elle aussi, aime à lire.

Dimanche 19 janvier. *Boutigny*. Françoise Giroud est morte ce matin à l'âge de quatre-vingt-six ans. Grâce à son talent, elle sut se faire une place de choix dans la presse de son temps. Et, malgré une réelle misogynie, elle fut nommée secrétaire d'État à la condition féminine. Je ne doute pas que, dès demain, les journaux lui rendront un vibrant hommage.

Lundi 20 janvier. *Paris*. Celle qui disait d'elle-même « je ne suis pas une personne convenable » fait aujourd'hui la une de la plupart des quotidiens. Rien de plus normal que de saluer Françoise Giroud, qui fut pendant cinquante ans une journaliste exigeante, toujours passionnée par l'actualité et son travail qu'elle accomplissait avec une gourmandise jamais démentie. Mais plus le temps passait, moins elle se sentait en harmonie avec notre époque qu'elle jugeait grossière et sans culture. Et plus le temps passait, plus elle détestait la vieillesse qu'elle subissait avec un sentiment d'humiliation et contre laquelle elle luttait avec les moyens de notre temps. Au jury du prix Femina, elle disait ses choix d'une voix douce et réussissait souvent à les faire partager. Je garderai d'elle l'image d'une femme forte et cependant fragile, travailleuse et coquette, se battant pour être acceptée et reconnue dans un monde d'hommes, à la dent dure. Réciproquement, personne n'était à l'abri de son esprit mordant, pas plus les politiques que les intellectuels ou les écrivains.

Mardi 21 janvier. Rendez-vous avec une journaliste, Geneviève Lafosse, qui prépare un livre sur Sonia Rykiel. Pour une fois, les questions sont intelligentes et pertinentes ; cela me faisait plaisir de parler de Sonia et de l'amitié qui nous lie.

Je suis rue de Buci, il fait beau. Je vais me mettre à mon livre dont le titre est, pour l'instant, *Les Généraux du crépuscule*. Titre un peu ronflant, mais je n'ai pas encore trouvé mieux. J'ai relu et corrigé plus d'une centaine de pages ; je ne les trouve pas mal. Il faudra attendre le verdict de Pierre pour savoir si j'ai raison. Celui de Claude Durand, mon éditeur ? À vrai dire, il ne compte guère, car il ne me donnera pas un avis sincère sur mon travail qu'il méprise un peu en fait. L'important, pour lui, est de publier ce roman, d'en vendre deux cent mille exemplaires et basta ! Quand j'ai enfin compris que Claude ne s'intéressait pas vraiment à ce que je faisais, j'ai été peinée et blessée, je l'avoue, car j'avais confiance en lui.

Réception annuelle du Cherche-Midi dans les salons du Lutétia. Comme chaque année, on se presse autour des buffets. Après avoir salué Jean Orizet et Philippe Héraclés, les hôtes, comme d'habitude, je me suis réfugiée au bar de l'hôtel où j'ai bu un *mojito* et fumé un cigare.

Mercredi 22 janvier. Il y a quarante ans, le général de Gaulle, président de la République, signait avec le chancelier Konrad Adenauer un traité de coopération et d'amitié entre la France et l'Allemagne. À l'occasion de cet anniversaire, Jacques Chirac et Gerhard Schröder devraient annoncer plusieurs mesures pour renforcer la coopération entre les deux pays, entre autres rendre possible la double nationalité entre citoyens français et allemands. Entre le Général et le Chancelier, ce ne fut pas un baiser Lamourette : la réconciliation a fait ses preuves.

Pendant qu'en France on refuse l'idée d'une guerre contre l'Irak, les États-Unis et la Grande-Bretagne dépêchent de nouveaux effectifs dans le Golfe. La coalition anglo-américaine pourrait compter sur cent cinquante mille hommes. Selon le gouvernement français, par la voix du ministre des Affaires étrangères, Dominique de Villepin, « rien ne justifie d'envisager l'action militaire ». Pour l'instant, les inspecteurs de l'ONU n'ont toujours pas trouvé ces fameuses armes de destruction massive qui, selon Bush, justifieraient de déclarer la guerre à l'Irak. Les États-Unis détiennent de pareilles armes sans que cela inquiète l'ONU. Y aurait-il deux poids, deux mesures ? La Grande-Bretagne abrite les chefs des organisations terroristes du monde, sans risquer de bombardement comme en Afghanistan.

Je reviens des obsèques de Françoise Giroud. Une brillante assemblée se pressait dans le grand crématorium du Père-Lachaise. Après sa fille, Caroline Eliacheff, Jean-Jacques Aillagon, Simon Nora, Yvan Levaï, Georges Kiejman, Serge Lafaurie, Bernard Pivot, Anne Sinclair, Alain Decaux, Serge July, Jean-Christophe Ruffin, Bernard-Henri Lévy vinrent dire tout ce qu'ils devaient à cette femme. Puis la voix d'Yves Montand s'éleva chantant *Les Roses de Picardie*, suivie du *Temps des cerises* qu'une partie de l'assistance se mit à fredonner. À la sortie, une foule anonyme attendait sous la pluie.

Jeudi 23 janvier. Rencontre à l'Alliance française avec des étudiants de l'atelier d'écriture où j'ai parlé de mon métier d'écrivain et d'éditeur pendant une heure et demie. Cela s'est bien passé, le public avait l'air content. Tant mieux !

Vendredi 24 janvier. Déjeuner à L'Alcazar avec la mercière de Montmorillon, Isabelle Faidy-Contreau, jeune femme dynamique et gaie, mais que le climat montmorillonnais use peu à peu. La bêtise et la médiocrité ont eu raison de la Cité de l'écrit et des métiers du livre, inaugurée en grande pompe en juin 2000 par René Monory et Jean-Pierre Raffarin. Par courtoisie, moi la marraine, on m'avait laissée couper le ruban tricolore sur ce vieux pont, témoin de mes chagrins d'enfant. J'ai pensé, à ce moment-là, que l'intelligence et la tolérance avaient enfin triomphé : je me trompais. Oh ! combien je me trompais. Jamais on n'avait vu autant de monde dans le « brouard », cette rude côte qui monte vers Notre-Dame. Chacun s'extasiait devant les librairies, le relieur, les calligraphes, le fabricant de papiers, La Trappe aux livres, un café-librairie spécialisé dans les bières belges, le jardin des poètes, la résidence d'écrivain, le graveur, l'écrivain public... Il y avait de la fierté dans l'air. Oubliés les clivages politiques, de droite comme de gauche, on était unis pour que triomphe la culture en terre poitevine. René Monory avait la larme à l'œil : « Tout ce monde ! Jamais je n'aurais cru voir cela ! C'est grâce à vous. » C'était vrai, mais il ne fallait pas trop le dire ; on est prompt dans la région à critiquer ceux qui se font remarquer. Jean-Pierre Raffarin serrait des mains d'un air satisfait. Guillaume de Russé, le maire, semblait marcher sur un nuage. Les écrivains, présents pour le Salon du livre, faisaient cortège, heureux d'assister à ce baptême d'une cité du livre. Le soleil était de la partie. Mais une mauvaise fée s'était glissée dans la foule. Envieuse, elle a jeté un sort sur la ville en fête, la condamnant à un lent déclin. Bientôt, les jalousies, les inimitiés, les suspicions virent le jour ; la gauche attaqua la droite, la droite riposta méchamment ; tous les coups furent permis, surtout les plus bas. Chacun voulut s'approprier le bel enfant mais sans compétence pour l'élever. Je tentai quelques interventions, elles furent incomprises. Je prêchais l'union, je ne rencontrai que sarcasmes et mensonges. Je crus conjurer le sort en me présentant avec mes amis socialistes aux élections municipales : nous fûmes battus. Impuissante, j'assistai à ce naufrage, à la mort d'un rêve.

Dimanche 26 janvier. *Boutigny.* Giovanni Agnelli est mort, Henri Krasucki aussi. Le premier a eu droit à la une de tous les grands quotidiens, le second à une page intérieure, quelquefois à une colonne, tout juste. Le monde aime les puissants, pas les syndicalistes, surtout s'ils sont communistes. Henri Krasucki, juif, fils d'émigrants polonais, s'est engagé à seize ans dans la Résistance. À dix-huit ans, il est arrêté et torturé à la prison de Fresnes puis déporté à Auschwitz ensuite à Buchenwald. Grâce à la solidarité des communistes du camp, il survit. Toute sa vie, il a milité dans les rangs du Parti communiste. Il aimait la musique, Mozart, Berlioz, Beethoven et la poésie.

> Le langage muet des choses nous pénètre,
> Vois, l'horizon s'enflamme, et c'est la fin du jour

a écrit Ahmed Hasim, un poète turc qu'il aimait entre tous.

Lundi 27 janvier. *Paris.* Déjeuner au Flore avec Michèle Kahn qui vient de publier *Cacao*[3], un gros roman de cinq cents pages sur le commerce du chocolat à Bayonne au XVIIIe siècle, par des Juifs descendants de marranes réchappés de l'Inquisition espagnole. J'avais beaucoup aimé un de ses précédents romans, *Shanghai la Juive*[4]. Je lui ai conseillé, pour défendre son livre, de trouver une attachée de presse extérieure à la maison d'édition qui la publie.

À L'Entrepôt, conférence, à l'instigation de REVE de Mario Bettati, à propos de l'ONU et de l'Irak. Un géographe dont j'ai oublié le nom a fait un exposé clair et précis sur l'emplacement et les ressources pétrolières dans le monde. L'assemblée, nombreuse, était captivée. Je n'ai pas eu le courage de participer au dîner : je suis rentrée à la maison où j'ai mangé une soupe.

Mardi 28 janvier. Visite, à la mairie du XVIe arrondissement, de l'exposition organisée par *Paris-Point de croix : Paris conté à points comptés*. On est loin des ouvrages de dames des années cinquante. Là, les brodeuses ont fait preuve d'imagination et d'humour. La salle qui accueille l'exposition ne désemplit pas. Les visiteurs admirent les différents travaux proposés. Paris est à l'honneur avec un plan de la ville où sont brodées à l'initiative de chacune les plaques des vingt arrondissements de la capitale. Les tickets de métro ont donné lieu à une débauche de fantaisie et de couleurs. Les enveloppes brodées remportent un grand succès.

C'est aujourd'hui la remise du prix des Deux Magots qui est attribué à l'excellent roman de Michka Assayas, *Exhibition*, publié par Gérard Bourgadier à L'Arpenteur. Je n'ai pas le courage d'y aller.

Léa m'appelle en pleurant : encore des problèmes avec son père. Ces deux-là s'aiment pourtant : pourquoi se font-ils tant de mal ?

Mercredi 29 janvier. Gérard Oberlé m'écrit pour me remercier de l'envoi d'un cahier arborant en couverture un superbe salami bleu. Il m'annonce qu'il n'y écrira que des contes bleus et crus et termine en disant : « Vive la charcuterie, ma fille, et tâchons de nous en payer encore de bonnes tranches avant la Busherie annoncée. Salami aleïkoum. »

Je reçois un appel téléphonique d'un ami cubain, vivant en exil à Laon, Luis Tornés Aguilla, à propos de Wladimiro Roca Antunez, fondateur du Parti socialiste cubain, qui cherche à établir des contacts avec les socialistes français. Roca Antunez a passé quatre années en prison pour son opposition au régime communiste de Fidel Castro. Le Parti socialiste cubain soutient le projet Varela aux côtés d'Oswaldo Paya, venu récemment en France recevoir le prix Sakharov du Parlement européen. J'ai essayé de joindre quelques signataires d'un manifeste paru dans *Le Monde* du 30 novembre 2003, intitulé : « Cuba, où est la gauche française ? » signé par Raphaël Enthoven, Julien Cantegreil, Geoffroy Lauvau, Romain Paserot et Alexandre Viros, membres ou sympathisants du PS. J'ai faxé à Alain Abellard du *Monde* les documents reçus de Laon et alerté Raphaël Enthoven et Alexandre Viros. Nous devons nous rencontrer pour réfléchir aux moyens d'aider nos amis cubains.

Déjeuner avec Anne Wiazemsky chez Lipp, où nous échangeons nos cadeaux de Noël : pour moi, un ravissant petit coussin de fin coton blanc brodé à mon nom, pour elle, deux petites pochettes et un porte-clefs en perles de chez Liwan.

Ce soir, rencontre à la Maison d'Amérique latine autour du livre de Carmen Castillo et de sa mère Monica Echeverria, *Santiago Paris, le vol de la mémoire*, itinéraire de militantes chiliennes, à l'instigation d'Évelyne Pisier. Ce livre à deux voix, celles d'une mère et de sa fille, nous projette dans le Chili de la dictature de Pinochet. « Monica, née dans une famille de l'aristocratie, rompt très tôt avec ses conventions et participe activement au renouvellement de la culture chilienne avant, après et sous Allende. Carmen, sa fille, a combattu la dictature jusqu'à perdre son amour et son enfant. Devenue, comme malgré elle, le symbole de la résistance, elle a été condamnée à l'exil et a choisi la France. Sa voix dit sa douleur, un refus de la violence, un désir d'oubli. » Ces lignes que d'aucuns trouveront laborieuses, Carmen Castillo les a écrites avec son sang. Elle ajoute : « Je déteste mon pays, je ne sais rien de lui, je ne sais plus si c'est mon pays, d'ailleurs. Il y a de quoi : le 5 octobre 1974, un commando de la Dina, la Gestapo chilienne, dirigée par l'officier Miguel Krasnoff Marchenko, prit d'assaut la maison de Santa Fé. Face aux nombreux militaires, Miguel Enriquez, chef de la Résistance et du MIR, son compagnon, combattit, seul, plus de deux heures, jusqu'à l'instant où une rafale de mitraillette l'a abattu. « J'étais là, auprès de lui, blessée... Je fus arrêtée, puis expulsée du pays. Une survivante. » Depuis ce jour d'octobre, Carmen vit avec le souvenir de l'homme aimé et de l'enfant, morts. « L'enfant est revenu ce soir-là, tout petit et si beau, mon enfant. »

Jeudi 30 janvier. Il y a quarante-six ans, naissait mon fils Franck. Vingt-deux ans plus tard, c'était le tour de ma fille Léa. Tous les deux sont nés à Paris, le même jour, à la même heure, de pères différents. J'ai épousé le père de Léa cinq ans plus tard, à la même date. « Tu sais le cadeau que me font papa et maman pour mon anniversaire ? » avait-elle demandé à sa grand-mère. « Ils se marient. »

Le temps est gris. Est-ce cela qui me rend triste ou le temps qui passe ?

Dîner au Paris, le restaurant de l'hôtel Lutétia, avec Pierre, Léa et son copain Stéphane. Pierre m'offre une très belle bague ancienne de jade. Il neige à gros flocons.

Février

Samedi 1er février. Conseil d'administration à 9 h 30 des Amis de *L'Humanité* au siège du journal, à Saint-Denis. Un chèque de 4 260 euros, produit de la vente du portrait d'Arafat par Ernest Pignon-Ernest, a été remis à Nicole Dagnino et à Anis Gandeel pour les enfants de Gaza.

La veille, je suis allée au cinéma avec Léa voir *Sex fan des sixties* comédie américaine avec trois excellents comédiens, Goldie Hawn, Susan Sarandon et Geoffrey Rush, qui raconte les retrouvailles de deux fans de Jim Morrisson vingt ans après. L'une a continué à vivre parmi les « musicos », au jour le jour, l'autre est devenue l'épouse respectable d'un riche avocat. On rit quelquefois, mais le film manque de rythme et la fin est d'une banalité tout américaine.

Dimanche 2 février. *Boutigny*. Le jardin est sous la neige. Le feu qui brûle dans la cheminée ajoute au charme de cette journée d'hiver.

J'ai écrit mon « Pêle-mêle » pour *L'Humanité* à propos du long article publié par Lionel Jospin dans *Le Monde* sous le titre : « Être utile ». Lionel Jospin revient sur la défaite du 21 avril dernier et dresse le bilan de ses cinq années à la tête du pays. Je l'ai trouvé mesuré par rapport à Jean-Pierre Chevènement qui proclame dans la presse et sur les ondes qu'il « était bien assez grand pour perdre tout seul ». Sans doute, mais rien ne vaut un croche-pied pour faire trébucher les meilleurs. « Je ne pouvais rien faire pour empêcher Jean-Pierre Chevènement d'aller jusqu'au bout d'une logique qui s'est révélée politiquement destructrice pour la gauche, pour ses compagnons et pour lui-même. [...] Figure ancienne de la gauche, il a prétendu remettre en cause le clivage aussi vieux que la République entre la gauche et la droite et, de façon tout à fait injustifiée, il a renvoyé dos à dos Jacques Chirac et moi-même. [...] cette attitude a brouillé les repères et démobilisé. »

La navette *Colombia* s'est désintégrée au-dessus du Texas avec sept astronautes à son bord. Ces hommes et ces femmes rejoignent le Panthéon des martyrs de l'espace.

Christine Malèvre, l'infirmière de Mantes-la-Jolie, a été reconnue coupable de six meurtres et condamnée à dix ans de réclusion criminelle, mais le débat sur l'euthanasie n'a pas eu lieu.

Robert Hue a été battu à Argenteuil. Il reste maire de Montigny-lès-Cormeilles, dans le Val-d'Oise.

Mardi 4 février. Je suis passée à la banque pour le virement du premier tiers de mon impôt sur le revenu. Tout cet argent dont j'aurais un bien meilleur usage !

Chaque nuit, je fais d'étranges rêves qui sont, pour la plupart, souterrains. Je suis à la recherche d'issues dans un cimetière, dans la mer ou sous terre, où tout est flou et glauque dans des teintes marines. Ou bien dans un immense hôtel délabré aux lourdes tentures rouges où les ascenseurs ne s'arrêtent jamais au bon étage. Dans ces rêves, passent des éléments et des personnages du roman que je suis en train d'écrire. Ledit roman qui me donne bien du mal. Je n'arrive pas à « sentir » l'OAS, ni à trouver, contrairement à Pierre, cette période passionnante.

La police trouverait louches les circonstances de l'attentat dont a été victime le rabbin Gabriel Farhi. Cette rumeur semble être partie de la fiche d'observation médicale établie par le médecin de la brigade des sapeurs-pompiers de Paris, arrivée sur les lieux quelques minutes après l'agression. « Caractéristique de la plaie : para-ombilicale avec érosions verticales et horizontales paralésionnelles ; plaie d'apparence très superficielle (peu compatible avec ses dires...). » Pourquoi le rabbin Farhi aurait-il monté cette comédie ? Affaire à suivre...

Mercredi 5 février. J'ai passé une mauvaise nuit, ressassant cette question : Pourquoi Simenon est-il un génie ? Question à laquelle je n'ai pas répondu. Dès mon adolescence, j'ai lu et relu les romans de Simenon avec le même appétit que ceux de la « Série noire » dont les auteurs à l'époque était Dashiell Hammett, Raymond Chandler, Horace Mac Coy, Peter Cheney, Don Tracy, James Hadley Chase, Carter Brown, Jonathan Latimer, Ed Mac Bain... J'écris leurs noms avec gourmandise et reconnaissance tant j'ai eu de plaisir, de peur et d'émotion en les lisant. Je me souviens que je leur attribuais des étoiles : trois étoiles, c'était la relecture obligatoire. Mais personne comme l'auteur des *Maigret* n'a su rendre le quotidien des petites gens, leurs rêves ou leur souffrances. Il n'a pas son pareil pour nous intéresser à ces vies médiocres. Nul avant lui, nul après lui n'a su les écouter, les ausculter, les disséquer. Il est plus grand à mon avis que Balzac, Hugo ou Zola. Chez lui, pas de clinquant, de beau linge, d'intrigue puissante : du réel, rien que du réel, avec des mots simples, ordinaires, des phrases courtes qui sonnent juste, en disent plus long que les développements savants et alambiqués. Il n'a pas son pareil pour restituer l'ambiance d'un bistrot de pêcheurs, d'un rade près d'une écluse, de la chambre des amants, dont nous sentons l'odeur de l'amour, de la mansarde du pauvre type ou celle de la bonniche. Il nous montre une humanité de paumés, de pauvres gens, de filles perdues avec un regard qui ne juge pas, mais nous enjoint de les accepter tels qu'ils sont. Souvent, après la lecture d'un de ses romans, je suis partie à la recherche de l'écluse numéro 1, du café-hôtel des Mariniers, de la maison du notaire à travers les rues d'une ville de province. Mon goût des gargotes de banlieue ou de campagne me vient de lui, j'aime m'y attarder, m'imprégner de l'atmosphère des lieux dans l'attente que quelque chose se produise. J'ai fait partager à Pierre ma passion pour ses livres. Il est devenu en quelques années un lecteur fanatique et un collectionneur avisé. Il possède une grande partie de l'œuvre en édition originale, quelquefois dédicacée, sans oublier celle publiée sous pseudonyme.

Simenon avait demandé à me rencontrer. Il aimait mon travail d'éditeur et d'auteur. Il avait un faible pour *Pour l'amour de Marie Salat*, un roman épistolaire que j'aime aussi. Je suis allée le voir chez lui à Lausanne où j'ai aussi participé, en compagnie du poète jésuite Jean Mambrino, à une émission télévisée qui lui était consacrée. Je n'ai pas été séduite par l'homme qui exhibait les traductions de ses romans et décrivait complaisamment ses conquêtes féminines. Par chance, il ne m'a pas dégoûtée de ses livres. Ce qu'il y avait de meilleur en lui était dans son œuvre et cela était suffisant. Sa publication dans « La Pléiade » n'y ajoute rien. C'est dans de modestes exemplaires qu'il convient de le lire, assis dans un train ou dans un café ; là, il prend toute sa signification. La lecture terminée, le livre glissé dans la poche, nous repartons en compagnie des personnages et de leur auteur qui ne nous quittent plus.

Déjeuner au Paris avec Claude Durand à qui j'ai remis les cent cinquante premières pages de mon roman dont le titre provisoire reste *Les Généraux du crépuscule*. Il le trouve excellent. On verra. Comme à notre habitude, nous avons médit des auteurs et des éditeurs en buvant un très bon *chasse-spleen*. J'ai terminé le repas avec un *partagas,* un *D4*.

Jeudi 6 février. Hier soir nous sommes allés avec Pierre voir *On ne badine pas avec l'amour* au théâtre du Ranelagh. La mise en scène de Ladislas Chollat était intéressante, les costumes de Christiane Chollat, surprenants, mais Camille et Perdican manquaient de conviction dans leur rôle d'amoureux. En revanche, dame Puche, le Baron, Blazius et Bridaine étaient très bons. Nous avons dîné dans le coin, chez Antoine, minuscule bistrot, en compagnie de Valérie Solvit. À dix heures et demie, nous étions à la maison.

J'ai déjeuné au Flore avec Sonia Rykiel qui souffre toujours de sa jambe. Nous avons parlé de notre projet de livre illustré par Claire Bretécher et qu'Albin Michel a très envie de publier.

Colin Powell présente ses « preuves » concernant la détention des armes de destruction massive (ADM) par l'Irak : il n'a convaincu personne. « Si Saddam Hussein n'avait pas été arrêté, il aurait pu produire l'arme nucléaire en 1993 », assurant que les États-Unis ont « des preuves étalées sur dix ans que l'Irak cherche à se procurer des armes nucléaires », et d'embrayer ainsi sur les armes biologiques, chimiques, que posséderait l'Irak. Sur de simples suppositions, l'Amérique s'apprête à déclencher la guerre... On marche sur la tête. Jusqu'ici la France résiste, demande que les inspecteurs de l'ONU poursuivent leurs recherches. Mais jusqu'à quand pourra-t-elle faire cavalier seul ?

Dimanche 9 février. *Boutigny.* Il pleut. La pluie crépite avec violence sur les tuiles du toit. J'essaie d'écrire mon « Pêle-mêle » sur la guerre en Irak, j'arrête et reprends mes recherches sur les poètes et les putains. Rien ne m'intéresse, tout est morose. J'ai terminé le roman d'Harry Mulisch, *Siegfried, une idylle noire.* Décevant.

Plus tard, moment de bonheur dans la maison chaude, assise au coin du feu, une tapisserie entre les mains.

Lundi 10 février. *Paris.* Déjeuner à l'hôtel Crillon à l'occasion des Journées nationales du livre et du vin de Saumur où l'on remettait au jury des prix littéraires de ces journées les ouvrages en compétition. Rien parmi les livres reçus ne me semble convenir pour le prix Épicure, dont je suis la présidente. Dîner chez les Solvit en compagnie de Jean-Noël Jeanneney et de sa femme, d'Annick Cojean, et de Claude Cabanes et de sa femme : choux farcis et fromages délicieux, cigare aussi. Mais, au fil des heures, tout m'ennuyait et me semblait lourd. Je me suis éclipsée à la première occasion.

Mardi 11 février. Il y avait trop de monde devant le traiteur vietnamien. Je suis allée deux boutiques plus loin acheter un sandwich suédois. Je suis rentrée rue de Buci où j'ai fait chauffer une soupe et préparé du café. J'ai mangé en lisant les journaux.

Le temps qui passe nous conduit doucement vers la mort en nous dépouillant peu à peu de notre jeunesse. Tout à l'heure, chez le coiffeur, je regardais mon visage dans le miroir, il m'était étranger, la tristesse de mon regard me dérangeait. Quel crime avons-nous commis pour être condamnés à assister à notre déchéance ? Chaque jour nouveau me retire un peu de joie de vivre et de force et me reviennent en mémoire les vers de Musset :

> J'ai perdu ma force et ma vie,
> Et mes amis et ma gaieté ;
> J'ai perdu jusqu'à ma fierté
> Qui faisait croire à mon génie.

« Le poète a toujours raison... »

François Mauriac écrivait dans son journal, en avril 1945, plus jeune que je ne le suis aujourd'hui : « Le vieillard perd sur tous les tableaux, car il ne bénéficie même pas de l'engourdissement des passions. Les jeunes gens sont plus purs que les vieillards chez qui, trop souvent, l'imagination hérite de la puissance perdue. Au vrai, la grandeur de la vieillesse ne saurait être que d'ordre spirituel : un beau vieillard, c'est un saint vieillard. Mais ils sont plus rares qu'on ne l'imagine, parce que la vieillesse est le total d'une vie et que chacun de nos actes, la moindre pensée, se retrouve dans le résultat. »

Je ne suis pas allée à l'Hôtel de Ville voir Vladimir Poutine ; Pierre me racontera.

Rendez-vous avec le cardiologue de la rue de Rennes pour vérifier que mon mini-souffle au cœur n'a pas bougé. Tout va bien. Au retour, je m'arrête à La Procure où j'achète une dizaine de livres. Ça va de saint Augustin à Pierre Dac en passant par Nietzsche et Schopenhauer. Ce n'est pas la lecture de ce dernier qui va éclairer cette journée. « La vie oscille comme un pendule, de droite à gauche, de la souffrance à l'ennui. » Pour faire « bon poids » j'ai pris *Les Deux Missions de Jeanne d'Arc* par le colonel Antoine Argoud. Je ne savais pas que l'ancien chef OAS s'était intéressé à la Pucelle. Je crains qu'il n'en ait pris que les côtés cocardiers et fascisants à la Le Pen. Dans son introduction, l'auteur écrit avoir « éprouvé depuis [sa] plus tendre enfance pour la sainte de Domrémy, deuxième patronne de la France avec sainte Thérèse de l'Enfant-Jésus, une particulière vénération ». Tout comme moi ! Aïe !

Mercredi 12 février. Aujourd'hui, maman a quatre-vingt-neuf ans.

C'est en 1914 qu'est né ce sixième enfant de Blanche et de Léon. À l'âge de trois ans, comme elle ne marchait toujours pas, la famille a fait un pèlerinage à Lourdes, mais ce sont les prières à Thérèse de Lisieux qui auraient guéri la petite fille. Depuis, Thérèse de l'Enfant-Jésus fait partie de la famille. Dans mon enfance, je lisais des pages de son journal, entre lesquelles des pétales de roses en papier étaient glissés, je regardais longuement les photos de Thérèse et de son père, j'admirais ses boucles blondes, sa foi en Jésus. Non loin de moi, dans le désordre d'un « accrochage », me sourit la jeune carmélite.

Jeudi 13 février. Hier soir, je suis allée avec Pierre au théâtre du Palais-Royal voir une pièce d'Oscar Wilde, *L'Éventail de lady Windermere*, pas très bien interprétée.

Je déjeune chez Lipp avec Jean-Claude Gawséwitch des éditions Ramsay qui me demande une histoire de la guerre d'Algérie à l'intention des enfants..

J'ai bien travaillé cet après-midi. Mes personnages se retrouvent encore une fois à Montillac, qui n'est que le clone de Malagar. Malagar que j'ai tant aimé, dont le souvenir, le nom même, me met des larmes aux yeux. Magie des lieux, intime complicité, secrète connivence, bonheur d'être ensemble : Malagar m'a beaucoup donné et je lui en suis à jamais reconnaissante. Les marronniers, arrachés là-bas, se sont enracinés dans la terre de Boutigny, non loin de ceux nés des marrons ramassés près de la cathédrale Sainte-Sophie à Kiev. J'aime à imaginer que le fantôme de François Mauriac vient les contempler quelquefois, accompagné de Claire, sa fille, dont le regard sombre sous le voile de communiante, les lèvres boudeuses dans le joli visage rond me tiennent compagnie en ce moment...

Ce soir, dîner chez Michel Rocard.

Vendredi 14 février. Déjeuner à L'Espadon bleu, rue des Grands-Augustins, avec Claude Cherki. Nous avons parlé de son Algérie natale, de ses souvenirs du temps de la guerre. Le dîner chez Michel et Sylvie Rocard dans leur maison du XIVᵉ où ils vivent avec trois chats et un chien, a été agréable et fort bon. Les convives, Alexandre Adler, Blandine Barret-Kriegel, Paul Lyon-Caen et d'autres dont je n'ai pas retenu les noms, étaient sympathiques et intéressants. La conversation a tourné autour de la politique du gouvernement Raffarin, de la pornographie à la télévision, de François Mitterrand et de la guerre d'Algérie.

Dimanche 16 février. *Boutigny.* Manifestations monstres contre la guerre en Irak à travers le monde. La France a pris la tête de l'opposition à la guerre. Cela lui vaut des tombereaux d'insultes de la part des Américains et des Britanniques. Des éloges aussi. La patrie des droits de l'homme se montrerait-elle enfin digne de son glorieux passé et de son histoire ? Dominique de Villepin, notre ministre des Affaires étrangères, face aux membres de l'ONU, a su trouver des accents et des mots oubliés depuis longtemps : « Dans ce temple des nations, nous sommes les gardiens d'un idéal, nous sommes les gardiens d'une conscience. La lourde responsabilité et l'immense honneur qui sont les nôtres doivent nous conduire à donner la priorité au désarmement dans la paix. Et c'est un vieux pays, la France, d'un vieux continent comme le mien, l'Europe, qui vous le dit aujourd'hui, qui a connu la guerre et la barbarie. Un pays qui n'oublie pas et qui sait tout ce qu'il doit aux combattants de la liberté venus d'Amérique et d'ailleurs. Et qui pourtant n'a cessé de se tenir debout face à l'Histoire et devant les hommes. Fidèle à ses valeurs, il veut agir résolument avec tous les membres de la communauté internationale. Il croit en notre capacité à construire ensemble un monde meilleur. » Cet espoir en l'avenir fut vivement applaudi – chose exceptionnelle en ce lieu.

Mardi 18 février. Déjeuné hier avec Franck dans un restaurant libanais de la rue de Longchamp. Franck voudrait revenir à la librairie-édition, comme au temps de L'Or du temps. Mais les temps ont changé...

Inauguré le MK2 Bibliothèque, jouxtant la BNF, en compagnie du tout-Paris. Les nouvelles salles de Marin Karmitz sont superbes et confortables. L'enfant juif, émigré de Roumanie, a fait du chemin, ce qui n'empêche pas l'angoisse de remonter à la surface. « Chaque fois que j'ouvre une salle, peut-être à cause de mes propres échecs refoulés, je pense qu'il n'y aura personne. »

Vu le dernier film de Claude Chabrol, *La Fleur du mal*, avec Nathalie Baye, parfaite dans le rôle de la femme politique à la pêche aux voix, de Benoît Magimel, sympathique jeune homme, retour des États-Unis, ce qui nous vaut de nombreux clichés sur nos cousins d'Amérique, de Bernard Lecoq en dragueur de province sur le retour, de la charmante Mélanie Doutey et surtout de la délicieuse et talentueuse Suzanne Flon dont l'interprétation sauve le film. À cette satire de la bourgeoisie bordelaise, il manque la patte d'un Mauriac cinéaste pour lui donner sa crédibilité. « Le Fassbinder du petit salé aux lentilles », selon Yann Moix, nous laisse indifférent, vaguement agacé. « N'est pas Fassbinder qui veut », ajoute Yann Moix. Reste que *La Fleur du mal* est couvert d'éloges dans la presse, ce qui donne à penser que les critiques, chargés d'en faire le compte rendu, se sont endormis.

Mercredi 19 février. Chez Lipp avec Richard Ducousset pour faire le point sur nos nombreux projets qui n'avancent pas assez vite à notre gré. Plus que jamais, Lipp ressemblait à l'antichambre de l'édition française ; Frédéric Beigbeder déjeunait avec Olivier Nora, Jeanine Balland avec des anciens de l'Indochine ou de l'OAS, Philippe Tesson avec une jeune femme, l'attachée de presse de Grasset fumait cigarette sur cigarette...

Jeudi 20 février. Ce soir, soirée Jean Carmet à la télévision. Il avait dit : « Je crains la mort, et je crois à l'immortalité des amis. Ils reviennent sans cesse... » Ils ne sont pas revenus souvent s'incliner sur sa tombe au cimetière Montparnasse. Je suis allée audit cimetière où la sépulture du comédien est restée en l'état depuis le 20 avril 1994. Une plaque de bois indique son nom, la date de sa naissance et celle de sa mort ; c'est tout. Je m'étais déjà inquiétée auprès de ceux qui se disaient ses amis de ce laisser-aller qui choque tant ma fille Léa quand elle vient dire à la petite Clara Weber, enterrée dans une tombe voisine, combien elle lui manque. Celle de l'enfant trop tôt disparue porte la marque de l'affection que lui prodiguaient les siens. Sur celle de Carmet, rien. Où êtes-vous, ceux qui vous proclamez ses amis ? Nous sommes peu de chose, ma bonne dame !

Vendredi 21 février. Vu hier soir au théâtre Antoine *À chacun sa vérité* de Pirandello, tiré d'une nouvelle de six pages, *Madame Frola et Monsieur Ponza, son gendre*, écrite en 1916, dont il tira, en 1917, cette pièce à quatorze personnages mise en scène par Bernard Murat et magistralement interprétée par Gérard Desarthe et Niels Arestrup, et la magnifique Gisèle Casadesus. Dans les seconds rôles, Catherine Chevalier étincelle. Il n'en est pas de même de Salomé Lelouch qui a encore beaucoup de progrès à faire avant de devenir une véritable comédienne.

La guerre se rapproche à grands pas. Une fois que j'ai dit cela, je reste perdue dans mes pensées, toutes drapées de noir. Pendant ce temps-là, le drame israélo-palestinien est relégué au second plan, ce qui fait l'affaire d'Ariel Sharon qui, n'étant pas à une mesquinerie près, refuse des masques à gaz aux trois millions et demi de Palestiniens.

J'ai lu avec beaucoup d'émotion l'article de Stéphane Hessel dans *Le Monde*, retour d'un voyage en Israël et dans les territoires occupés. Né en Allemagne d'une mère prussienne et d'un père juif, Stéphane Hessel est arrivé en France en 1924 à l'âge de sept ans. « À partir de ce moment-là, et tout au long de ma jeunesse, bien que petit garçon allemand, je me suis senti français », dit-il à Georges-Marc Benamou, dans un passionnant livre d'entretiens, *C'était un temps déraisonnable*. L'enfant va en classe à l'École alsacienne où il fait connaissance d'Yvan Wiazemsky et d'Alexandre Minkowski avec lesquels il restera en relation toute sa vie. Élevé dans une famille « d'esprit européen » et anticonformiste, par une mère fantaisiste, vivant librement sa sexualité entre son mari et son amant Henri-Pierre Roché qui écrira leur histoire dans *Jules et Jim*. Prisonnier en juin 1940, Stéphane Hessel s'évade. Il rejoint ses parents à Sanary où meurt son père à la sortie du camp des Milles près d'Aix-en-Provence. Il se réfugie à Marseille où il retrouve Walter Benjamin, un ami de son père, qui se suicidera peu après dans un hôtel de Marseille, André Breton et sa femme Jacqueline, Max Ernst et Victor Serge. Il part pour Londres où un camarade de l'École alsacienne, Christian Fouchet, lui dit : « Les Anglais ont besoin d'aviateurs, vous devriez demander à être formé dans l'aviation. » Il fait connaissance de Daniel Cordier, du colonel Passy, de son adjoint André Manuel qui, comme lui, connaissait par cœur « Le cimetière marin » de Paul Valéry, de Jean Moulin et surtout de Pierre Brossolette (« le charme personnifié »). Arrêté au cours d'une mission en France en 1944, il est torturé puis déporté à Buchenwald d'où il tente de s'évader, ce qui lui vaut deux mois au camp d'extermination de Dora. Il s'évade une nouvelle fois et termine la guerre dans une unité de GIs. Après la guerre, Stéphane Hessel devient directeur au secrétariat des Nations unies, puis attaché au cabinet de Pierre Mendès France et plusieurs fois ambassadeur de France. Quand j'ai dîné avec lui et sa femme Christiane, à la suite de la projection d'un film sur Pierre Brossolette en compagnie de Pierre et Anne Wiazemsky, il nous a dit un long poème d'Apollinaire. C'était un bonheur de regarder et d'écouter cet homme lumineux pour qui « la guerre est un moment comme un autre où l'on peut souffrir, mais aussi rigoler ». Je ne suis pas sûre que celle qui s'annonce nous donnera l'occasion de rire.

Au train dont vont les choses, le gouvernement Raffarin va ressortir le 49-3 pour faire passer une loi sur l'euthanasie, puisque le secrétariat d'État aux Personnes âgées annonce la suppression des crédits prévus dans le budget de la Sécurité sociale 2003 pour médicaliser les établissements d'hébergement. Après avoir réduit de 400 millions d'euros l'allocation allouée à quatre cent vingt mille personnes âgées à domicile et à trois cent cinquante mille en établissement, il ne lui restera plus qu'à les euthanasier pour faire des économies. Ce serait à vomir si ce n'était pas à pleurer. Ce sont les vieux de la « France d'en bas » qui seront les premiers à en faire les frais.

La star de la rumba africaine, Jules Shungu Wembadio Pene Kikumba, dit Papa Wemba, celui que ses fans appellent le « Rossignol congolais », ambassadeur de la Sape (Société des ambianceurs et personnes élégantes), a été mis en examen pour avoir organisé – moyennant finances (3 500 dollars le visa pour la France ou la Belgique) –, depuis deux ans, l'immigration clandestine de plusieurs centaines de ressortissants de la République démocratique du Congo.

Lundi 24 février. Une nouvelle semaine commence sous le soleil. Ce week-end, j'ai gardé mes quatre petits-enfants, ce qui pour moi n'est pas une mince affaire car je n'ai rien d'une grand-mère traditionnelle. Il ne faut pas compter sur moi pour jouer avec eux au Nain jaune ou aux Petits Chevaux ou encore à la marchande. Quant à leur lire des histoires, je n'ai plus le même entrain que celui que j'avais pour mes enfants. Ils ne semblent pas m'en tenir rigueur.

Signature samedi après-midi, à l'occasion du cinquantième anniversaire du Livre de Poche, au Verger des Muses à Corbeil-Essonnes où j'achète un court roman, *Grande Couronne*, de Pascal Licari qui est l'un des libraires. Malgré le beau temps, les lecteurs sont venus nombreux.

Je viens de terminer le livre de Jean d'Ormesson, *C'était bien*, qui évoque ses lectures, son plaisir de vivre. C'est sympathique, mais quand on le referme, il ne reste pas grand-chose. Commencé celui de Camille Laurens, *L'Amour, roman*, ma voisine dans les pages de *L'Humanité*. J'ai accroché dès la première page.

Un an, déjà, qu'Ingrid Betancourt est prisonnière des FARC. Sa fille de dix-sept ans, Mélanie, se bat pour qu'on n'oublie pas sa mère.

L'hebdomadaire *Marianne* part en guerre contre les prix littéraires en lançant une pétition en faveur des «jurys tournants». «Les livres couronnés par les prix français se vendent de plus en plus mal. Ne faut-il pas voir là l'échec d'une tradition hexagonale qui sent la poussière et la combine?» se demande Alexis Liebaert. Décidément, *Marianne* aime à lancer des pétitions tous azimuts et suggère qu'à l'instar du Booker Prize, le jury soit composé de personnalités «incontestables», renouvelées tous les trois ans. Dans le même numéro, Guy Konopnicki titre son article: «À quoi servent encore les prix *littéraires ?*» Les membres de l'académie Goncourt en prennent pour leur grade, mais pas un mot sur le Femina, dont je fais partie depuis dix-neuf ans... On reconnaît à ce jury composé de femmes, toutes écrivains, de n'avoir fait aucun mauvais choix depuis de nombreuses années et d'être moins corrompu que les autres jurys. Personnellement, force m'est de constater que ces dames lisent bien, beaucoup, et ne votent pas pour leur éditeur qui le leur reprocherait, paraît-il. Mais à ces femmes soucieuses de leur liberté, on ne dicte pas leurs choix.

Mardi 25 février. J'ai sur mon bureau un petit pot d'anémones jaunes. Je suis fascinée par la vivacité de ces humbles fleurs, le vert rude de leurs feuilles et le jaune éclatant de leurs pétales. Elles trônent entre les bustes de Rousseau, de Chateaubriand et de Zola, près de photographies de François Mauriac jeune homme, de Pierre son petit-fils et de son arrière-petite-fille, Léa. Je traînasse, rebutée par le désordre de mon bureau. Pourtant, en ce moment, je travaille bien et ne m'embrouille pas trop dans les histoires de l'OAS et autres factieux. Je me sens à l'aise dans l'Algérie de cette époque. J'espère simplement ne pas trahir ceux qui vécurent là-bas, Algériens et pieds-noirs.

Dîner chez Henri et Fabienne Weber et leurs trois enfants sous le regard de Clara, la petite morte.

Mercredi 26 février. Déjeuner à L'Alcazar avec Héloïse d'Ormesson que je n'avais pas revue depuis plus d'un an. Sans raison, je l'avais appelée pour lui dire que je pensais à elle.

Suicide de Bernard Loiseau, le célèbre chef de La Côte d'or à Saulieu, dans le Morvan. La presse culpabilise les guides gastronomiques, principalement le *Gault Millau*, qui l'avait rétrogradé de 19 à 17/20 dans l'édition 2003. C'est aller vite en besogne.

Jeudi 27 février. Hier à dix-huit heures, j'ai participé, à la Maison des écrivains, à une table ronde sur le thème « Le texte, le sexe et la censure », avec Julien Cendres, dont j'avais publié *La Splendeur abandonnée*, Agnès Tricoire, avocate, déléguée à la Ligue des droits de l'homme, Gisèle Sapiro, chargée de recherche au CNRS, et Anne Simonin, elle aussi au CNRS. Le modérateur était Alain Nicolas, responsable du supplément littéraire de *L'Humanité*. Rencontres intéressantes et nécessaires en ces temps de retour de la censure, où le procureur de la République de Carpentras a requis contre Léo Scheer, l'éditeur du roman de Louis Skorecki, *Il entrerait dans la légende*, une peine de prison de six mois avec sursis et une amende de 15 000 euros pour avoir publié cet ouvrage scandaleux...

Rendez-vous ce matin avec Chantal Chawaf, l'auteur du *Manteau noir*, un beau roman sur la guerre, pour parler de notre projet de livre d'entretiens aux éditions du Rocher. D'après Chantal, j'aurais dit des « choses remarquables et essentielles ». Je suis loin d'être de cet avis après avoir lu le décryptage d'une trentaine de nos conversations. Je la charge de débrouiller seule ce salmigondis que je relirai et corrigerai quand elle m'en donnera une version définitive. Elle a paru contente de cette proposition.

Je viens d'avoir Claude Cherki au téléphone qui me propose de lire les épreuves d'un livre sur l'OAS, publié par le Seuil. Il pense que cela pourra m'être utile. Au passage, il me dit qu'il serait heureux de me publier. Je vais y réfléchir pour l'après-*Bicyclette bleue*.

Les médias ne parlent que de la publication de *La Face cachée du Monde* de Pierre Péan et de Philippe Cohen, dont le premier tirage de soixante mille exemplaires a été épuisé le jour de sa mise en vente. Claude Durand, l'éditeur, doit être satisfait. Par là même, il règle ses comptes avec ce quotidien qui ne l'avait pas ménagé au moment de la sortie du *Journal* de Renaud Camus. J'ai reçu le pavé que je parcourrai à mes moments perdus.

Je vais relire les chapitres des *Généraux du crépuscule*, retapés par Jacques.

J'ai signé avec Albin Michel le contrat pour *Les Poètes et les Putains* qui paraîtra à la rentrée.

Vendredi 28 février. José Bové a été condamné par la cour d'appel de Montpellier à dix mois de prison ferme. « Les juges se rangent à côté de ceux qui veulent imposer les OGM. Cela ne signifie pas l'arrêt du combat, bien au contraire. La question est maintenant de savoir si la peine doit être exécutée ou non. C'est au président de la République de donner sa réponse. Nous ne sommes pas dans un débat judiciaire, mais dans un débat politique », a déclaré José Bové sur le stand de la Confédération paysanne au Salon de l'agriculture dans l'indifférence quasi générale, hormis la cinquantaine d'agriculteurs qui a occupé, durant deux heures, le stand du ministère de l'Agriculture. À part éviter la prison, je ne vois pas ce que José Bové aurait à gagner d'une grâce présidentielle qui risquerait de lui faire perdre la crédibilité qui lui reste.

J'ai déjeuné avec Sonia au premier étage du Flore. La préparation de sa collection la fatigue ; elle avait un pauvre et doux visage. Le Flore était bondé du haut en bas. J'aimerais trouver un bistrot calme et sympathique ; dans le quartier il n'y a rien de semblable. Dîner ce même vendredi chez François et Anne-Marie Armanet, en compagnie de comédiens de la Comédie-Française et de leurs épouses. Repas agréable et délicieux. La conversation a tourné autour du théâtre, de la littérature, de Françoise Sagan dont nous n'avons plus de nouvelles et de Dominique de Villepin qu'une des convives trouve très séduisant.

Mars

Samedi 1er mars. *Boutigny.* La pluie est de retour. Le feu flambe dans la cheminée.

Lu, avec réticence, d'abord, le papier de Catherine David dans *L'Observateur* sur Cuba. Je me demandais ce que pouvait bien dire de l'île quelqu'un qui n'y avait pas mis les pieds il y a deux ans encore et qui m'avait demandé quelques « tuyaux » sur l'endroit. Son reportage est juste et effrayant. Elle insiste sur le manque de liberté des Cubains. « Tu le sais que nous n'avons pas le droit d'aller dans les hôtels. Il y a des zones entières de Cuba qui nous sont interdites ! Varadero, par exemple, c'est très grand, c'est là où sont les plus belles plages. Eh bien, pour y aller, il faut être autorisé, il faut avoir un travail dans un hôtel ou un restaurant... Nous sommes des citoyens de seconde zone dans notre propre pays. C'est un peu comme l'apartheid. Pourtant, la révolution a été faite pour le bien du peuple, non ? » Plus terrible, cette réflexion d'une femme : « Nous n'avons pas le temps, nous n'avons pas la force de nous révolter, le peuple cubain est bien trop occupé à survivre au milieu des embûches et des combines. »

Bien que l'Irak annonce la destruction de ses missiles, les États-Unis parlent toujours de l'attaquer. Que doit faire Saddam Hussein pour éviter la guerre ? Rien. Quoi qu'il fasse, cela ne sera jamais suffisant aux yeux de Bush qui tient à sa guerre. La France utilisera-t-elle son droit de veto ?

Lundi 3 mars. *Paris.* Le président de la République fait un tabac en Algérie et c'est tant mieux ; même si la foule crie plus souvent : « visa » que « Chirac ». Dans la Ville blanche, il réaffirme son opposition à la guerre contre l'Irak. « Nous voulons la mise en œuvre de la résolution 1441, dont toutes les possibilités doivent être explorées. » De leur côté, les députés turcs refusent le déploiement militaire américain. Plus de cinquante mille manifestants ont soutenu leur gouvernement en défilant hier dans les rues d'Ankara. Au Pakistan, ils étaient cent mille à protester contre une éventuelle attaque américaine contre l'Irak, et au Maroc, cinquante mille. Les chefs d'États arabes, réunis à Charm el-Cheikh, en Égypte, ont proclamé leur « refus ferme d'une frappe contre l'Irak et de toute menace contre la sécurité et l'intégrité territoriale de tout pays arabe ». Petit réconfort pour George W. Bush, l'arrestation d'un responsable de haut rang d'al-Qaïda et cerveau probable des attentats du 11 septembre, Khalid Cheikh Mohammed a été arrêté au Pakistan. « C'est fantastique ! » s'est écrié le président américain en apprenant la nouvelle.

J'écoutais, hier sur Europe 1, un des chroniqueurs au *Figaro*, Alain-Gérard Slama, dont le Seuil publie son Journal de l'année 2002, dire qu'il n'avait rien écrit de personnel. Quel intérêt de ne parler que de faits d'actualité qui, quand nous lirons le livre, seront passés, sans que l'auteur nous fasse partager ses colères ou ses plaisirs ? Je sais bien que ce n'est pas un journal intime que l'on nous demande, mais quand même !

Lu avec amusement, dans *Libération*, le portrait dressé par Claude Chabrol du Premier ministre qui, selon le cinéaste, « a une bonne tête de face, mais il est inquiétant de profil. [...] Il a une vraie gueule, mais on ne sait pas une gueule de quoi ». Il lui conseille, « s'il veut vraiment raffiner dans le côté notable de province, de trousser une ou deux bonnes vite fait bien fait et, éventuellement, de trouver une maîtresse dans une ville voisine, à La Rochelle, par exemple ». Nul doute que les filles de La Rochelle vont se mettre sur les rangs et que Jean-Pierre Raffarin n'aura que l'embarras du choix.

Vu à la Comédie-Française *Papa doit manger*, de Marie NDiaye avec Bakary Sangaré dans le rôle de papa. À la sortie, la plupart des spectateurs étaient dubitatifs. Moi aussi. À Florence Delay, qui m'a demandé ce que j'en pensais, j'ai répondu : « Je ne sais pas. » Cette pièce sur le racisme, l'amour et l'abandon, met le spectateur face à ses propres contradictions sur les relations avec les étrangers, tel Zelner, le professeur de français, l'amant de la mère, homme de gauche :

« Toute haine à son encontre, me disais-je, est politiquement condamnable [...] Il n'y a pas d'homme noir. Il n'y a qu'une plaie, me disais-je. Qu'un chant triste, qu'un asservissement honteux. »

Mardi 4 mars. Entendu ce matin sur Europe 1 le président algérien, Abdelaziz Bouteflika, reconnaître devant Jean-Pierre Elkabach que son pays, malgré une technologie de pointe, ne s'y entendait guère en « maintenance ». Il émit pour conclure le désir que Jacques Chirac reçoive le prix Nobel de la paix. On aura tout entendu !

Libération titre : « Chômage : Raffarin à la peine. » Ne sont-ce pas plutôt les chômeurs qui sont à la peine ?

Lu le roman de Jean-Marc Roberts, *Toilette de chat*. Bof ! Il est vrai que les histoires de familles et d'enfants, vues par mes contemporains, ne m'intéressent pas. Lu également *L'écriture est un couteau*, d'Annie Ernaux, entretiens avec Frédéric-Yves Jeannet, qui est, comme l'indique son titre, une dissertation sur l'écriture où ressort la « culpabilité » de l'auteur d'avoir changé de classe sociale. Pour le reste, lourd et ennuyeux.

Une femme d'un certain âge m'arrête dans la rue et me dit son admiration pour mes livres qui la « font pleurer ».

Petit tour à La Samaritaine pour voir l'exposition consacrée à l'Amérique latine : décevante. Je trouve quand même l'occasion d'acheter trois « Série noire », d'auteurs argentins, mexicains et chilien. Quand trouverai-je le temps de les lire ?

Mercredi 5 mars. Jacques Chirac termine son voyage « triomphal » en Algérie où la population s'est portée nombreuse au-devant de lui et l'a longuement acclamé. Les relations entre les deux pays restent ambiguës. N'ai-je pas entendu crier à deux reprises « Vive la France ! » sur mon passage, lors d'une promenade dans la basse Casbah d'Alger ? La France n'a pas fait son deuil de son passé colonial et continue à développer un sentiment de culpabilité. Les Algériens que j'ai rencontrés en Algérie, dont certains avaient été torturés par l'armée française, m'ont semblé avoir fait la part des choses.

Nicolas Sarkozy procède massivement à des expulsions d'étrangers en situation irrégulière. Le MRAP (Mouvement contre le racisme et pour l'amitié entre les peuples) appelle à une manifestation de protestation.

Le gouvernement met fin à la gratuité des soins pour les sans-papiers qui devront désormais payer le forfait hospitalier ou le ticket modérateur. Dans le même temps, les bénéficiaires de la couverture sociale universelle ne toucheront plus l'allocation que le mois suivant son attribution. Bravo !

Mon « Pêle-mêle » de ce mercredi ne paraîtra que demain dans les colonnes de *L'Humanité*, pour cause du cinquantième anniversaire de la mort de Staline. René Mayer, le président du conseil d'alors, avait décrété deux jours de deuil pendant lesquels les drapeaux devaient être mis en berne. À l'Assemblée nationale, Édouard Herriot prononçait un éloge funèbre devant les députés debout, sauf deux, tandis que *L'Humanité*, dans une édition spéciale, titrait : « Deuil pour tous les peuples, qui expriment dans leur recueillement leur immense amour pour le grand Staline. » De Gaulle, lui-même, à sa façon, lui rendit hommage dans ses *Mémoires de guerre* : « Sa chance fut qu'il ait trouvé un peuple à ce point vivant et patient que la pire servitude ne le paralysait pas, une terre pleine de telles ressources que les plus affreux gaspillages ne pouvaient pas les tarir, des alliés sans lesquels il n'eût pas vaincu l'adversaire mais qui, sans lui, ne l'eussent point abattu. » Entendu ce matin, à la radio, des interventions sur la polémique Stalingrad/Volgograd. Je pencherais pour Stalingrad en hommage aux deux millions de Soviétiques qui périrent de faim, de froid, sous les bombardements, à ceux qui combattirent les attaquants nazis et remportèrent une victoire qui marqua, en 1942, un tournant décisif de la Seconde Guerre mondiale. Cela ne signifierait pas une réhabilitation de Staline, mais la reconnaissance de l'héroïsme d'une nation. Enfant, j'ai vu des documents filmés sur la bataille de Stalingrad et j'en ai conçu un amour et une admiration sans bornes pour ce peuple qui se sacrifiait pour la défense de sa patrie, mais aussi pour celle de l'humanité. Jamais je n'oublierai que ce sont les soldats de l'armée Rouge qui, les premiers, sont entrés dans Berlin. Les crimes de Staline sont grands, très grands, mais que sont-ils face à l'horreur nazie ? Que l'on m'entende bien, j'exècre les crimes du « petit père des peuples », ses mensonges, le mal qu'il a fait au monde ouvrier, ses procès truqués, son goulag... *Le Monde* a grillé la politesse à *L'Humanité* en publiant le 26 février un supplément passionnant consacré à Staline et au stalinisme.

Et, toujours, des Palestiniens abattus dans l'indifférence quasi générale.

Pas le courage d'aller à Beaubourg pour les cinquante ans du Livre de Poche.

Aujourd'hui, mercredi des Cendres, premier jour du carême. Quand j'étais enfant, les religieuses de l'institution Saint-Martial nous conduisaient à l'église pour la cérémonie des Cendres. Le prêtre marquait nos fronts d'une croix de cendres en disant : « Souviens-toi que tu es poussière et que tu retourneras en poussière. » Je retenais ma respiration et fermais les yeux pour ne pas recevoir de cendres. J'étais très impressionnée par ce rituel qui me rappelait que j'étais mortelle. Les cendres étaient obtenues en brûlant le buis bénit de l'année précédente.

Déjeuner agréable à L'Orient-Extrême avec Valérie Solvit.

Réunion avec Claudine Bourretz et Valérie Le Plouttinec des éditions Albin Michel pour le choix des textes, l'iconographie et la mise en pages de mon livre *Les Poètes et les Putains*. Ensuite, rendez-vous avec la fille de Picard Le Doux pour faire un choix parmi les dessins érotiques de son père. Au passage, je remarque un de ses poèmes sur les putes que Claudine et moi retenons.

Petit tour rue de Savoie pour fêter la naissance des Éditions des Deux Terres. Cela me rappelle la fête donnée rue Saint-André-des-Arts quand j'ai créé, avec l'argent de *La Bicyclette bleue*, ma troisième maison d'édition. Envahie de tristesse, je n'ai pas le courage d'aller jusqu'à la place Edmond-Rostand, à l'invitation d'Olivier Barrot en l'honneur de son émission : *Un livre un jour*.

Jeudi 6 mars. Déjeuner au Récamier avec Jean-Paul Bertrand pour faire la mise au point sur le livre que Chantal Chawaf et moi avons en chantier.

Terminé ma préface à un livre sur les femmes de Toulouse-Lautrec. Celle que j'ai écrite pour l'ouvrage de Miss-Tic, *Regarde-moi*, qui doit paraître aux éditions Alternatives, me cause du souci : l'éditeur a mal orthographié mon nom. Le livre étant imprimé, il n'y a rien à faire. J'ai obtenu, en menaçant de retirer mon texte, qu'un bandeau indique mon nom exact, ce qu'il n'a pas apprécié, se disant déçu qu'un ancien « petit » éditeur ne soit pas plus solidaire. Je lui ai fait remarquer que j'avais donné cette préface à titre gracieux et que c'est lui et non moi qui en tirerait bénéfice.

Mon « Pêle-mêle » est consacré au livre d'Alain Soral, *Socrate à Saint-Tropez*. Dans cet ouvrage, il nous donne son point de vue sur ce qui fait notre temps. À Ben Laden, on peut lire : « Au fond Ben Laden pour les Américains, c'est un peu leur Yvan Collona. » À Buren : « Dénonciation typique de l'esprit 68 qui tourna – de façon moins typique – à la rente de situation, tandis que Présence Panchounette, autre groupe d'authentiques perturbateurs, avait, lui, l'élégance de se saborder dès lors qu'il avait obtenu, pour ses loufoqueries, la reconnaissance artistique de la Fondation Cartier. » De voir rappeler l'existence éphémère de Présence Panchounette me fait plaisir. Ces artistes, car c'étaient d'authentiques artistes, ont refusé de prostituer leur art, en dépit des sollicitations des marchands. Sur Houellebecq Michel, Alain Soral écrit : « Finalement, après Sollers qui débuta brillamment par *Une étrange solitude*, Houellebecq incarne à son tour cette tradition très française du talent dévoyé. L'histoire très sartrienne du vilain petit clerc intelligent, mû par le sexe, qui rame énormément pour monter puis qui vit dans la trouille de redescendre. » Le reste est du même tonneau, tonique et insolent. Tout le monde y a droit : Chirac, les droits de l'homme, l'écologie, les États-Unis, les féministes... L'ouvrage se termine sur une phrase d'Émile Zola : « Si je vaux aujourd'hui quelque chose, c'est parce que je suis seul et que je hais. » Lu également, sur la recommandation d'une amie, *Matin brun*, de Franck Pavloff, une plaquette de onze pages vendue un euro. J'ai été un peu déçue par ce conte philosophique, qui nous narre l'extermination des chiens et des chats qui ne sont pas de couleur brune, l'interdiction des journaux au profit d'un seul, *Les Nouvelles brunes*, puis l'arrestation de ceux qui, autrefois, ont possédé des animaux non autorisés sous prétexte d'« injure à l'État national ». On voit où l'auteur veut en venir, ce qu'il dénonce, mais c'est un peu faible comme argument. Il paraît que ce libelle se vend comme des petits pains.

J'ai chopé un rhume, cela m'agace et me fatigue.

Vendredi 7 mars. Entendu ce matin à la radio un aphorisme de Georg Christoph Lichtenberg : « Le premier Indien qui découvrit Christophe Colomb ne fit pas une bonne affaire » et, dans la rue, une jeune femme, portable à l'oreille, qui disait : « J'entends les oiseaux chanter ! Tu te rends compte, à Paris ? » Eh oui ! les oiseaux chantent à Paris, on aurait tendance à l'oublier. Ce sont surtout les mouettes que j'entends rue de Buci. Elles tournoient au-dessus de l'église Saint-Germain-des-Prés, qu'on va bientôt appeler Saint-Germain-de-la-Mer.

Maurice Rheims est mort à quatre-vingt-treize ans au terme d'une vie bien remplie. Paix à son âme. Sébastien Japrisot, lui aussi, nous a quittés, il n'avait que soixante et onze ans. C'est un écrivain de grand talent qui disparaît. Nul mieux que lui n'avait su rendre dans *Un long dimanche de fiançailles*, les drames intimes de la guerre de 14.

Pris un café au Buci avec Hadrien Laroche qui me demande de lire son manuscrit, *Résistance et Porcherie*. Je le lirai durant mon voyage à Montmorillon où je participe, à la médiathèque, dans le cadre de la Journée de la femme, à une table ronde sur « les Femmes et la guerre ».

À la suite de l'attentat suicide de Haïfa, qui a fait quinze morts et plusieurs dizaines de blessés, l'armée israélienne est entrée dans un camp de réfugiés de la bande de Gaza et a fait onze morts et une centaine de blessés.

À Guantanamo, un détenu a tenté de se suicider. C'est la vingtième tentative sur la base américaine de Cuba.

Paris-Match fait sa couverture avec la veuve de Bernard Loiseau et ses enfants tenant le portrait de leur père. C'est indécent. Comment peut-on agir de la sorte et manquer à ce point de pudeur et de compassion ?

Le Monde publie trois pages à propos de *La Face cachée du Monde*. Trois pages guère convaincantes.

Un bandit corse, « José » Menconi, s'évade pour la deuxième fois de la prison de Borgo, aidé par deux complices, qui se sont fait ouvrir les portes en menaçant les gardiens d'un lance-roquettes en... carton-pâte. Dans sa cellule, le prisonnier s'est servi, lui aussi, d'un pistolet factice. J'adore ! Que fait Sarkozy ? s'étonne la France d'en bas.

Commencé la lecture de *Petit Déjeuner chez tyrannie* d'Éric

Naulleau, suivi de *Le Crétinisme alpin* par Pierre Jourde, auteur de *La Littérature sans estomac*, qui décrit, documents à l'appui, les manœuvres d'un certain milieu littéraire, notamment celui du *Monde des lettres* dirigé par Josiane Savigneau, échappée de la caisse d'un supermarché de Châtellerault et détentrice de la bonne parole en matière de littérature, surtout celle des copains.

Aujourd'hui, Sonia présente sa collection suivie d'un dîner au Crillon où je n'irai pas car je dois préparer ma valise. Léa et son copain Stéphane partent avec moi.

Dimanche 9 mars. *Montmorillon.* Temps magnifique. Avec mes parents, Léa et Stéphane, nous sommes allés déjeuner sur les bords de la Gartempe, près de Lathus à La Voulzie. Service trop lent et cuisine médiocre. Mes parents vont bien malgré leur âge. Après les avoir déposés chez eux, je suis allée faire un tour dans *La Cité de l'écrit* où une dizaine de promeneurs erraient dans les rues où la plupart des librairies étaient fermées. J'ai néanmoins trouvé quelques recueils de chansons. Tout cela est lamentable : le Poitou de Raffarin correspond assez à la France d'en bas, chère à notre Premier ministre : il n'aime pas le changement.

Hier, déjeuner au Roman de saveurs avant la conférence-débat : « Les femmes face à la guerre » qui s'est déroulée à la médiathèque, en présence d'une centaine de personnes, ce qui, pour Montmorillon, est très bien. Marie-Agnès Joubert, auteur de *La Comédie-Française sous l'Occupation*, a parlé de quatre comédiennes du Français dont Marie Bell et Marie Marquet ; Isabelle Soulard, des *Femmes dans la Résistance en Poitou* ; et Fariba Hachtroudi, auteur de *L'Iran, les rives du sang*, a dressé un bilan de la condition féminine dans son pays et en Afghanistan. Quant à moi, j'ai évoqué les combattantes algériennes et les porteuses de valise.

En fin d'après-midi, je suis allée au Futuroscope de Poitiers, à l'hôtel Clarion au vernissage de Valérie Huguet qui, depuis le mois de janvier, insistait pour que je vienne. Au dire des journalistes de *La Nouvelle République* et *Centre Presse*, j'ai inventé une école belge pour qualifier sa peinture.

Dîner de femmes, à l'occasion du 8 mars, au Luculus ; un moment sympathique.

Ce soir, dîner chez Isabelle Faidy, la mercière de Montmorillon, qui me prépare une tête de veau.

Mardi 11 mars. *Aubusson.* J'ai apporté à la galerie Graffiti, qui organise en avril une exposition de mes tableaux, une trentaine de « dragons ». Une manifestation avait lieu devant la sous-préfecture pour protester contre la fermeture de classes. Les manifestants m'ayant aperçue se sont mis à crier : « Régine avec nous ! » Je suis allée les rejoindre et suis restée une demi-heure avec eux. Je les ai quittés pour aller déjeuner chez mes parents.

C'est chaque fois la même chose : je suis heureuse de descendre à Montmorillon voir mes parents et à peine arrivée je n'ai qu'une envie, repartir. Mes parents sont âgés et adorables, je voudrais leur dire que je les aime, les faire parler, les écouter, mais, c'est plus fort que moi, l'ennui et l'agacement m'envahissent. Je suis incapable de la moindre conversation. Je m'imagine condamnée à vivre ici, alors la peur me prend à la gorge. Je me sens étrangère sur cette terre qui m'a vue naître. Je suis comme un animal pris au piège, je serre les poings, m'agite sur ma chaise. Je suis partie comme on fuit. Malgré ma mauvaise conscience, conduire m'a apaisée.

Il fait un temps magnifique. De Montmorillon, j'ai pris les petites routes pour descendre vers la Creuse. Je pensais m'arrêter à Guéret, mais la laideur de la ville m'en a dissuadée. Aubusson n'est pas une très jolie ville non plus, mais ses abords sont moins défigurés que ceux de La Souterraine ou de Guéret. L'expansion économique, qui a chassé les commerçants des centres-villes, s'est étalée massivement à l'entrée des cités, leur donnant partout le même aspect désordonné et vulgaire. Les promoteurs se sont donné beaucoup de mal pour faire laid ; ils ont réussi. Un mortel ennui se dégage de ces centres commerciaux et industriels. Je recherche naïvement dans ce voyage des lieux inchangés, des lieux où l'homme occuperait une place harmonieuse. Je ne m'habitue pas à la disparition des cafés, des épiceries, des petits commerces de campagne. Ces villages privés d'endroits de rencontres, d'échanges m'attristent démesurément. « Je suis autant chargé de nostalgie qu'un âne l'est de reliques et rien ne m'est plus délicieux que cette poussière d'or et de mélancolie qui flotte sur les saisons », a écrit Gilles Lapouge dans une de ses chroniques publiées sous le titre « En étrange pays ». À Aubusson, je suis descendue à l'Hôtel de France. La chambre sous les toits possède de belles poutres. J'ai vu hier soir à la télévision un documentaire sur le goulag qui m'a fascinée et bouleversée. Tant d'horreurs, de souffrances ! Comment des hommes peuvent-ils faire endurer tout ce mal à d'autres ? Comment tant de gens le subissent-ils ? Et en éprouvent-ils de la honte et non de la révolte ? Je retenais mes larmes devant l'inhumanité de ces colonies, de ces camps, de ces villages spéciaux. Je ne comprenais pas. Je ne comprends pas. Les textes de Varlam Chalamov ajoutaient à l'inhumain. Les bourreaux étaient des gens ordinaires, comme les victimes. Et ce qui me dérangeait le plus, c'est que je les savais interchangeables. Cela m'a donné envie de lire ou de relire les écrits sur le goulag, des témoignages pour essayer de comprendre. « Pourquoi voulez-vous tout comprendre ? » m'a dit un jour une psychanalyste. « Vous devez accepter de ne pas comprendre. » Peut-être a-t-elle raison, mais je ne suis pas d'accord. Pourquoi est-ce en Russie d'abord, puis en Union soviétique ensuite, que l'on a le plus déporté de populations ? À ma connaissance, aucun pays au monde n'a eu cette politique. Il y a sûrement des ouvrages qui traitent de la question. Dès mon retour à Paris, je vais partir à leur recherche. Le musée de la Tapisserie étant fermé aujourd'hui, je vais aller visiter les galeries qui sont nombreuses.

Le lendemain matin, j'ai visité le musée où il y avait une remarquable exposition des tapisseries de Fernand Léger. À côté, celles du XVIIe et du XVIIIe siècle faisaient pâle figure. Je me suis renseignée sur le travail de François Faureau, un peintre cartonnier qui tissait lui-même ses tapisseries. J'en possède une de 1943 avec cette inscription inspirée de la formule pétainiste, due à Emmanuel Berl : « La terre de France ne ment pas. » Je n'ai pu obtenir aucun renseignement, si ce n'est qu'il est mort très vieux. J'ai repris la route, direction Felletin, charmante bourgade où j'ai pris un café puis me suis dirigée vers le plateau de Millevaches, cher à Pierre Bergounioux, où j'ai roulé pendant plus d'une heure. C'est très beau et désert. Le soir j'ai couché à Loches dans un charmant hôtel, le George Sand, où j'ai remarquablement dîné.

Mercredi 12 mars. *Loches.* Visite de la ville et du château. Il règne, dans ces vieilles rues aux belles pierres, une douceur de vivre. Cependant dans le bistrot où je prenais un café, le patron, à qui je demandais pourquoi il fermait si tôt le soir, m'a répondu : « Quand vous voyez ce qui traîne, il vaut mieux fermer ; Loches est une plaque tournante de la drogue. Faut pas croire ! » Je ne crois rien, je m'étonne.

Je suis repartie vers Chinon où je suis descendue à l'Hôtel de France. J'ai visité la ville qui s'étend harmonieuse le long de la Vienne qui se jette un peu plus loin dans la Loire, cherchant l'ombre de Jeanne la Pucelle. Demain, j'irai visiter le château et le musée. Promenade dans les vieilles rues. Dans une galerie j'ai acheté cinq petits tableaux très colorés de Pierre Guitton.

Jeudi 13 mars. *Chinon.* Dans la nuit du 12 mars, à 4 h 20 du matin, un commando de six à dix hommes en tenue de combat a fait sauter à l'explosif le portail arrière de la maison d'arrêt de Fresnes. « L'attaque de la prison a été conçue comme l'assaut d'un fourgon blindé, mêmes armes de guerre, même explosif, même détermination dans la violence, même organisation préparée et minutée », a déclaré un commissaire de la répression du grand banditisme. Après avoir arrosé d'un tir nourri deux miradors, les attaquants ont fait sauter une deuxième porte qui débouchait sur le quartier disciplinaire, en face de la cellule d'Antonio Ferrara, située au rez-de-chaussée. À travers la grille de la cellule, les bandits ont passé au détenu un explosif avec son système de mise à feu. Ferrara s'en est servi pour faire sauter les barreaux et s'est retrouvé libre dans la cour, oubliant un téléphone portable et un pain de plastic. Ces hommes se sont enfuis à bord de voitures équipées de gyrophares. Pour faire diversion, ils ont incendié des véhicules en stationnement. Personne n'a été blessé. Antonio Ferrara, qui se fait appeler « Succo », en hommage sans doute au tueur italien Roberto Succo, n'en est pas à sa première évasion, il est considéré comme dangereux. Pour l'heure, lui et ses complices courent toujours. Après l'évasion de Joseph Menconi de la maison d'arrêt de

Borgo en Corse, la « France d'en bas » murmure encore : « Que fait la police ? »

Samedi 15 mars. *Boutigny.* J'ai quitté Chinon après avoir visité le château et le musée Jeanne d'Arc, un peu décevant. Je suis allée jusqu'à La Devinière, la maison natale de Rabelais, hélas fermée, et suis arrivée à Paris à 16 h 30. Dîner chez Stéphane et Christiane Hessel. En fin de repas, j'ai eu un malaise ; j'ai dû m'allonger une demi-heure. Ensuite, nous avons pris la route pour Boutigny.

Le Premier ministre serbe, Zoran Djindjic, a été assassiné à Belgrade. On s'inquiète de l'influence de Slobodan Milosevic, qui, du fond de sa cellule à La Haye, continue d'avoir des partisans en Serbie. Le chef des « bérets rouges », Milorad Lukovic, soupçonné d'avoir commandité l'assassinat, est toujours en fuite.

J'ai lu le petit livre (cent cinq pages) publié aux éditions P.O.L, *Grande Couronne*, de Pascal Licari, le jeune libraire travaillant au Verger des Muses dans un centre commercial de l'Essonne. Curieux livre qui raconte le quotidien d'une famille et de leur locataire en grande banlieue. Vies qui s'écoulent entre la gare, les grandes surfaces, la télévision, vides et monotones. Et pourtant, pas un moment on ne s'ennuie dans ce roman qui commence comme ça : « Le père Noël tira sur la nourrice, et le sang fut versé. Depuis la pluie a tout effacé. »

Jean-Luc Lagardère est mort d'une saloperie attrapée à l'hôpital. J'ai éprouvé du chagrin. C'était un homme sympathique et dynamique toujours gai et chaleureux.

De place en place il y a des tapis de violettes. Je pense au temps de mon adolescence où j'allais le long des « petits chemins » en cueillir pour en faire de jolis bouquets. J'en cueille quelques-unes ; mais j'ai perdu le plaisir d'antan. Il fait très beau, nous allons déjeuner dehors.

Lundi 17 mars. *Paris.* La presse dans son ensemble rend hommage à Jean-Luc Lagardère. Relevé dans *L'Express* du 6 mars dernier dans la rubrique « En baisse » : « Jean-Luc Lagardère jette l'éponge dans le secteur de l'automobile, avec l'arrêt de la production de l'Avantime, véritable bide commercial, et la fermeture des usines Matra à

Romorantin et Pissaloup. Le patron a promis un plan social "exemplaire" aux mille salariés touchés. » Je déteste ces rubriques, que la plupart des journaux se croient obligés de tenir, qui consistent à mettre de bonnes ou mauvaises notes aux hommes politiques comme aux industriels, aux sportifs ou aux artistes.

La guerre aura bien lieu, comme le confirmait ce matin à la radio Dominique de Villepin : « C'est la guerre dans tous les cas de figure. » Les prières, dites avant chaque réunion de cabinet à la Maison-Blanche, n'auront pas fait fléchir George W. Bush. Dieu est sourd, on le sait depuis Auschwitz. En avant donc pour une guerre au nom de la... démocratie. On aura tout entendu. Pour essayer de comprendre, c'est une manie, je lis la presse toutes tendances confondues sans que cela m'apporte un début de compréhension. Sans doute suis-je trop sotte ! Dans la foulée de la guerre contre l'Irak, le président américain annonce la création d'un État palestinien. Voilà une bonne nouvelle qui va réjouir les Palestiniens et la gauche israélienne qui s'inquiète des dérives du gouvernement d'Ariel Sharon. « Nous n'avons pas de chambres à gaz ni de fours crématoires, mais il n'existe pas qu'une seule méthode pour commettre un génocide », écrit le docteur Ya'akov Lazovik dans le journal *Ha'Aretz*, et « le gouvernement de l'État d'Israël et la nation ne sauraient projeter de commettre un génocide ». Est-ce là de la naïveté ou de l'hypocrisie ? C'est difficile à dire. On sait bien qu'il n'y a pas qu'une façon de commettre un meurtre, et cela vaut également pour le génocide. Et comment qualifier autrement le largage d'une bombe d'une tonne sur une zone urbaine densément peuplée [le 22 juillet dernier, à Gaza], officiellement pour tuer un dangereux terroriste et sa femme ? Bien sûr, les autres personnes – dont des femmes et des enfants – qui ont été tués ou blessés ne comptent pas. Comment peut-on justifier ce qui s'est passé à Jénine ? « Nous n'avons pas détruit tout le quartier, mais seulement quatre-vingt-cinq maisons ; ce qui n'était pas un massacre, nous n'avons tué qu'une cinquantaine de personnes. Combien de gens faut-il tuer, combien de maisons faut-il détruire, pour que ce soit un crime ? Un crime contre l'humanité tel qu'il est défini par les lois de l'État d'Israël et pas seulement par les lois belges ? [...] Le génocide dont il s'agit aujourd'hui n'est pas le même que celui dont nous avons été victimes dans le passé. Comme me l'a dit un de ces généraux malins, nous n'avons pas de chambres à gaz ni de fours crématoires. » Ces lignes ont été écrites par l'ex-ministre de la Culture du gouvernement Rabin et leader de la gauche israélienne, Shulamit Aloni, publié par le *Courrier international* du 13 mars. Il faut beaucoup de courage à un Israélien pour s'exprimer ainsi.

Lu avec beaucoup d'intérêt l'entretien accordé à *L'Express* par Robert Kagan, le géopoliticien, considéré comme l'inspirateur des néo-conservateurs américains. Ses propos font froid dans le dos mais ne manquent ni de bon sens, ni de lucidité, ni d'ironie, ce qui ne les rend pas moins dangereux et insupportables pour un Européen. « Où se situe l'humanité aujourd'hui dans le continuum historique entre les lois de la jungle et les lois de la raison ? L'Europe et les États-Unis n'ont pas la même réponse à cette question. À cause de leur propre expérience, les Européens ont tendance à croire que l'humanité est très avancée dans cette évolution, et donc dans la mise en œuvre d'un ordre international fondé sur les institutions et sur le droit. Les Américains, au contraire, sont très sceptiques sur la possibilité d'appliquer au monde, à Saddam en particulier, un système international pacifié comparable à celui de l'Union européenne. [...] Le reste du monde n'a pas atteint le stade de l'Europe, il en est encore aux lois de la jungle. Les méthodes européennes ne sont pas exportables pour traiter avec Saddam Hussein ou même avec le gouvernement chinois. Les Européens oublient que, s'ils ont pu fonder leur paradis postmoderne, c'est grâce à l'usage de la force qui a éliminé l'Allemagne nazie, et à la protection militaire fournie par les Américains. [...] Je doute que l'Europe puisse développer sa propre force, avec des budgets de défense si faibles compte tenu du vieillissement de sa population, qui implique de gros investissements, dans les systèmes des retraites par exemple. »

Le procès de l'affaire Elf s'ouvre enfin devant la 11e chambre du tribunal correctionnel de Paris. Les débats doivent durer jusqu'au 9 juillet. Trente-sept prévenus sont appelés à comparaître. Parmi eux : Loïk Le Floch-Prigent, Alfred Sirven et André Tarallo. Le dossier porte sur des abus de biens sociaux présumés d'un montant de 1,24 milliard de francs (190 millions d'euros).

Quatre anciens salariés de Daewoo/Orion ont été mis en examen à la suite de l'incendie qui a ravagé l'usine de Mont-Saint-Martin le

23 janvier dernier. Selon *Le Figaro*, la tension était croissante dans cette usine dont les cinq cent trente-sept salariés savaient qu'elle était condamnée à fermer.

Pierre a lu deux cents pages de mon livre. Le moins que je puisse dire c'est qu'il ne m'a pas fait de cadeau : « Invraisemblable, pas crédible, trop de citations, les personnages sont inexistants, Tavernier est un fantoche... », et j'en passe. Inutile de dire que cela m'a sapé le moral. Ce n'est pas Claude Durand qui m'aurait parlé ainsi. Il est très difficile d'avoir le recul nécessaire face à ce qu'on écrit, l'écrivain a besoin d'un autre regard, un regard sans indulgence auquel il fasse confiance. Pierre a sûrement en partie raison. Je vais devoir m'atteler à une relecture, une réécriture et à la suppression de certains passages. Mais cela sera-t-il suffisant pour que le livre trouve grâce à ses yeux ?

Mardi 18 mars. Aujourd'hui, je n'ai pas le moral. J'ai envoyé un long fax à Sonia où je lui fais part de mon mal-être.

Je suis allée déjeuner chez Vénus Ghata-Khoury à l'occasion du mariage de Denise Bombardier avec un universitaire anglais. Le bonheur de la Québécoise faisait plaisir à voir. Derrière ses lunettes à monture rouge, Françoise Xenakis la regardait avec une indulgence qui ne lui est pas habituelle.

Les États-Unis donnent quarante-huit heures à Saddam Hussein pour quitter l'Irak en compagnie de ses deux fils.

Plus d'un milliard d'hommes sont privés d'eau potable dans le monde. C'est ce qui ressort du Forum mondial de l'eau qui se tient à Kyoto.

Dîner chez Claudine Bourretz pour choisir des illustrations pour notre livre *Les Poètes et les Putains* qu'un collectionneur et un ami libraire mettent à notre disposition. Je n'ai que l'embarras du choix.

Mercredi 19 mars. Visite à la galerie La Base 01, rue de la Ferronnerie, l'exposition Obey Giant. La galerie présente le travail du Californien Shepard Fairey dont c'est la première exposition en France. Habitant Los Angeles, Fairey est internationalement connu pour sa « campagne de propagande » Obey Giant. « Cette campagne trouve son origine en 1989 alors que Shepard Fairey n'est encore qu'étudiant dans une école de design et que, passionné de musique punk et de skate-board, il crée lui-même ses tee-shirts à l'aide de pochoirs réalisés à partir d'images choisies dans des magazines. » Il utilise des codes visuels dignes de la propagande soviétique, de la révolution culturelle chinoise ou encore de la révolution cubaine, sans le recours d'aucune idéologie. Par son travail, il veut « permettre aux gens de voir clairement ce qui est devant leurs yeux mais qui leur reste caché ». En dix ans, Shepard Fairey a produit près de cent cinquante affiches qu'il a collées dans le monde entier, aux États-Unis, bien sûr, mais aussi à Hong Kong, Tokyo, Melbourne... L'exposition présente une sélection de ses affiches sur lesquelles on peut voir le sous-commandant Marcos, Noam Chomsky, Sid Vicious ou celui qui l'a rendu célèbre, Andre the Giant, inspiré du catcheur français André Roussimoff. La Base 01 est tenue par deux jeunes garçons visiblement amoureux de ce qu'ils présentent dans une ambiance punk, musique comprise. Très beau catalogue de l'exposition.

Jeudi 20 mars. « La première phase de désarmement de l'Irak a commencé. » C'est en ces termes que le porte-parole de la Maison-Blanche, Ari Fleischer, a annoncé le début de la guerre contre l'Irak. Quarante minutes plus tard, c'est George W. Bush qui a déclaré : « Les forces de coalition feront tout leur nécessaire pour épargner les civils. Nous entrons en Irak avec respect pour ce peuple et la religion qu'il pratique. » Il a assuré les GIs « de la gratitude du peuple américain ». Il était cinq heures trente-cinq à Bagdad quand les sirènes ont retenti, réveillant les Irakiens. Le déluge de feu annoncé et redouté n'a pas eu lieu. Des missiles de croisière ont été tirés sur un bunker, à la périphérie de Bagdad, où, selon les services secrets américains, se trouvaient Saddam Hussein et deux de ses fils, et des bâtiments administratifs. Le chef de l'État irakien est apparu à la télévision, l'air visiblement fatigué, lisant ses notes sur un calepin à l'aide de grosses lunettes et s'est adressé à son peuple en ces termes : « Nous vous promettons que l'Irak, ses dirigeants et son peuple feront face à l'envahisseur diabolique. Nous les conduirons à de telles extrémités qu'ils ne réussiront pas à exécuter leurs plans inspirés par les criminels sionistes. [...] Ils subiront une défaite amère, si Dieu le veut. » Saddam Hussein a ensuite déclamé les vers d'un poète irakien vantant le passé héroïque des Arabes, avant de finir son discours en affirmant que « l'Irak sortira victorieuse. [...] Tirez vos épées et n'ayez pas peur. Allah akbar. Longue vie au djihad et à la Palestine ».

Jeanne Bourin, l'auteur de *La Chambre des dames*, est morte à l'âge de quatre-vingt-un ans. Ensemble, nous avions publié *Entre femmes*, conversations dans lesquelles nous évoquions notre enfance, notre amour de la nature, sa foi, mon scepticisme, notre famille, notre rôle de mère et notre conception de l'amour.

J'ai déjeuné Aux Charpentiers avec mon éditeur danois, Per Kofod, venu à Paris pour le Salon du livre et Arabella Cruse qui s'occupe de la vente des droits de traduction des livres français auprès des éditeurs européens.

Boulevard Saint-Germain, des garçons et des filles, certains costumés et maquillés, défilent contre la guerre en scandant : « Au Vietnam, le napalm, c'était pas Saddam, c'était pas l'Islam, c'était l'oncle Sam ! » Des chars, sur lesquels jouent des musiciens, les accompagnent. C'est gai, on dirait un carnaval.

Je n'ai pas l'humeur à travailler. Je vais me balader vers la Montagne-Sainte-Geneviève. Je m'arrête rue de l'Estrapade à la Toast Gallery dont la devise est : « Réveillez votre gourmandise artistique. » La galerie présente les œuvres d'artistes inconnus et dont certains méritent de le rester. Je découvre une petite toile signée AB que j'achète. Mes pas me conduisent rue Saint-Jacques à la galerie Arcima qui expose les collages de Mustapha Boutadjine. Sous le titre de *Black is toujours beautiful* sont présentés les portraits de diverses personnalités noires réalisés à l'aide de morceaux de papier déchirés dans des magazines : Frantz Fanon, Angela Davis, Chester Himes, Jimi Hendrix, Malcom X, Mohammed Ali, James Baldwin, Richard Wright, Martin Luther King... Le résultat est magnifique. Je suis tentée par le portrait de Compay Segundo, mais le prix m'en dissuade. En fin d'après-midi, je fais un tour au vernissage de l'exposition de Jean-Yves Madec, intitulée *Les Terres immobiles*, dont je possède une ou deux œuvres.

Ce soir, inauguration du Salon du livre où les invités d'honneur sont les écrivains néerlandais. Je n'irai pas, trop de monde, de bruit et de grimaces.

Vendredi 21 mars. La guerre continue... Aujourd'hui, c'est le printemps...

Dans *L'Humanité*, des intellectuels prennent parti contre la guerre. Selon Emmanuel Terray : « Nous risquons d'entrer dans une chaîne continue d'interventions armées sous les prétextes bien connus de l'axe du Bien contre l'axe du Mal, de la diffusion universelle de la démocratie parlementaire de type américain, etc. Mais comme Robespierre l'avait déjà dit : "Personne n'aime les missionnaires armés." La démocratie ne s'impose pas par la force des armes. » Pour Jean-Pierre Vernant : « On plonge dans un avenir proche dont personne ne sait ce qu'il peut receler comme danger. Je suis effrayé qu'un pays immense qui a une telle force, qui intellectuellement, à bien des égards, était en avance sur le plan de la science et tout ce qu'on veut, voit des décisions qui engagent le monde entier, prises dans un cercle de gens fanatiques, ayant une vue étroite des choses et peu informés sur les risques de leurs décisions. » Ou encore Axel Kahn : « La plus grande puissance de tous les temps a donc décrété que, décidément, ce dictateur-là ne lui convenait plus. Elle a aidé, hier, elle a mis au pouvoir Augusto Pinochet, les généraux en Argentine, les colonels à Athènes... mais maintenant il est urgent d'abattre Saddam Hussein, et surtout s'établir durablement en Proche-Orient où se trouve une grande partie des réserves de pétrole de la terre. La *Pax Americana* apportera, disent-ils, la prospérité. Comme en Argentine ? au Nicaragua ? en Colombie ? en Amérique du Sud, chasse gardée des États-Unis depuis plus d'un siècle ? »

En sortant de la maison, je rencontre Miss-Tic qui venait m'apporter son nouvel album *Regarde-moi* que j'ai préfacé. Je n'ai toujours pas digéré que l'éditeur ait mal orthographié mon nom en couverture, en page de titre et en fin de préface. Après une longue discussion où j'ai menacé de retirer mon texte, j'ai obtenu un bandeau rectificatif. Pour se justifier, l'imbécile me rappelait que, moi aussi, j'avais été éditeur. Seulement, moi, je n'aurais pas hésité à envoyer le tirage au pilon, « petit éditeur » ou pas. Bref, tout cela me contrarie. Miss-Tic, désolée, se confondait en excuses. J'aime son travail et c'est pour cela que j'avais accepté d'écrire sur elle, gracieusement comme on dit. Je suis trop conne, selon Pierre.

Déjeuner à L'Orient-Extrême avec ma fille Camille. J'admire son courage. J'aimerais tant qu'elle rencontre quelqu'un digne d'elle, qui la rende heureuse.

Couscous chez Sonia avec Marek et Clara Halter, Caroline Eliacheff et Marin Karmitz, Antoine et Valérie Solvit, Marie Lavarini et son compagnon. Dîner très bon et agréable. Aux questions du « Questionnaire de Proust » publiées dans *L'Express* : Quel est le principal trait de votre caractère ? Karmitz répond : « Ne jamais renoncer », et votre devise : « Résister ». Nous sommes partis vers onze heures pour Boutigny.

Dimanche 23 mars. *Boutigny.* Déjeuner au soleil avec Jean et Sylvie Benguigui et Yvan et Catherine Levaï. Yvan tempête contre les Américains et leur « sale guerre », souhaite leur victoire, mais « qu'ils en bavent avant ».

Les premiers morts britanniques et américains sont le résultat d'accidents ou d'erreur de tir. Quant aux civils irakiens, cent, deux cents ont été tués, on ne sait pas. Et Saddam Hussein ? Vivant ? Blessé ? Mort ? On ne sait pas.

Lundi 24 mars. La résistance irakienne est plus forte que prévue et étonne la plupart des commentateurs politiques. Moi, qui ne suis qu'un écrivain français, elle ne m'étonne pas. Comment a-t-on pu croire qu'un pays, même dirigé par un dictateur sanguinaire, pour employer les termes dont se gargarise la presse internationale, assisterait indifférent à l'invasion du territoire national ? Que le peuple irakien en ait assez de Saddam Hussein, soit. Qu'il ait envie d'en être débarrassé, sans doute. Mais de là à accepter les bombardements de ses villes, l'envahissement de ses contrées par une armée suréquipée, il y a un océan de connerie. Les Irakiens résistent, font des prisonniers, quel scandale ! L'opération « Choc et stupeur » destinée à « dominer » rapidement l'ennemi a fait long feu. Préparée de longue date, l'offensive anglo-américaine n'en finit pas de cafouiller : convois égarés dans le désert, tirs de missiles sur ses propres avions, collisions en vol d'hélicoptères, prisonniers américains... Même si la victoire américaine paraît certaine, le prix à payer risque d'être très élevé, non seulement en vies humaines mais pour l'avenir du monde. « Toutes les institutions auxquelles nous croyons éclatent en même temps. L'OTAN perd toute signification, l'Europe se déchire entre pro- et anti-Washington. Les opinions publiques redeviennent plus nationales que jamais. L'ONU, bafouée, ridiculisée, n'a plus qu'une fonction tribunitienne. Le monde est dominé par une Amérique-empire, frustrée par les résultats indécis ou catastrophiques de son intervention en Irak, avec le sentiment d'avoir été trahie par ses alliés. Elle se réfugie dans un égoïsme sacré, ombrageux, mélangeant nationalisme, religiosité, tentations interventionnistes permanentes pour veiller à ses intérêts et isolationnisme profond. L'empereur américain, inexpugnable mais fragilisé, se protège de son empire et le regarde avec suspicion et dépit. » Voici la conclusion du long article de Dominique Moïsi, conseiller spécial à l'IFRI et professeur au collège d'Europe à Varsovie, publié dans *Le Monde* du dimanche 23 mars qui paraît le samedi. Article écrit avant les combats de ce dimanche. Selon Moïsi, que la guerre soit rapide ou qu'elle s'enlise, ses conséquences ne manqueront pas de déstabiliser toute la région. « Un enlisement américain en Irak est suivi de la chute du régime allié des Américains le plus vulnérable actuellement : celui du Pakistan. Le général Pervez Moucharraf est renversé, des islamistes s'emparent du pouvoir dans un pays nucléarisé. Le risque de guerre indo-pakistanaise devient tangible. [...] L'ensemble de la région est déstabilisé, à commencer par les pays musulmans non arabes, parce qu'ils sont les plus fragiles. La dénonciation de la "collusion américano-sioniste" en est le point de départ. [...] Mais le pire, de très loin, c'est un conflit indo-pakistanais qui débouche sur l'utilisation de l'arme nucléaire. Si un tel événement survient, nous entrons dans la guerre des civilisations pour longtemps. » Bref, on nous promet l'Apocalypse !

Ma table s'encombre d'une multitude de journaux, d'articles découpés, de numéros spéciaux sur l'Irak, la politique américaine, d'analyses compliquées... J'écoute la radio... J'allume la télévision et vois apparaître le visage de Saddam Hussein ou celui de Bush, j'écoute ce qu'ils disent... Je vois des images de Bağdad bombardé, de colonnes de chars, de soldats donnant l'assaut... Un enfant pleure... La caméra s'attarde complaisamment sur ses larmes. Des hommes brandissant des fusils d'un autre temps acclament Saddam, des puits de pétrole flambent, une visqueuse fumée noire assombrit Bagdad... C'est très photogénique, la guerre.

Je sens monter en moi un vague écœurement et une grande tristesse. Je suis tiraillée entre le désir de dire simplement ce que sont pour moi ces événements et celui de comprendre leurs pourquoi avant d'en parler. On le voit, pas de solution à ce dilemme cornélien !... Et merde !

Mardi 25 mars. Samedi dernier, à l'issue de la manifestation anti-guerre, de jeunes Juifs, membres de l'association juive de gauche, *Hashomer Hatzaïr*, ont été attaqués par des jeunes d'origine arabe, coiffés de keffiehs, brandissant des drapeaux irakiens et palestiniens. Ces jeunes, armés de bâtons, au cri de « Y a des Juifs là-bas », se sont rués vers le local de l'association. « Nous avons été provoqués par le Bétar dont les membres ont agressé deux filles », ont-ils expliqué à un journaliste de Digipresse. « Nous, les musulmans, nous, les Arabes, nous pouvons nous promener la tête haute dans la rue. Eux sont obligés de se cacher. Un verset du Coran dit « Ce que l'on vous a infligé, vous pouvez l'infliger », ont-ils précisé. Le maire de Paris, Bertrand Delanoë, a affirmé « au nom des Parisiens, [sa] condamnation la plus forte de faits aussi inacceptables ».

Écouté hier soir à l'Olympia Harry Belafonte, le « roi du calypso ».

La voix est toujours belle, l'allure élégante mais le charme est rompu. Le caporal amoureux de *Carmen Jones*, d'Otto Preminger, n'est plus. On ne devrait pas revoir ce qu'on a aimé quarante ans après. Le militant pacifiste a tenu des propos attendus, fortement applaudi par un public acquis : « Si l'histoire est de notre côté, l'administration Bush sera punie. » Il a rendu hommage à la France pour son non à la guerre, l'assurant qu'elle n'est pas seule et que des dizaines de millions d'Américains partagent son point de vue.

La 75e cérémonie des Oscars a eu lieu à Los Angeles, au Kodak Theatre, devant des spectateurs vêtus, pour la plupart, de noir. Michael Moore, Oscar du meilleur documentaire pour *Bowling for Columbine*, n'a pas mâché ses mots : « Nous aimons documenter la réalité, mais nous vivons une époque fictive, avec des élections fictives, et un homme qui nous envoie à la guerre pour des raisons fictives. Nous sommes en guerre, monsieur Bush ! Honte à vous ! Le pape est contre vous, vous êtes fini. » De nombreux applaudissements ont salué ses propos. L'Oscar du meilleur film est allé à *Chicago* de Rob Marshall et la Palme d'or du meilleur film à Roman Polanski pour *Le Pianiste*.

Mercredi 26 mars. Vu hier *Chicago* avec Camille, après avoir assisté au lancement par Jacques Morabito à la librairie Artcurial du *Guide du luxe 2003*. Je ne suis pas sûre que ce guide paraisse au bon moment...

Déjeuner avec Léa à la terrasse du Marco Polo où je remarque que presque personne ne boit de vin : eau et coca-cola.

Les troupes anglo-américaines ont combattu dans la tempête de sable qui ralentissait l'avance des blindés et des véhicules de transport. Dans le sud-ouest de l'Irak, la tempête s'est doublée d'un orage d'une violence telle que le désert s'est transformé en mer de boue dans laquelle les camions et les jeeps s'enlisent. De leur côté, les civils rejoignent par milliers les forces irakiennes. « C'est mon pays, c'est mon peuple que ces gens tuent. Je ne peux pas rester sans rien faire, c'est une question d'honneur », sont-ils nombreux à déclarer aux journalistes étrangers qui les interrogent. À Bagdad et à Bassora, les civils paient un lourd tribu aux combats et les risques d'épidémie de choléra et de typhus augmentent.

Jeudi 27 mars. Déjeuner à L'Alcazar avec Michèle Blondel de retour de Corée où elle exposait ses « méduses » au Youngeun Museum et à la Gallery Sejul dans un climat que l'on peut deviner.

Rendez-vous avec Sonia Rykiel et Claire Bretécher au sujet de notre livre. Claire, devant faire les illustrations, souhaite prendre des photos de nous deux.

Samedi 29 mars. *Boutigny.* Le temps est couvert. Nous avons déjeuné dehors.

Pourquoi la guerre dure ? se demande *Libération.* Comme s'il était difficile de comprendre que les Irakiens n'ont pas envie de voir leur territoire envahi. George W. Bush a reconnu que la guerre « prendra le temps qu'il faudra ». Le Pentagone a annoncé l'envoi de cent vingt mille hommes supplémentaires, ce qui portera à trois cent quatre-vingt mille le nombre de GIs présents dans la région. « L'ennemi contre lequel nous nous battons est différent de celui contre lequel nous nous sommes préparés », reconnaît naïvement le général William Wallace, commandant des forces terrestres en Irak. Sur ce nombre, combien d'hommes combattent réellement, quand on sait ce que représente l'intendance d'une telle armée ?... On est loin de la guerre éclair prévue par Donald Rumsfeld et le gouvernement américain. « L'opération Freedom for Irak n'était concevable que pour autant qu'elle gagnait en quelque sorte par surprise, sans faire la guerre », reconnaît Serge July dont le journal se montre pourtant favorable aux Anglo-Américains. Bush se veut inspiré par Dieu. Il a fait voter par la Chambre des Représentants la mise en place d'une journée de jeûne et de prières pour qu'Il se range aux côtés des soldats américains combattant en Irak et qu'Il protège le peuple américain des attentats. Dieu n'est du côté de personne, il laisse à chacun décider ce qui est bien ou mal. Les Irakiens le prient aussi dans leurs mosquées. « Tuez-les tous, aurait dit un jeune Américain de dix-sept ans. Après on transformera le pays en parking avec des pompes à essence au milieu. » Les manifestations s'amplifient dans le monde musulman. Au Caire, la police est en butte aux manifestants qui proclament leur colère contre la politique américaine et brûlent le drapeau américain. En Algérie, des hommes s'engagent pour aller combattre. Au Pakistan, le président Moucharraf voit son gouvernement déstabilisé, tandis qu'en Somalie le fossé se creuse entre la population réduite au silence et les soldats américains qui contrôlent le pays. En Jordanie, le roi a demandé à la population d'exprimer sa protestation de « manière civilisée ». La résistance irakienne enthousiasme les Jordaniens. « Cet héroïsme a produit un sentiment de fierté », a déclaré Hassan Barrari, chercheur au Centre de recherches stratégiques à l'Université de Jordanie. En Iran, c'est par dizaines de milliers que les Iraniens, à l'appel du gouvernement, sont descendus dans la rue aux cris de : « Mort à l'Amérique ! Mort à Israel ! Mort à l'Angleterre ! » En Palestine, vingt mille personnes se sont rassemblées à Gaza. Du monde entier, montent des cris de haine. « Les Arabes ont besoin d'une victoire arabe », souligne l'écrivain Jamal al-Tahat, chroniqueur au journal *El-Raï*, même si « tous les Arabes savent que Saddam est un fils de pute, mais il se bat au moins... ». En France, le racisme progresse et les actes antisémites se multiplient dans les écoles et les lycées. Cependant, dans les banlieues, qui approuvent majoritairement la politique de Jacques Chirac, le calme règne. Jusqu'à quand ? À Paris, la place de la Concorde, devant l'ambassade des États-Unis et l'hôtel Crillon, ressemble à un camp retranché avec ses trois barrières sur les trottoirs, ses camions lanceurs d'eau, ses véhicules de l'armée et de la gendarmerie, ses hommes en armes, devant lesquels les manifestants passent en lançant leurs slogans anti-américains.

Daniel Ceccaldi, un bon comédien et un homme sympathique, est mort.

Avril

Mardi 1er avril. Trois nouveaux cas de pneumopathie atypique en France ; une cinquantaine de personnes en sont mortes dans le monde et plus de mille six cents en seraient atteintes.

Soixante-dix-sept opposants au régime de Fidel Castro ont été arrêtés à Cuba. La majorité d'entre eux avait participé à la collecte de signatures en faveur du Projet Varela, réclamant l'organisation d'un référendum sur l'introduction de réformes démocratiques sur l'île. Pour l'instant, Oswaldo Paya, principal promoteur du Projet et récent lauréat du prix Sakharov attribué par le Parlement européen, Vladimiro Roca, chef de file du Parti socialiste cubain, et Elizardo Sanchez n'ont pas été inquiétés. L'Église catholique cubaine, par l'intermédiaire de la Commission épiscopale Justice et Paix, a ainsi protesté contre ces arrestations : « Nous déplorons profondément que des méthodes inappropriées soient utilisées dans notre Patrie pour disqualifier et arrêter des personnes, pour la seule raison qu'elles pensent et agissent différemment de l'idéologie officielle. »

Déjeuner chez Lipp avec mon fils, Franck, où Léa est venue nous rejoindre. Que de différences entre eux !

Comme je ne me sens pas très en train pour travailler, j'accepte, avec quelque mauvaise conscience, d'accompagner une amie au cinéma pour voir *Chouchou*, comédie française avec Alain Chabat et Gad Elmaleh dans les principaux rôles ; les comédiens sont excellents, réussissent à nous faire croire à leurs amours, à nous faire partager leurs émotions, mais l'ensemble traîne un peu en longueur...

Mercredi 2 avril. *Paris*. Joseph Menconi, spécialisé dans l'attaque de fourgons blindés, évadé de la prison de Borgo, en Corse, le 7 mars dernier, a été arrêté à la terrasse du Chalet, un bar d'Aubagne. Il n'en était pas à sa première évasion ; sa précédente cavale avait duré quatre ans...

La Chine a un nouveau président, Hu Juntao, âgé de soixante ans.

Dans mon « Pêle-mêle », paru dans *L'Humanité* d'aujourd'hui, j'évoquais la Babylone de l'Apocalypse à propos de Bagdad. Dans *Télérama*, le romancier égyptien, Gamal Ghitany, se fait la même réflexion : « Frapper l'Irak, c'est atteindre l'ancienne Babylone, un berceau de notre civilisation. La mémoire et l'imaginaire arabes plongent leurs racines dans l'histoire de la Mésopotamie, dans la Bagdad des Abbassides, celle des Mille et Une Nuits et du calife al-Mansur. »

Jeudi 3 avril. *Paris*. Les civils irakiens restent les principales victimes de la guerre déclenchée par les Anglo-Américains. Des bombes tombent sur des voitures particulières, des marchés, des quartiers populaires. Combien sont-elles ? On ne sait pas au juste ; des deux côtés, on minimise les chiffres... *Libération* publie des photos de cadavres, de prisonniers, d'hommes rendus fous par la douleur devant le corps de leur enfant. La situation sanitaire des populations se dégrade de jour en jour, l'eau devient une denrée rare que les Irakiens mendient au passage des troupes de la coalition. Les convois des organisations non gouvernementales sont immobilisés par les combats qui se déroulent aux frontières de l'Irak, dans l'attente de l'ouverture de couloirs humanitaires sécurisés.

Pour avoir « entarté » Jean-Pierre Chevènement, Noël Godin, spécialisé dans les « attentats pâtissiers » envers ceux qui, selon lui, « la ramènent un peu trop », a été condamné à une amende de 4 574 euros ; Jean-Pierre Chevènement, quant à lui, réclamait 50 000 euros de dommages et intérêts pour avoir subi un choc à fois physique et moral, et avoir été ridiculisé par la publication de photos dans des magazines à grand tirage. L'ancien ministre de l'Intérieur de Lionel Jospin estime que « l'entarteur » participe « à la dévalorisation de la politique », en substituant « la violence et les coups aux arguments ». Bill Gates, Nicolas Sarkozy, Patrick Poivre d'Arvor, Bernard-Henri Lévy et bien d'autres qui, eux aussi, reçurent une de ces tartes à la crème, firent preuve de plus d'humour. Noël Godin, penaud, reconnaît qu'« il est parfaitement logique que mes attentats pâtissiers loufoques ne plaisent pas à tout le monde, mais vouloir criminaliser serait une grave atteinte à la liberté d'expression ».

Déjeuné avec Isabelle dans un restaurant libanais de la rue Dauphine qui s'est installé à la place d'un restaurant français où j'avais mes habitudes du temps de la Librairie du Palimugre ; il me semble aujourd'hui que c'était dans une autre vie...

Vendredi 4 avril. *Limoges.* Que la campagne française est belle dans ce nouveau printemps ! Tout ce qui fleurit est en fleurs, les arbres, les haies, les buissons... Le plus vilain des taillis prend des airs de bouquet de mariée. Le jaune des colzas frémit sur des verts tendres et, d'ici une semaine, il éclairera toute la nature.

À la sortie de la gare des Bénédictins, les massifs du Champ-de-Juillet avaient, eux aussi, laissé exploser leur floraison. C'est là que se tient Lire à Limoges, le Salon du livre où, chaque année, se presse un public de plus en plus nombreux, toujours heureux de venir à la rencontre des auteurs qu'il aime.

Le Monde manque décidément d'humour : le célèbre quotidien, par le biais des trois sociétés qui constituent le Groupe Le Monde, réclame 1 million d'euros de dommages et intérêts à Pierre Péan et Philippe Cohen, les auteurs de *La Face cachée du Monde*, ainsi qu'à leur éditeur, Claude Durand, le directeur de la Librairie Arthème Fayard, les assignant tous devant le tribunal de grande instance de Paris. D'autres plaintes devraient suivre, déposées par le patron du journal, Jean-Marie Colombani, le directeur de la rédaction, Edwy Plenel, et le président du Conseil de surveillance, Alain Minc. À cet égard, les trois sociétés se déclarent « attachées au droit de critique, bien qu'en l'espèce les auteurs en aient fait un usage abusif qui n'est inspiré que par la seule volonté de nuire ». Le droit de critique, oui, mais à sens unique ? Affaire à suivre...

Les soixante-dix-sept Cubains arrêtés ces derniers jours passent actuellement en jugement à La Havane et dans plusieurs villes de province. Les accusés risquent des peines allant de quinze ans de prison à la réclusion à perpétuité pour avoir, selon le gouvernement cubain, conspiré avec le représentant des États-Unis à Cuba, James Cason, et collaboré avec une puissance étrangère ; le tout en vertu de « la loi 88 de protection de l'indépendance nationale », adoptée en 1999. La présence de diplomates étrangers, comme celle de la presse internationale, est interdite dans les salles d'audience. « Il s'agit d'une justice expéditive, de procès sommaires comparables à la justice en temps de guerre. Les accusés n'ont aucune garantie, les droits de la défense sont bafoués comme lors des procès de Moscou. La majorité des avocats ont vu leurs clients pour la première fois à l'ouverture des audiences. Dans l'histoire de Cuba, y compris durant l'époque coloniale, on n'avait jamais vu autant de personnes traduites en justice pour des délits d'opinion. Les seules pièces à conviction sont des livres, des carnets de notes, des ordinateurs ou des appareils photos », a déclaré Elizardo Sanchez qui dirige à La Havane, depuis 1987, la CDHRN (Commission des droits de l'homme et de la réconciliation nationale), association illégale mais néanmoins tolérée par le gouvernement cubain. Sanchez, lui, n'a pas encore été interpellé. Parmi les accusés qui encourent la réclusion à perpétuité, se trouvent l'économiste indépendante et fondatrice du Groupe de travail de la dissidence interne, Marta Beatriz Roque, et Ricardo Gonzales, un ancien journaliste de la télévision officielle, auteur, en décembre 2002, de la première revue libre de l'île, *De Cuba*, tirée à deux cent cinquante exemplaires et distribuée par un réseau de librairies autonomes. *De Cuba* a rendu compte de la campagne en faveur du Projet Varela et fait état des onze mille signatures recueillies afin de réclamer des changements démocratiques par voie constitutionnelle. Raul Rivero, poète et journaliste, a longtemps chanté la Révolution. À la fin des années quatre-vingt, il quitte l'Union des écrivains et des artistes cubains, ce qui équivaut à une sorte de suicide professionnel. En 1991, il signe la « lettre des Dix » demandant à Fidel Castro la tenue d'élections libres, la libération des prisonniers politiques et l'instauration de la liberté de la presse. Il fonde, en 1995, Cuba Press, une agence indépendante.

Ce même jour, une vingtaine de militants de Reporters sans frontières, accompagnés des écrivains cubains installés en France, Eduardo Manet et Zoé Valdes, d'artistes français comme Marek Halter, Yves

Simon ou Jean-Jacques Beineix, ont occupé l'Office du tourisme de Cuba, boulevard Raspail à Paris ; ils y déployèrent une banderole sur laquelle on pouvait lire « Cuba = Prison », et collèrent sur la vitrine de l'Office des photos des dissidents emprisonnés. Zoé Valdes, très excitée, ne cessait de répéter : « C'est une dictature, une dictature ! » Dictature qui ne devait pas la gêner tant que cela du temps où elle travaillait à l'ICAÏ, organisme qui s'occupait entre autres choses de cinéma et alors placé sous l'autorité d'Alfredo Guevara qu'on ne peut guère présenter – c'est le moins que l'on puisse dire – comme un innocent égaré parmi les brutes. Alfredo Guevara, ancien ambassadeur de Cuba en France, excellent connaisseur de la culture française, patron du cinéma cubain, amateur de la musique de son pays, homme aimable, courtois, d'une grande intelligence et d'un grand cynisme, demeure probablement celui qui en sait le plus long sur son ex-condisciple de l'Université de La Havane, Fidel Castro... De Zoé Valdes, il se contente de dire : « C'était un bon poète... » L'« occupation » de l'Office du tourisme faisait suite à une pétition lancée par la revue cubaine *Encuentro*, éditée à Madrid, appelant à condamner « les jugements pour délit de conscience en cours à Cuba ». Elle porte la signature d'hommes politiques, d'intellectuels et d'artistes ; parmi la liste des signataires, on relève les noms de François Maspero, Günter Grass, Mario Vargas Llosa, Antonio Tabucchi...

Les GIs seraient aux portes de Bagdad : « L'étau se referme sur Bagdad et le régime irakien est proche de sa fin », a affirmé George W. Bush en rendant visite, en Caroline du Nord, à des marines.

J'ai bien aimé la chronique qu'a donnée Pierre Marcelle à *Libération*, lequel, « épuisé par la guerre, la reprendra le 22 avril ». À propos de la récente profanation du cimetière britannique d'Étaples qu'il déplore et condamne, Marcelle écrit : « On peut comprendre (Outre-Manche) que l'émotion ne soit pas que de propagande. On comprend moins bien, en revanche (à moins que trop bien), l'hyperréactivité de nos amis les "intellectuels" en treillis, dont on ne saurait dire que leur qualité de penseur les ait élevés au-dessus du niveau du zinc, au café du commerce des stratèges de basse-cour qui caquettent mieux qu'ils ne volent. Prétendus dépositaires uniques des indignations légitimes, ceux-là n'ont pas dû remarquer comment des antisémites embusqués dans les manifs antiguerre avaient vidé les cortèges. Hier, une vingtaine d'entre eux, parmi lesquels Bruckner, Goupil, Glucksmann et Kouchner, ont promptement dégainé leur “honte devant cet acte barbare et lâche, au moment où les soldats britanniques se battent pour la libération du peuple irakien”. Aussi bien eussent-ils pu noter que cette profanation constitue un acte imbécile autant que criminel, mais c'eût sans doute été d'un moindre rapport pour leur petite entreprise. Depuis plusieurs semaines, celle-ci constitue à amalgamer, sans cesse et sans vergogne, tous ceux que le monde selon Bush laisse sceptiques avec tous les furieux du Hezbollah et d'ailleurs. »

Samedi 5 avril. *Limoges.* Très agréable dîner hier au soir à l'Amphitryon, rue de la Boucherie, en compagnie de Jean-Marie Périer et d'Yves Berger qui fut son professeur de lettres et de latin. Nous avons bavardé de tout et de rien, comme de vieux amis heureux de se retrouver. Je connais Yves Berger depuis la publication de son roman, *Sud*, qui obtint le prix Femina ; à La Coupole où nous dînions entourés de Jean-Claude Fasquelle, Bernard Pivot et Roger Vailland, je l'entends encore laisser échapper, avec l'accent méridional qui ne l'a jamais quitté : « Putain con, elles me l'ont donné, le prix ! »

Beaucoup de monde, aujourd'hui, dans les allées du Salon du livre. À midi, les membres du jury du prix Cœur de la France, dont Madeleine Chapsal, marraine de Lire à Limoges, est la présidente, se sont réunis pour délibérer ; nous avons finalement couronné le très beau roman de Michèle Kahn, *Cacao* ; il retrace l'histoire de cette famille de Juifs marranes qui, au XVIIe siècle, introduisirent le chocolat à Bayonne.

Dans l'après-midi, je suis partie pour Montmorillon, assister au vernissage d'une exposition de mes peintures de dragons qui s'ouvre à la galerie Graffiti dont s'occupe Maryse Desmet. Les Montmorillonnais étaient venus nombreux « admirer mes œuvres »... Bien sûr, mes parents, ma sœur et mon frère étaient présents. Nous dînons tous ensemble, rejoints par des cousins de Poitiers. Gérard Bourgadier, venu rendre visite à sa sœur, est également passé à la galerie. Il s'y est encore étonné de mon attachement à cette ville « qui m'a fait tant de mal ». Certes, je n'ai rien oublié. Mais le temps a passé et cela ne sert à rien de ressasser d'anciennes rancunes..

Dimanche 6 avril. *Limoges.* Avant d'aller signer mes livres au Salon, j'ai fait un tour dans le vieux quartier de la cathédrale, rénové avec intelligence. J'aime cette ville, si sombre et sale du temps de mon enfance, j'y promène aujourd'hui la nostalgie des jours enfuis...

Retour au Salon où je suis attendue. Des lecteurs se pressent déjà autour de Roland Dumas, un enfant du pays, de Macha Méril, Philippe Besson, José Giovanni ou Patrick Dills, mais aussi de Michèle Kahn, Noëlle Châtelet, Georges Fleury, Dominique Jamet, Nelly Kaplan, Jean-François Kahn, Ivan Levaï, Françoise Xenakis, Jean Raspail, Gilbert Schlogel et de beaucoup d'autres...

Le secrétaire général des Amis du musée de la Résistance de Limoges est venu m'apporter la médaille gravée en l'honneur de Georges Guingouin, le libérateur de la ville, lieutenant-colonel des FFI (Forces françaises de l'intérieur), compagnon de la Libération et maire communiste de Limoges pendant de nombreuses années. Héros mythique de mon enfance, Georges Guingouin est toujours en vie et demeure dans la capitale limousine.

Pris le train du retour vers dix-sept heures, retour pendant lequel j'ai brodé deux « Che ». Broder au point de croix l'effigie du Che, à partir de la célèbre photo de Korda, s'apparente, j'en ai conscience, à un TOC (trouble obsessionnel compulsif). En tout, j'ai déjà dû en réaliser une centaine, ainsi qu'un « Fidel » (Castro) et cinq ou six « Camilo » (Cienfuegos). Pourquoi ? À vrai dire, je n'en sais rien, si ce n'est que j'ai besoin d'avoir les mains occupées, séquelle, peut-être, de l'éducation que je reçus de religieuses. Ces pieuses femmes prétendaient que ces travaux empêchaient d'avoir de « mauvaises pensées »... Dans mon cas, ce fut raté : j'ai toujours eu de « mauvaises pensées », mains occupées ou non. En attendant, mes « Che » dorment au fond d'un tiroir.

Pierre est venu m'attendre à la gare d'Austerlitz ; nous avons dîné au Marco Polo.

Lundi 7 avril. *Paris.* Aujourd'hui s'est ouvert, rue Saint-André-des-Arts, à la place de l'antique boutique Latreille, spécialiste du vêtement de qualité et des chapeaux pour homme – maison que Simenon évoqua dans l'un de ses romans sous le nom de Lavigne –, le plus vaste cyber-café de France, l'Access Academy. Quatre cents ordinateurs sont mis, au cœur de Saint-Germain-des-Prés, à la disposition des internautes.

Les Américains sont entrés dans Bagdad, prenant possession de plusieurs des palais de Saddam Hussein. Deux journalistes y ont trouvé la mort, Julio Anguita Parrado, envoyé spécial du quotidien espagnol *El Mundo*, et Christian Liebig, de l'hebdomadaire allemand *Focus*. Cela porte à onze le nombre de journalistes déjà tués dans cette guerre. Le ministre irakien de l'Information, seul membre de l'entourage de Saddam à ne pas porter de moustaches, dément, à la télévision irakienne, l'occupation de la capitale par les troupes américaines. De leur côté, les Britanniques ont «libéré» la ville de Bassora où les morts se compteraient par centaines. Les pillards s'abattent sur les décombres par-dessus lesquels flotte l'odeur des cadavres en décomposition, et s'emparent de tout ce qu'ils peuvent transporter. Les soldats anglais laissent faire, malgré la douleur que manifestent les étudiants au spectacle du sac de leur université : «Cette fac, c'est celle du peuple, pas celle de Saddam ! Pourquoi ces gens sans cerveau l'ont-ils attaquée ? La fac, c'est civil, pas politique. C'était notre lieu de résistance qui nous a sauvés du suicide. Ça aurait dû être un symbole pour le nouvel Irak qu'on nous promet», juge un étudiant.

Un garçon de douze ans, Ali Ismaël Abbas, a perdu toute sa famille dans l'explosion de sa maison, à la suite d'un bombardement américain ; il y a aussi laissé ses deux bras...

À Paris, chahut devant l'Hôtel Drouot où était mise en vente la collection personnelle d'André Breton : une pluie de billets de banque en fac-similés, à l'effigie de Breton, s'est déversée sur la petite foule des manifestants parmi lesquels se trouvait Didier Daeninckx ; l'averse s'accompagnait de ces mots : «Votre argent pue le cadavre du poète que vous n'avez pas osé devenir...» La vente s'est déroulée sans autre incident.

À Cuba, Marta Beatriz Roque, Raul Rivero et Ricardo Gonzalez ont été condamnés à vingt ans de prison, Hector Palacios à vingt-cinq ans et Osxaldo Alfonso Valdés à dix-huit ans.

Le XXXIIe Congrès du Parti communiste français a réélu secrétaire nationale du Parti Marie-George Buffet. Dans son discours, celle-ci s'est adressée « aux hommes et aux femmes de ce pays » : « Le monde va mal ! a-t-elle déclaré. Voyez cette guerre meurtrière pour être les maîtres du monde ! [...] Le monde pèse lourd sur nos épaules. Il nous impose le règne de la loi du plus fort, des vies à la petite semaine. Mais, nous ne pouvons pas vivre dans la peur, la peur des autres et celle du lendemain. Nous ne pouvons pas nous résigner aux injustices, aux inégalités, aux désastres humains et écologiques. [...] Il n'est pas possible pour chacun de rentrer chez soi, fermer les verrous, les volets, les yeux, puis se taire. [...] Les responsables de nos difficultés ne sont pas nos voisins, les autres, ceux qui ne viennent pas du même village, ceux qui ne croient pas, ceux dont le Dieu a un autre nom. Non, c'est le capitalisme qui nous casse le monde. Le capitalisme, c'est la guerre qui hante notre planète. [...] Il y a besoin de révolutions. Non pas d'une révolution de discours et de violences. Non pas d'une révolution de palais ou qui fait table rase. Non pas d'une révolution, d'une avant-garde grosse d'une dictature à venir. Non pas la révolution comme coup de baguette magique. Il y a besoin de révolution, celle qui est portée, qui se construit à partir de tout ce qui bouge, de tout ce qui lutte, de tout ce qui conteste, de tout ce qui s'invente, se réfléchit et se construit. [...] Il y a besoin de révolution parce que nous ne pouvons renoncer au droit de chaque homme, chaque femme, à vivre pleinement sa vie. Au droit de vivre libres et égaux. Au droit d'avoir accès à l'eau, à la nourriture, à la santé, au travail, à la culture, aux connaissances. Il y a besoin de révolution pour faire reculer toutes les injustices, toutes les discriminations. [...] Ensemble, nous pouvons changer le monde ! »

J'aime les utopistes.

C'est dans l'indifférence que les congressistes ont écouté le discours d'adieu prononcé par Robert Hue... « Robert, il a fait son temps ; il en a tiré les conclusions, c'est bien », a susurré le président du groupe PCF à l'Assemblée nationale, Alain Bocquet ; il avait longtemps « tu ses désaccords » avec Robert Hue auquel il reproche d'avoir « satellisé » le Parti lors de la dernière législature.

Dîner en compagnie de mes filles, Camille et Léa, et de Lurdes qui s'occupe de nous depuis vingt-trois ans ! Ensuite, nous sommes allées danser rue de Lappe, au Balajo. Le décor est resté inchangé depuis

1935, mais le temps du musette, lui, est bel et bien fini ; l'accordéon a été remplacé par de la musique latino, une sorte de salsa à la sauce cubaine, jamaïquaine et brésilienne. Les danseurs ne semblent pas s'en plaindre qui s'en donnent à cœur joie, sur ce parquet ciré qui a pourtant vu les savantes évolutions des amateurs de tangos, de valses-musettes et de javas... La plupart des jeunes filles ont opté pour le pantalon et je me prends à regretter le temps où des jupes découvraient leurs jambes dans le tournoiement de la danse.

Mercredi 9 avril. *Paris.* En fin de matinée, je suis allée au Musée d'art et d'histoire du judaïsme, voir l'exposition consacrée au dessinateur Tim. Tim, de son vrai nom Lejzor Lolek Mitelberg, est né en Pologne, à Kaluszyn, en 1919. Devant la montée de l'antisémitisme, il quitta son pays natal en 1938. Arrivé à Paris, il s'inscrivit à la faculté des Sciences, en chimie, ainsi qu'à l'École des Beaux-Arts afin d'y poursuivre ses études d'architecture. En 1940, il fut envoyé sur la ligne Maginot, en Meurthe-et-Moselle. Fait prisonnier, en 1941, il s'évada du Stalag-IIB en même temps que trois aspirants français. Arrêtés au passage de la frontière germano-soviétique, par les Russes, ils furent emprisonnés, en compagnie d'autres officiers et soldats français, à Mitchourinsk. En juin 1941, ils furent transférés à Arkhangelsk où ils embarquèrent à bord d'un cargo russe, puis sur le paquebot britannique *Empress of Canada* qui les mena jusqu'en Grande-Bretagne où il les débarqua à Glasgow. Ils gagnèrent alors Londres et s'engagèrent dans les rangs des Forces françaises libres pour le temps que dura encore la guerre. Mitelberg adopta officiellement le nom de Louis Mitelle. En septembre, il fut présenté au général de Gaulle qui le décora de la Croix de guerre avec palmes et de la médaille des Forces françaises libres. Il quitta Londres en 1942 pour rejoindre l'Afrique équatoriale française. Après la guerre, il fut naturalisé français en 1947 et, en 1949, devint membre du Parti communiste français. Pendant toutes ces années, il ne cessa de dessiner. En 1950, il fut engagé comme dessinateur de presse à *L'Humanité*. En 1959, il commença sa collaboration avec *L'Express* ; pour la première fois, il signe ses dessins du nom de « Tim ». À cette date, il a déjà quitté le Parti communiste. Parallèlement à son travail de journaliste, Tim illustra un grand nombre de livres et s'adonna à la sculpture ; on lui doit, notamment, la statue monumentale du capitaine Dreyfus que dévoila Jacques Chirac, alors maire de Paris. Il est mort à Paris, le 7 janvier 2002, unanimement reconnu, tant en France qu'à l'étranger. Cette exposition se complète d'un bel album, *Tim : être de son temps.*

C'est la pagaille à Bagdad où les scènes de pillage se multiplient sous les yeux des soldats américains impuissants. Les hôpitaux n'arrivent plus à faire face au nombre sans cesse grandissant des blessés : ils manquent de tout, principalement d'eau et d'électricité. Toujours pas de nouvelles de Saddam Hussein et de ses fils...

Jeudi 10 avril. *Paris.* « Fin de règne à Bagdad », titre *L'Humanité.* De son côté, *Libération* a choisi « La Chute ». Quant au *Figaro*, il a écrit « Bagdad est tombé ». C'est donc le commencement de la fin pour le régime de Saddam Hussein et la victoire pour George W. Bush. Les négociations d'après-guerre battent déjà leur plein, chacun souhaitant profiter de la manne pétrolière et celle de la reconstruction. La télévision passe, en boucle, les images de la destruction d'une statue monumentale de Saddam, de la lacération de ses affiches que souillent des Irakiens.

Écœurement au spectacle des procès de La Havane où les traîtres ne sont sans doute pas à chercher parmi les inculpés mais plutôt chez ceux qui se sont infiltrés dans les réseaux dissidents puis ont déposé à charge. Ils sont onze à avoir trahi ceux dont ils se prétendaient les amis : ainsi, Alida Godin, la collaboratrice de Marta Beatriz Roque, était en fait l'agent Filma, Odilia Collazo, présidente du Parti pro-droits de l'homme, n'était autre que l'agent Tania, et Manuel David Orrio, journaliste soi-disant indépendant, avait pour véritable identité d'être l'agent Miguel. « Plus que des agents doubles, il s'agit de vulgaires délateurs », considère Elizardo Sanchez, directeur, depuis 1987, de la CDHRN (Commission des droits de l'homme et de la réconciliation nationale), une association illégale néanmoins tolérée par le gouvernement de La Havane. « Le mouvement dissident se réorganise et la grande erreur du gouvernement est de penser que le conflit principal se situe entre les dissidents et lui. En réalité, la contradiction principale oppose la société cubaine au modèle totalitaire incapable de satisfaire sa demande. » Par ailleurs, le président du Parti libéral, Osvaldo Alfonso, a fait acte de contrition et a lu, devant ses juges, une déclaration reconnaissant qu'il avait pu être manipulé par des diplomates nord-américains. Il a encore demandé que le tribunal lui accorde « une nouvelle chance ». Sa jeune femme, effondrée, s'est dite surprise qu'il accepte les accusations, « mais, je ne peux pas le juger car je n'ai pu lui parler et j'ignore à quels types de pressions il a été soumis depuis son arrestation ». Elizardo Sanchez qui a passé plus de huit ans en prison mais a toujours refusé l'exil, ajoute : « Le gouvernement est en phase terminale, l'agonie peut se prolonger des années mais ce n'est rien en termes historiques. Il n'y a toujours ici aucune liberté. Le gouvernement viole tous les droits civils, politiques, économiques... Cuba est la dernière société complètement fermée de l'hémisphère occidental. » Selon lui, « le gouvernement cubain aurait profité de la guerre en Irak pour procéder aux arrestations des opposants au régime ». « La guerre a servi de rideau de fumée pour décapiter, liquider la dissidence », conclut-il.

Le Concorde, c'est fini ; le supersonique franco-britannique accomplit ses derniers vols. C'est le 2 mars 1969 que le Concorde 001, sorti de l'usine Sud-Aviation le 11 décembre 1967, s'est envolé pour la première fois de l'aérodrome de Toulouse-Blagnac, piloté par André Turcat ; le vol dura vingt-sept minutes. J'ai eu l'occasion d'emprunter cet avion mythique pour me rendre à Baïkonour, à l'invitation de François Mitterrand, y voir partir Jean-Loup Chrétien à bord de la fusée Soyouz-TM.7 ; j'avais été surprise de l'exiguïté intérieure de cet appareil et de son peu de confort.

Coup de téléphone de mon fils Franck : son bureau des Éditions Blanche a été saccagé par des militants d'Act-Up Paris et son assistante, molestée. Franck, cloué au lit par la grippe, en était absent. Que lui reprochait-on ? D'avoir publié un livre d'Érik Rémès, *Serial Fucker. Journal d'un barebacker.* Selon un tract distribué par Act-Up, « les Éditions Blanche veulent notre mort ». Ridicule ! Pitoyable ! Pour Érik Rémès, un ancien journaliste à *Libération*, *Gay-Pied* et *Nova Magazine*, « *Serial Fucker*, c'est un roman noir, cynique, violent, drôle, politique et sexuel. Il provoque des réactions fortes, questionne, émeut, agace, énerve, fait rire, révolte. On n'en ressort pas indemne. Il comporte une alternance de vécus directs et indirects, d'extraits de documents, de récits, de dialogues, de réflexions, de commentaires, dans un rythme effréné, mêlant journal des années bareback et dossier journalistique sur un des phénomènes marquants du début du troisième millénaire. [...] On vit dans un monde de mensonge et de silence. Toute mon œuvre tourne autour de cela : "l'obligation de vérité". Le silence tue, la vérité libère ! *Serial Fucker* va faire l'effet d'une bombe dans la communauté gay. [...] J'en ai marre qu'on traite les barebackers d'irresponsables, comme le fait Act-Up, d'assassins et de criminels. [...] C'est dans la folie et la noirceur de l'homme que j'ai envie de fouiller. J'essaie de décrypter la haine de soi. Ça peut servir à toutes les prises de risques : l'alcool au volant, le suicide, l'absence de protection. Il y a une omerta sur les pratiques à risques, c'est pourquoi mon livre est tabou. » « Aurais-tu publié ce texte ? » me demande Franck. Sans hésiter, je lui réponds « oui », bien qu'il s'agisse d'un livre brouillon, abscons et souvent ennuyeux, notamment à cause des séances d'enculages répétées à l'infini : au bout de la troisième, le lecteur le moins au fait du bareback a compris de quoi il s'agit... Pour faire bon poids, Act-Up met dans le même panier le livre d'Alain Soral, *Jusqu'où va-t-on descendre ?*, publié par le même éditeur, sous prétexte de misogynie et d'une homophobie qui cherche « à se faire de l'argent sur nos cadavres ». Ces graves accusations portent atteinte à l'honneur des auteurs et de leur éditeur. Tout cela est lamentable.

Vendredi 10 avril. *Paris*. Après l'Irak, la Syrie ? On peut le craindre en écoutant les propos de Donald Rumsfeld : « La Syrie a contribué à faciliter les mouvements de personnes hors d'Irak vers la Syrie. Des responsables du régime quittent l'Irak vers la Syrie. Dans certains cas, ils y restent, trouvant un refuge et la sécurité. Dans d'autres cas, ils quittent la Syrie pour d'autres pays. » Toujours selon Washington, des membres de la famille de Saddam Hussein se seraient réfugiés à Damas et la Syrie continuerait d'aider militairement l'Irak. De son côté, le général américain Richard Myers a assuré que les États-Unis « poursuivront les anciens dirigeants irakiens où qu'ils soient ». Dans l'ensemble du monde arabe, la chute de Bagdad, après trois semaines de guerre, ravive humiliation et amertume. « Rien n'est fini. Les Américains ont peut-être l'impression d'avoir pris l'Irak, mais ils se trompent. Leurs ennuis ne font que commencer. Ils vont payer cher ce qu'ils viennent de faire aux Arabes. » C'est certainement ce que pensent nombre d'Égyptiens, Jordaniens, Saoudiens, Syriens, Libyens ou Algériens, tandis qu'en Irak les villes sont mises à sac par des hordes de pillards ; scènes complaisamment retransmises par les télévisions du monde entier, accentuant encore le sentiment de honte qu'éprouve sans doute le peuple irakien. Cette guerre, engagée sous le prétexte que l'Irak aurait possédé des armes de destruction massive, peine à trouver sa justification ; les forces américano-britanniques n'ont toujours pas découvert de laboratoires suspects ou de stocks d'armes prohibées et sont obligées de constater que Saddam Hussein n'y a pas eu recours.

Les Kurdes se sont emparés de Kirkouk, leur capitale historique. En Turquie, de l'autre côté de la frontière, des dizaines de milliers de soldats turcs se tiennent prêts à déferler sur la zone kurde de l'Irak du nord. Pas question, pour le gouvernement turc, de permettre qu'un éventuel État kurde se constitue. De nombreux réfugiés civils kurdes, chassés par la politique d'arabisation forcée appliquée par Saddam Hussein, retournent vers la ville libérée par les peshmergas. Cette situation inquiète aussi l'Iran et la Syrie qui redoutent que des troubles surviennent parmi les Kurdes de ces pays.

Les Américains ne bombardent pas seulement l'Irak ; en Afghanistan, onze civils ont été tués par une bombe américaine tombée, par erreur, sur leur maison : « La bombe a raté sa cible et atterri sur la maison », a reconnu le lieutenant-colonel Douglas Lefforge, sur la base de Bagram, au nord de Kaboul...

Seize morts palestiniens en quarante-huit heures, à Gaza et en Cisjordanie ; la routine, quoi !

En Russie, dans la nuit de ces 9 au 10 avril, vingt-huit enfants ont trouvé la mort dans l'incendie de leur pensionnat : ils étaient sourds et muets et n'ont pu entendre les sirènes d'alarme... Le 7, en Sibérie, c'est vingt-deux écoliers qui périrent dans des conditions similaires...

Relu les deux cents premières pages des *Généraux du crépuscule* et les ai corrigées ; les ai-je améliorées ? Je n'en sais rien, je suis dans le brouillard. Un ennui insidieux m'accable et je reste, songeuse, déprimée, devant ma table encombrée de livres et de coupures de presse. Depuis un mois, je n'ai pas vraiment réussi à me remettre à mon roman...

Samedi 12 avril. *Boutigny.* Vu à la télévision, sur La Cinq, une émission au cours de laquelle Paul Amar recevait des invités à propos de l'Irak ; l'ambassadeur des États-Unis, Howard H. Leach, y était notamment présent. Est-ce normal que le représentant, en France, d'un grand pays comme le sien, ne parle pas le français ? Comment ne pas y voir une marque de mépris de la part du gouvernement américain ?

Un demi-frère de Saddam Hussein, Barzan al-Tikriti, serait mort au cours d'un bombardement. « Il voulait négocier avec les Américains et avait noué des contacts. Il comptait réunir les autres chefs de tribu pour leur proposer de signer une déclaration qu'ils auraient présentée aux Américains pour éviter un bain de sang. Les soldats seraient entrés dans Ramadi, mais, rapidement après, les membres des tribus auraient assuré le maintien de l'ordre comme ils le faisaient sous le règne de Saddam », a fait savoir l'un de ses proches.

Un opposant irakien, l'hodjatoleslam Abdel Majid al-Khoï, rentré en Irak le 3 avril dans le sillage des troupes américano-britanniques, a été assassiné dans l'enceinte même du mausolée de l'imam Ali, au cœur de la ville sainte de Nadjaf, vraisemblablement par des extrémistes chiites. Il incarnait, pour Tony Blair, « l'espoir et la réconciliation ».

Pendant ce temps-là, les pillages continuent sous les yeux des militaires de la coalition ; ministères, écoles, musées, bibliothèques, hôpitaux, magasins, maisons particulières... sont dévalisés par une foule déchaînée.

George W. Bush et Tony Blair se sont adressés aux Irakiens, mardi dernier, depuis l'Irlande du Nord. Leurs discours ont été diffusés, sous-titrés en arabe, sur un nouveau réseau de télévision, Nahoua al-Hourrieh (« Vers la liberté ») : « Vous méritez mieux que la tyrannie, la corruption et les chambres de torture. Votre nation sera bientôt libre. Le cauchemar dans lequel Saddam Hussein a plongé votre nation touche à sa fin », leur a annoncé le président américain. « Nous n'avons pas voulu cette guerre, mais, en refusant d'abandonner ses armes de destruction massive, Saddam ne nous a pas laissé d'autre choix qu'agir. Maintenant que cette guerre est commencée, elle sera poursuivie jusqu'à son terme », a précisé Tony Blair.

Jacques Chirac et Gerhard Schröder ont rencontré Vladimir Poutine à Saint-Pétersbourg et ont réclamé ensemble un traitement par l'ONU de l'après-guerre en Irak. George W. Bush ne l'entendant pas de cette oreille estime, par la voix de Paul Wolfowitz, vice-secrétaire à la Défense, que la France devra « payer le prix » de son opposition à la guerre... Bien sûr, on n'a pas parlé de la Tchétchénie.

Dimanche 13 avril. *Boutigny.* Pour rien au monde, je ne manquerais la messe de bénédiction des Rameaux. Je me suis donc rendue à l'église de Houdan, faire bénir le buis que j'avais acheté à un garçonnet, sur la place, et dont je placerai une branche dans chacune des pièces de la maison. Superstition ? Peut-être... Qu'importe ? J'aime les symboles. Dans mon enfance, à Limoges, les enfants « riches » portaient des compositions végétales ornées de rubans et de meringues roses et blanches. Comme je les enviais, moi qui n'avais qu'un maigre bouquet de buis... Au retour de la messe, je relis ce que rapportent les Évangiles sur ce jour où Jésus entra dans Jérusalem ; voici ce qu'en dit Matthieu : « Les foules qui marchaient devant Jésus et celles qui suivaient, criaient : "Hosanna au Fils de David ! Béni soit Celui qui vient au nom du Seigneur ! Hosanna au plus haut des Cieux !" Comme Jésus entrait à Jérusalem, l'agitation gagna toute la ville ; on se demandait : "Qui est cet homme ?" Et les foules répondaient : "C'est le prophète Jésus de Nazareth, en Galilée." Jésus entra dans le Temple et Il expulsa tous ceux qui vendaient et achetaient dans le Temple ; Il renversa les comptoirs des changeurs et les sièges des marchands de colombes. Il leur dit : "L'Écriture affirme : 'Ma maison s'appellera maison de prières !' Or vous, vous en faites une caverne de bandits". » De son côté, Marc observe : « Jésus et Ses disciples approchent de Jérusalem, de Bethphagé et de Béthanie, près du mont des Oliviers. Jésus envoie deux de Ses disciples : "Allez au village qui est en face de vous. Dès l'entrée, vous y trouverez un petit âne attaché que personne n'a encore monté. Détachez-le et amenez-le-Moi. Si l'on vous demande : 'Que faites-vous là ?' Répondez : 'Le Seigneur en a besoin ; Il vous le rendra aussitôt.'" Ils partent, trouvent un petit âne attaché près d'une porte, dehors, dans la rue, et ils le détachent. Des gens qui se trouvaient là leur demandaient : "Qu'avez-vous à détacher cet ânon ?" Ils répondirent ce que Jésus leur avait dit et on les laissa faire. Ils amenèrent le petit âne à Jésus, le couvrent de leurs manteaux et Jésus S'assoit dessus. Alors, beaucoup de gens étendirent sur le chemin leurs manteaux, d'autres, des feuillages coupés dans la campagne. Ceux qui marchaient devant et ceux qui suivaient criaient : "Hosanna ! Béni soit Celui qui vient au nom du Seigneur !" Jésus entra dans Jérusalem, dans le Temple. Il inspecta du regard toutes choses et, comme c'était déjà le soir, Il sortit avec les Douze pour aller à Béthanie. » Luc raconte presque exactement la même chose mais il ajoute : « Quelques Pharisiens qui se trouvaient dans la foule dirent à Jésus : "Maître, arrête Tes disciples !" Mais Il leur répondit : "Je vous le dis : s'ils se taisent, les pierres crieront." Quand Jésus fut près de Jérusalem, en voyant la ville, Il pleura sur elle ; Il disait : "Si toi aussi, tu avais reconnu en ce jour ce qui peut te donner la paix ! Mais, hélas, cela est resté caché à tes yeux. Oui, il arrivera pour toi des jours où tes ennemis viendront mettre le siège devant toi, t'encercleront et te presseront de tous côtés ; ils te jetteront à terre, toi et tes enfants qui sont chez toi, et ils ne laisseront pas chez toi pierre sur pierre, parce que tu n'as pas reconnu le moment où Dieu te visitait". » Quant à Jean, l'apôtre bien aimé du Christ, voici ce qu'il rapporte : « Le lendemain, la grande foule qui était venue pour la fête, apprenant que Jésus arrivait à Jérusalem, prit des branches de palmier et sortit à sa rencontre. Les gens criaient : "Hosanna ! Béni soit Celui qui vient au nom du Seigneur ! Béni soit le roi d'Israël !" Jésus, trouvant un petit âne, monta dessus. Il accomplissait ainsi l'Écriture : "N'aie pas peur, fille de Sion. Voici ton roi qui vient, monté sur le petit d'une ânesse." Les disciples de Jésus ne comprirent pas sur le moment ; mais, quand Il eut été glorifié, ils se rappelèrent que l'Écriture disait cela de Lui et que c'était bien ce qu'on avait fait pour Lui. »

Une paix monte en moi après cette lecture.

Lundi 14 avril. *Paris.* Les Irakiens s'emploient à détruire des pans entiers de leur histoire en pillant les trésors archéologiques du Musée d'histoire de Bagdad, dont certaines pièces remontent à près de quatre mille cinq cents ans avant notre ère. On ne peut qu'être attristé à l'annonce de ce vandalisme de l'histoire de la Mésopotamie, berceau de la civilisation et de l'écriture. C'est en effet vers 2600 avant Jésus-Christ qu'apparaissent les caractères cunéiformes qui, selon l'historien Jean-Jacques Glassner, « permettent la notation cursive des textes ». La directrice adjointe du Musée national irakien, Nabhal Amine, a estimé, pleurant devant ses vitrines brisées : « Ils ont pillé ou détruit cent soixante-dix mille objets antiques datant de milliers d'années. Les Américains étaient censés protéger le musée. S'ils avaient stationné un seul char et deux soldats, rien de tel ne serait arrivé. Je tiens les troupes américaines pour responsables de ce qui s'est passé au musée. »

Je n'ai pas vu Lionel Jospin lors de son passage à la télévision, mais on ne peut pas dire que ceux de son camp aient manifesté le moindre enthousiasme à l'écoute de ses propos...

Pour cause de vacances scolaires, je m'occupe de mes petits-enfants ; Lucie et Simon me réclament une balade en bateau-mouche. Nous nous installons à l'avant de l'un d'eux et Paris s'offre à nous. Au retour, nous nous arrêtons chez Ladurée acheter ses fameux macarons...

Mardi 15 avril. *Paris.* Aujourd'hui encore, je m'occupe de Simon et de Lucie ; je les emmène au zoo de Vincennes. Comme il fait très beau, il y a beaucoup de monde. Nous déjeunons de crêpes et de gaufres, ce qui nous donne des forces pour continuer notre promenade. Déception devant la fosse aux ours qui restent tapis au fond de leur tanière. Même chose pour les loups qui ne semblent être que deux et dont le pelage blanc ne fait pas très sérieux. Les girafes, elles, se montrent superbes et déambulent de leur élégante démarche. Nous ne voyons ni lions, ni tigres, ni panthères. Les singes ne nous arrachent même pas un sourire et le Grand Rocher est fermé. Nous rentrons épuisés et faisons une sieste...

On s'évade beaucoup, ces temps-ci, des prisons françaises... La dernière évasion a eu lieu à la maison d'arrêt de Luynes, près d'Aix-en-Provence, et s'est effectuée à l'aide d'un hélicoptère. Un homme en est descendu le long d'une corde, a cisaillé le grillage tendu au-dessus de la cour de promenade. Trois prisonniers ont alors grimpé au long du filin : l'opération a duré quatre minutes et les surveillants n'ont pas fait usage de leurs armes. Franck Perletto, Michel Valero et Éric Alboreo se sont envolés dans les airs ; ils n'ont pas été retrouvés... Le garde des Sceaux, Dominique Perben, s'arrache les cheveux.

Dans *Libération*, Mezri Haddad, écrivain et philosophe tunisien, s'inquiète des conséquences de la guerre d'Irak et de l'inconscience ou de l'ignorance des dirigeants américains : « L'agression contre l'Irak a donné à l'intégrisme musulman une nouvelle raison d'être et de sévir. Pis, en catalysant toutes les frustrations et tous les ressentiments, elle a déjà cristallisé deux courants idéologiques jusqu'alors antagoniques : le nationalisme arabe et le radicalisme islamique. Aveuglés par leur succès militaire, déjà occupés par le partage du gros butin, les ultraconservateurs de la Maison-Blanche ne savent pas ce que représente Bagdad dans la conscience collective arabe. Ils ignorent que cette ville, aujourd'hui assiégée, est pour les nationalistes ce que Jérusalem est pour les islamistes. » Mezri Haddad conclut : « Qu'ils méditent la leçon de Tocqueville, le plus fin connaisseur de la démocratie américaine : "Il y a deux choses qu'un peuple démocratique aura toujours beaucoup de peine à faire : commencer la guerre et la finir". »

En Israël, trois militants étrangers pour la paix ont été tués en un mois. Ces pacifistes tentent d'empêcher la destruction de maisons palestiniennes et n'ont que leur vie à opposer aux chars et aux tirs israéliens. « Notre action est totalement non violente. Mais nous sommes aux côtés des Palestiniens dans leur résistance contre une occupation illégale », affirme Alison Phillips, une Écossaise de soixante-deux ans.

Le pouvoir cubain s'emballe. Après les arrestations massives de ces derniers jours, il vient de faire exécuter les trois principaux responsables du détournement du ferry *La Baragua* ; ils avaient pris en otages une trentaine de ses passagers et tenté de se rendre aux États-Unis. Barbaro Leodan Sevilla, Enrique Copeyo et Jorge Luis Martinez ont été fusillés, vendredi dernier à l'aube. Quatre de leurs complices ont été condamnés à la réclusion à perpétuité, un cinquième à trente ans de prison et trois femmes à des peines de détention allant de deux à cinq ans. C'est Fidel Castro lui-même qui présidait le Conseil d'État, organe suprême du gouvernement cubain. Jamais, le Líder Maximo ne s'est trouvé aussi seul ni aussi redouté du peuple cubain pour lequel il a pourtant combattu, il y a une quarantaine d'années, la dictature sanguinaire de Batista. L'âge venu, il rejoint dans la folie, dans la peur, dans la plus totale solitude, ces tyrans qu'autrefois il dénonçait. J'écris cela le cœur serré car j'ai, autrefois, cru en cet homme qui avait rêvé d'une révolution heureuse, laquelle se termine, aujourd'hui, par un naufrage hélas prévu de longue date. Fidel Castro ne rejoindra pas José Martí, Camilo Cienfuegos et Ernesto Guevara au Panthéon des héros cubains, tous morts avant d'avoir eu le temps de se laisser griser par l'exercice du pouvoir et de se renier. Fidel Castro a trahi la Révolution, il le sait, il ne peut pas ne pas le savoir. C'est pour cela qu'il sera jugé par le tribunal de l'Histoire qui, cette fois, ne l'absoudra pas. Je souhaite néanmoins, en souvenir du combattant de la sierra Maestra, qu'il ne connaisse pas le triste sort des dictateurs déchus. Comment ne pas penser à l'horrible, à l'ignominieuse fin d'un Benito Mussolini ou d'un Nicolae Ceausescu...

Mercredi 16 avril. *Paris.* Rendez-vous, au Buci, avec André et Solange Séailles, grands admirateurs de l'œuvre de François Mauriac, qui souhaitent me remettre le scénario dont ils sont les auteurs, *Les Larmes de minuit ou les Confessions de Thérèse Desqueyroux*, adaptation des textes de Mauriac, *Thérèse chez le docteur* et *Thérèse à l'hôtel.*

Je reprends aujourd'hui mes cours de reliure ; j'ai besoin de travaux manuels afin de retrouver l'équilibre qui me fuit. Je déjeune dans une brasserie du boulevard Auguste-Blanqui, Blanqui que l'on surnommait « l'Enfermé », avant de me rendre rue Croulebarbe où se trouve l'atelier. Comme je suis très en avance et qu'il fait un temps d'été, je vais m'allonger sur l'herbe du jardin public qui borde la rue. Étrange sensation : être au cœur de Paris, étendue sur la terre de cette vieille ville, sous les arbres en fleurs... Un oiseau, sur une branche proche, chante son bonheur de vivre, des voix d'enfants fusent, un bruit d'eau rebondissant vient d'un massif voisin et, sous mes doigts, je caresse la douceur de l'herbe. La vie...

Le cours a duré trois heures ; je n'ai pas perdu la main.

Jeudi 17 avril. *Paris.* En dépit du soleil qui brille, je suis accablée de tristesse...

Je viens de terminer une interview pour RFI sans que cela m'ait changé les idées ; j'espère que cet ennui ne se sentira pas trop...

Déjeuné à L'Alcazar en compagnie d'Hadrien Laroche, jeune écrivain qui m'avait demandé un avis sur l'un de ses manuscrits, *Résistance et Porcherie* ; j'avais accepté par sympathie. Mal m'en prit ; malgré deux lectures, je reste incapable d'en formuler un : rien, dans ce roman, à l'exception d'une belle écriture, ne m'a parlé, rien. J'ai dû l'avouer à l'auteur qui a eu la gentillesse d'accepter cet aveu d'incompétence. Je crois que c'est la première fois que je ne trouve rien à dire d'un texte qui m'est soumis. Malgré cela, le déjeuner s'est révélé très agréable ; nous avons bavardé de nous, de notre travail, de religion, de la mort, de la famille, des livres que nous aimons... avec simplicité. J'ai eu du mal à dissimuler mon émotion quand nous avons évoqué la petite Clara Weber, la fille d'Henri et de Fabienne ; demain, ce sera l'anniversaire de sa mort. En nous quittant, nous nous sommes promis de nous revoir.

Chantal Chawaf est passée me rendre visite avant d'aller remettre notre manuscrit commun, *L'Érotique des mots*, à Jean-Paul Bertrand, son éditeur. À l'inverse de Chantal, je ne suis guère satisfaite de ce texte auquel elle trouve pourtant toutes les qualités... On verra bien ce qu'en pense Jean-Paul Bertrand.

Vendredi Saint 18 avril. *Paris.* « À partir de midi, l'obscurité se fit sur toute la terre jusqu'à trois heures. Vers trois heures, Jésus cria d'une voix forte : “Eli, Eli, lama sabactami ?”, ce qui veut dire : “Mon Dieu, mon Dieu, pourquoi m'as-tu abandonné ?” » Marc et Matthieu racontent la mort du Christ dans les mêmes termes. Quant à lui, Luc écrit : « Il était déjà presque midi ; l'obscurité se fit dans tout le pays jusqu'à trois heures car le soleil s'était caché. Le rideau du Temple se déchira par le milieu. Alors, Jésus poussa un grand cri : “Père, entre tes mains, Je remets mon esprit.” Et, après avoir dit cela, Il expira. » « Après cela, sachant désormais que toutes choses étaient accomplies et pour que l'Écriture s'accomplisse jusqu'au bout, Jésus dit : “J'ai soif." Il y avait là un récipient plein d'une boisson vinaigrée. On fixa donc une éponge remplie de ce vinaigre à une branche d'hysope et on l'approcha de Sa bouche. Quand Il eut pris le vinaigre, Jésus dit : "Tout est accompli." Puis, inclinant la tête, Il remit l'esprit », rapporte Jean. TOUT EST ACCOMPLI. Jésus est mort sur la croix ; Il a fait ce qu'il nous reste à faire, comme aimait le rappeler François Mauriac. Un soleil éclatant règne sur Paris, en ce Vendredi Saint. Il est bientôt midi et l'obscurité ne vient ni dans le ciel ni dans nos cœurs.

Claudine Bourretz m'a remis les trois cents textes chantant les poètes et les putains que je vais devoir lire ; en cette fin de semaine, je devrai effectuer mon choix.

C'est aujourd'hui l'anniversaire de ma sœur Chantal. Je n'ai pas été une sœur très affectueuse pendant notre enfance ; j'étais casse-cou, brutale, alors qu'elle était calme et facilement peureuse. En grandissant, les choses ne se sont pas arrangées entre nous ; trop de différences et aucun goût en commun. Avec le temps, je me sens plus proche d'elle ; j'aimerais qu'elle soit heureuse. Bon anniversaire, petite sœur !

Après avoir déjeuné chez Lipp, en compagnie de Franck, je suis passée à L'Écume des pages, la belle librairie du boulevard Saint-Germain, acheter le récent recueil des poèmes, *Murale*, du Palestinien Mahmoud Darwish [1]. J'y ajoute le dernier numéro des *Poètes du grand jeu*, la revue créée en 1928 et à laquelle contribuèrent Roger-Gilbert Lecomte, André Daumal, Maurice Henry, Georges Ribemont-Dessaignes, André Rolland de Renéville ou Roger Vailland. J'en profite pour racheter les *Sonnets* de Francisco de Quevedo [2], poète espagnol du XVIe siècle dont Borges disait : « Comme Joyce, comme Goethe, comme Shakespeare, comme Dante, comme aucun autre écrivain, Francisco de Quevedo est moins un homme qu'une vaste et complexe littérature. » En quittant la librairie, je me rends à Saint-Julien-le-Pauvre pour y assister à l'office grec melchite catholique du Vendredi Saint. Déception : la messe n'aura lieu qu'à 17 h 30... Je reviens jusqu'à l'église Saint-Séverin où vient de commencer le chemin de croix. Pourquoi est-ce des églises que Dieu me semble le plus absent ?

Samedi 19 avril. *Boutigny.* Le soleil est toujours présent et le ciel sans nuages ; cependant, le vent est froid. La maison retentit des cris de mes petits-enfants, Théodore et Paloma, qui sont venus passer cette fin de semaine avec leurs parents. Marie-Jeanne étant absente pour cause d'intervention chirurgicale, une jeune Algérienne s'occupe d'eux et de la maison.

D'abord acclamé au Bourget, lors du rassemblement annuel de l'Union des organisations islamiques de France, pour « son courage », Nicolas Sarkozy a ensuite été hué alors qu'il évoquait, pour les femmes musulmanes, l'obligation d'être tête nue sur leurs papiers d'identité ; « que ce soit ceux d'une femme ou d'un homme », a-t-il encore précisé. « Cette obligation est respectée par les religieuses catholiques, comme par toutes les femmes vivant en France. Rien ne justifierait que les femmes de confession musulmane bénéficient d'une loi différente. » Huées et sifflets accueillirent cette déclaration. Le ministre de l'Intérieur a rappelé que « la laïcité est un principe fondamental de notre République. Loin d'être ennemie des religions, elle pose le principe que la République garantit l'exercice du culte, de tous les cultes, sans en privilégier un seul ». Dans le public parmi lequel la majorité des femmes portaient le voile islamique, ces propos n'ont pas été entendus.

Six jours après que Fidel Castro eut fait fusiller trois jeunes Cubains qui avaient détourné un ferry et pris en otages ses trente passagers pour tenter de fuir vers les États-Unis, la Commission des droits de l'homme de l'ONU a adopté une résolution très modérée au sujet de ce pays, sans faire aucunement référence à la vague répressive de ces dernières semaines. La résolution adoptée réitère la demande faite à La Havane, en 2002, d'accepter la venue sur l'île d'un émissaire du haut-commissaire aux Droits de l'homme ; ce que les autorités cubaines avaient refusé l'an passé. C'est « une nouvelle victoire morale de la Révolution », a jugé le gouvernement cubain, avant d'en conclure, dans un communiqué lu à la télévision nationale : « Les États-Unis ont subi un dur revers dans leur obsessionnelle campagne anticubaine. »

Dimanche de Pâques 20 avril. *Boutigny.* « La paix sur la terre, objet du profond désir de l'humanité de tous les temps, ne peut se fonder ni s'affermir que sur le respect absolu de l'ordre établi par Dieu. [...] Que se brise la chaîne de la haine qui menace le développement ordonné de la famille humaine ! Puisse Dieu nous permettre d'être libérés du danger de l'affrontement dramatique entre cultures et religions que de récents événements risquent malheureusement de déclencher. [...] Si obscur que puisse apparaître l'avenir de l'Humanité, nous célébrons le triomphe éclatant de la joie pascale. Si un vent contraire fait obstacle à la marche des peuples, si la mer de l'Histoire devient houleuse, que personne ne cède à la frayeur ou au découragement ! Le Christ est ressuscité. Le Christ est vivant parmi nous », a déclaré Jean-Paul II dans son message pascal. Le pape est bien optimiste quand il affirme que, de tout temps, l'humanité a désiré la paix ! L'histoire nous démontre tristement le contraire. Je n'aime guère ce pape qui ne dissimule pas au monde sa déchéance. Il ferait montre d'humilité et d'une certaine grandeur en se retirant au fond d'un monastère afin d'y prier pour la paix dans le monde.

Jean-Marie Le Pen a promu sa fille, Marine, vice-présidente du Front national, à l'issue du congrès de son parti qui s'est tenu à Nice, et ce, en dépit du vote des délégués qui avaient plébiscité Bruno Gollnisch. « Je suis le seul maître à bord », a lancé samedi Jean-Marie Le Pen, après sa réélection à la tête de son parti.

Lundi 21 avril. *Boutigny.* La presse française, dans son ensemble, commente la défaite de la gauche de ce 21 avril 2002 qui vit Jean-Marie Le Pen se maintenir au second tour de l'élection présidentielle. Pourquoi revenir sur ce cinglant échec ? Masochisme ? Sentiment de culpabilité ? Désir de comprendre ce que personne n'avait prévu, l'éviction de Lionel Jospin au premier tour ? Un mélange de tout cela, sans doute. Je n'aime pas les retours en arrière ; ils ne servent à rien si ce n'est à remplir les colonnes des journaux.

Par centaines de milliers, par millions, des chiites, répondant à l'appel de l'ASRII (Assemblée suprême islamique en Irak), actuellement réfugiée en Iran, marchent sur Kerbala, située à cent kilomètres au sud de Bagdad, afin d'y célébrer le martyre de Hussein, le troisième imam de l'Islam. L'ASRII « rejette toute domination étrangère » et appelle les Irakiens à se mobiliser pour « le bien du règne de l'Islam ». Les pèlerins avancent derrière de gigantesques bannières, trempées dans leur sang, et brandissent des drapeaux noirs, rouges ou verts devant les deux mausolées de « Kerbala la Sainte », réclamant de n'être gouvernés que sous les auspices de la Hawza, la loi religieuse des chiites irakiens. Ils ont applaudi à la lecture du code de conduite préconisé par le délégué des religieux de Nadjaf, autre ville sainte d'Irak ; le code interdit notamment « la musique et la danse, l'imitation des mécréants étrangers, la renonciation au voile pour les femmes et l'adoption des lois tribales en lieu et place des lois islamiques ». Youpi ! C'est reparti comme en quarante ! Encore une fois, ce sont les femmes qui vont faire, les premières, les frais du « changement démocratique » en Irak. On les voit déjà circuler, tels de noirs fantômes, quémandant de l'eau, recherchant quelque nourriture pour leurs enfants, errant parmi les décombres de leur maison dans l'espoir de retrouver un objet, une photographie, se lamentant sur leurs morts... tandis qu'hommes et gamins, brandissant des kalachnikovs, hurlent des slogans, embrassent les soldats américains en faisant le « V » de la victoire, abattent les statues de Saddam Hussein ou déchirent les images détestées du dictateur déchu. Bref, comme tous les hommes, ils s'amusent comme des petits fous aux jeux de la guerre.

Mardi 22 avril. *Paris.* Déjeuner au Flore avec Sonia Rykiel ; sa fragilité m'émeut.

Mercredi 23 avril. *Paris.* Tout me paraît vain, dérisoire ; la tristesse m'accable.

Le Musée archéologique de Bagdad a vécu ; ce que les bombes n'avaient pu détruire, les pillards s'en sont chargés. Et ce, malgré les appels de la Communauté internationale et les mises en garde d'une centaine d'universitaires européens, japonais et américains qui publièrent, dès le 20 mars, une déclaration commune dans la revue *Science* : « L'extraordinaire importance mondiale des musées, monuments et sites archéologiques d'Irak, impose à tous les peuples et gouvernements l'obligation de les protéger. Ce patrimoine est gravement mis en péril en cas de guerre. Nous appelons tous les gouvernements à observer les règles de la convention de La Haye sur la protection du patrimoine culturel durant les conflits armés. Il est de la plus haute importance de protéger les musées contre les pillages. » Hélas, cet appel ne fut pas entendu, ni de Washington ni de Londres, pas davantage que celui du grand spécialiste d'archéologie orientale de Boston, John Russell, qui, à la veille de la chute de Bagdad, lançait un cri d'alarme : « Le moment d'agir est arrivé. Les vandales se préparent. Ils savent qu'ils peuvent faire fortune impunément, en un instant. Nos collègues de Bagdad ne bougeront pas du musée pour le protéger, mais ils ne sont pas suffisamment armés. Il faut leur prêter main-forte. S'il y a un moment où nous risquons de perdre la collection tout entière, c'est maintenant. » Tout le monde, à Bagdad, était prévenu, officiers, soldats, journalistes, et personne n'a rien fait. En plus de minables pillards, de véritables gangs organisés, armés et équipés de téléphones portables, sont venus se servir. Ils sont arrivés à bord de camionnettes, sont entrés sans difficultés dans le musée dont ils connaissaient parfaitement les plans ainsi que l'emplacement des objets convoités. Leur choix fait, ils ont emballé statues, poteries et fragments de fresques, et les ont chargés précautionneusement dans leurs véhicules. À croire qu'ils avaient reçu des commandes précises de la part de marchands ou de collectionneurs peu scrupuleux... Du temps de Saddam Hussein, les trafiquants d'œuvres d'art étaient punis de mort. Par ailleurs, les archives nationales et la bibliothèque des Corans du ministère des Affaires religieuses sont parties en fumée. Pendant ce temps-là, les troupes américaines protégeaient les bureaux du ministère du pétrole... Chacun jugera. Quoi qu'il en soit, guerre ou pas guerre, les affaires continuent : une quinzaine d'entreprises ont ainsi déposé une demande d'exploitation de la formule *Shock and Awe* (« Choc et Stupeur »), appellation officielle de l'offensive des alliés contre l'Irak, auprès du Bureau des brevets et des marques américaines à Washington. Bientôt, nous verrons apparaître des tee-shirts marqués de cette fameuse *Shock and Awe*, en anglais bien sûr puisque, qu'il s'agisse de vendre une voiture française ou un camembert, les publicitaires se croient obligés d'enregistrer, en fond sonore de leurs spots, une chanson américaine... On attend de voir quel en sera l'accueil dans les cités.

La chanteuse de jazz Nina Simone est morte à l'âge de soixante-dix ans. Cette femme révoltée, désespérée, vivait en France et affirmait : « Être noir, aux États-Unis, c'est être en colère tous les jours. » En colère, elle l'était et recherchait, dans l'alcool et les stupéfiants, l'oubli de son mal-être et de n'avoir pu devenir, en raison de sa couleur de peau, la pianiste classique qu'elle rêvait d'être. Sa voix poignante, Nina Simone l'avait mise au service de la communauté noire.

Au procès Elf, le déballage continue : hôtel particulier, palais corse, château, diamants, antiquités, appartements, voitures de luxe... tout ce que l'argent mal acquis peut procurer...

Philippe Séguin vient de publier le premier volume de ses Mémoires, *Itinéraire dans la France d'en bas, d'en haut et d'ailleurs*[3], dont le bouche-à-oreille dit beaucoup de bien ; nous sommes heureux pour lui. « Je suis content, avoue-t-il, je ne perds plus l'essentiel de mon temps. Je ne suis plus obligé d'écouter des conneries en souriant. Et, surtout, je n'ai plus l'impression d'être un domestique. »

J'apprends en lisant *Metro*, le journal qui est gratuitement distribué dans le métro parisien, que Miss-Tic, l'artiste peintre qui appose ses singuliers pochoirs sur les murs de la capitale, dédicace aujourd'hui, aux Galeries Lafayette, *Regarde-moi*[4], le bel album pour lequel j'ai eu plaisir à écrire une préface. J'en suis également heureuse pour elle, mais pensez-vous que l'éditeur aurait eu le souci de m'en avertir ? Ces gens n'ont vraiment aucune éducation.

À l'occasion de la Fête des mères, je viens de faire quelques photos avec Camille pour le magazine *Gala*. Léa, qui devait nous rejoindre, est partie pour Aix-en-Provence en compagnie de son copain... Non sans nous avoir fait une scène ! Pourtant plus facile pour elle de modifier l'heure de son départ qu'à Camille de remettre ses rendez-vous professionnels...

Vendredi 25 avril. *Paris.* J'ai réussi à dominer ma mélancolie et à m'intéresser à mon travail ; j'ai l'impression que l'on m'a enlevé un poids. L'être humain est une drôle de machine...

Winnie Mandela a été condamnée pour fraude et pour vol par un tribunal de Pretoria ; il est loin le temps où les Sud-Africains la surnommaient « la mère de la nation »...

Jean-Pierre Raffarin est en Chine pour signer des contrats : on admire le courage de notre Premier ministre qui n'a pas hésité à braver la pneumopathie atypique qui y sévit ! Il est vrai qu'il ne se déplace pas sans ses lingettes désinfectantes...

« Pour l'instant », Patrice Alègre, déjà condamné pour le meurtre de cinq prostituées, affirme n'avoir « rien à dire » au sujet de celui de Line Galbardi ; selon *Libération*, l'affaire pourrait mettre au jour les éventuelles protections policières ou judiciaires dont il aurait pu bénéficier.

Malgré l'attentat-suicide qui a fait, hier matin à Kfar-Saba, au nord de Tel-Aviv, deux morts et treize blessés, le porte-parole du ministère israélien des Affaires étrangères a déclaré que son gouvernement était prêt à travailler avec le nouveau Premier ministre palestinien, Mahmoud Abbas, *alias* Abou Mazen. « Dès que son cabinet sera en place, nous ne perdrons pas de temps. Notre Premier ministre a déjà dit qu'il souhaitait l'inviter à Jérusalem pour des entretiens. » Espérons qu'en dépit de l'hostilité d'Ariel Sharon à la création d'un État palestinien « indépendant, démocratique et viable », les deux parties arriveront à s'entendre ; on peut rêver...

Samedi 26 avril. Hier soir, excellent et agréable dîner chez Michel et José Rotman, en compagnie de Jean Lacouture, de Jean-Noël et Annie-Lou Jeanneney, d'Antoine et Valérie Solvit et de Patricia Tortour. Cette dernière, animatrice de la Maison de la Chine et de l'Indochine à Paris, rencontre en ce moment de grandes difficultés du fait de l'épidémie de pneumopathie atypique qui sévit dans cette partie du monde ; tous les voyages sont décommandés ! À Jean Lacouture, j'ai posé quelques questions sur l'état d'esprit de De Gaulle au moment du débarquement raté de Dakar, en septembre 1940, circonstances si éprouvantes pour le Général qu'il aurait alors pensé au suicide. « Après Dakar, il ne fut jamais tout à fait heureux », estimait d'ailleurs Maurice Schumann. Pour Jean-Noël Jeanneney, plus le temps passe plus l'homme du 18 juin lui paraît grand ; ses yeux brillèrent quand il dit son admiration. Jean Lacouture me parla aussi de sa visite à Malagar où il servit de guide à Leïla Shahid, déléguée générale de la Palestine en France, qui s'est révélée une admiratrice de l'œuvre de François Mauriac. Pourquoi le biographe de l'auteur de *Thérèse Desqueyroux* s'adressa-t-il à moi et non à Pierre Wiazemsky, petit-fils de Mauriac ? Ce manque de tact me mit mal à l'aise ; comment faire comprendre à un monsieur de quatre-vingt-deux ans ce que cette attitude put avoir de blessante ? Les conversations se sont néanmoins poursuivies, décousues et brillantes. Vers minuit et demi, nous avons déposé Jean Lacouture quai des Grands-Augustins et pris la route pour Boutigny ; peu de monde mais beaucoup de mauvais conducteurs ; ayant un peu bu, j'ai roulé prudemment. De longs filets de brume s'étiraient sur la campagne. Cette nuit, nous n'avons croisé ni cerfs ni sangliers, mais j'ai dû éviter de nombreux « princes-charmants » qui se prélassaient sur l'asphalte ; c'est ainsi que nous avons l'habitude de nommer les crapauds... En revanche, il m'a été impossible d'épargner un joli mulot et cela m'a rendue bien triste... Durant le trajet, Léa a appelé deux fois d'Aix-en-Provence : « Où êtes-vous ? »...

Regardé un bout de l'émission de Marc-Olivier Fogiel que l'on nous avait enregistrée. Sur le plateau, le « gentil » Enrico Macias tenait des propos inadmissibles, voire haineux, au sujet des Palestiniens, contestant, entre autres, l'authenticité du film montrant la mort du jeune Mohamed, au pied d'un mur, dans les bras de son père. Comme s'il n'était pas suffisant qu'un enfant ait été tué quasiment sous nos yeux, voudrait-on que sa mort justifie la guerre faite au peuple palestinien ? Et personne pour lui faire remarquer ce que ses propos avaient de mensonger et d'odieux !

Dimanche 27 avril. *Boutigny.* Sur les conseils de Jacqueline de Guitaut, j'appelle Philippe Meyer dont j'ai entendu, le matin même sur France Inter, l'excellente émission qu'il a consacrée à la chanson, afin de lui parler du recueil, *Les Poètes et les Putains*, que nous composons avec Claudine Bourretz ; j'aimerais tant qu'il inclue une ou deux de ces chansons dans son prochain spectacle. Philippe Meyer se dit très désireux de prendre connaissance des textes en question et qu'il serait ravi de me recevoir, dans l'une de ses émissions, afin d'en parler ; nous sommes convenus de nous voir prochainement.

Je viens d'avoir une longue conversation avec Valérie Solvit qui s'occupera, à la sortie de mon prochain roman, des relations avec la presse. Elle fait preuve d'un sens pratique dont je suis, hélas, bien dépourvue. En effet, la sortie concomitante de trois livres, *Les Poètes et les Putains*, *L'Érotique des mots* et *Les Généraux du crépuscule*, ne pourrait qu'être nocive à la carrière de ce dernier. Bien qu'agacée par le fait qu'en France un écrivain ne puisse publier, en même temps, plusieurs ouvrages de nature différente sans qu'on le taxe de « pisser la copie », de dispersion ou de je-ne-sais-quoi, force m'est de constater que Valérie a raison. Dès demain, j'annoncerai à Chantal Chawaf, coauteur de *L'Érotique des mots*, et à Jean-Paul Bertrand, notre éditeur, qu'il est préférable d'en remettre la publication. Je devrai procéder de même avec Claudine Bourretz et les éditions Albin Michel pour ce qui concerne *Les Poètes et les Putains*. Je me doute que cela ne leur fera pas grand plaisir, mais tant pis ; mon roman doit passer avant. Ce délai supplémentaire me permettra d'ailleurs de revoir soigneusement *L'Érotique des mots* dont je ne suis guère satisfaite, tant dans sa forme que sur le fond, et d'y écrire un avant-propos exposant les raisons qui m'ont poussée à réaliser ce livre.

Lundi 28 avril. *Paris.* Ce matin, au micro d'Europe 1, Édouard Balladur parlait de son nouveau livre, *Jeanne d'Arc et la France : le mythe du sauveur*[5]. Ce qu'il en disait m'a donné envie de le lire ; l'ayant reçu, revêtu d'un aimable envoi, j'en ai parcouru quelques pages sans plus attendre. Comment ne pas être attendri par cette aimable vision du peuple français qui a, écrit-il, « toujours éprouvé le sentiment d'être un peuple élu, investi d'une mission exceptionnelle », comme par celle, tout aussi naïve, qu'il a du mandat reçu par la Pucelle ?

Cette lecture m'a mise en retard ; je m'arrête néanmoins à La Palette, le célèbre bistrot de la rue Jacques-Callot, prendre mes deux cafés et fumer mon cigarillo, me demandant quel sujet je vais bien pouvoir aborder dans mon prochain « Pêle-mêle ». L'excellent papier qu'Évelyne Pieiller a consacré, dans *L'Humanité-Dimanche*, à Salomon Burke, un musicien dont j'ignorais jusqu'à l'existence, me donne envie de lui répondre...

Leyla Zana, ancienne députée kurde, emprisonnée depuis 1994 pour s'être exprimée devant le Parlement turc dans sa langue natale, est rejugée en même temps que trois autres députés d'origine kurde. Engagée dans des mouvements de protestation, Leyla Zana milite pour l'amélioration de la condition féminine en Turquie et, notamment, pour ce qui concerne la femme kurde, dont elle révèle qu'elle n'est

« même pas traitée comme une domestique », mais plutôt « comme un objet, un animal ». Et cela semble déplaire aux Turcs autant qu'aux Kurdes ! Arrêtée, enfermée puis torturée, dès 1988, pour avoir osé s'élever contre l'interdiction qui lui était faite de rendre visite à son mari, Medhi Zana, incarcéré, lui, en raison de ses activités politiques au sein du Parti communiste turc, le Parlement européen lui a décerné, en 1995, le prix Sakharov de la liberté d'esprit. La Commission européenne a annoncé qu'elle suivrait de « très près » ce nouveau procès.

Mardi 29 avril. *Paris*. Les lourdes pertes publicitaires enregistrées par le quotidien gratuit, *Metro*, mettent son avenir en péril. Tiré, à Paris, à trois cent mille exemplaires, il permet pourtant à des lecteurs peu habitués à la fréquentation d'un quotidien ou, plus simplement, désargentés, de se tenir au courant de l'actualité par un autre biais que celui de la télévision. Un peu naïvement, j'avais cru que cette lecture sans frais apporterait aux journaux de nouveaux lecteurs. Il paraît qu'il n'en est rien et que les kiosquiers parisiens ont vu leur chiffre d'affaires baisser de plus de dix pour cent. D'où vient donc cette désaffection des Français pour leur presse ?

Le chômage, dans notre pays, connaît une forte augmentation ; la France détient ainsi un record européen, possédant la plus grande proportion de chômeurs parmi les moins de vingt-cinq ans. Les demandeurs d'emploi se chiffrent à deux millions quatre cent quarante-trois mille et leur nombre ne cesse de croître, en dépit des créations d'emplois qui s'élèveraient à quinze mille par trimestre. Après les jeunes, ce sont les femmes et les chômeurs de longue durée qui éprouveraient le plus de difficultés à retrouver du travail ; leur nombre serait aussi en progression. Entre les manifestations d'opposition à la réforme du financement des retraites, les journées de grèves observées par les enseignants, la fronde des médecins et, à présent, la hausse du taux de chômage, le gouvernement de Jean-Pierre Raffarin est bien mal barré !

Carlos Menem est arrivé en tête lors du premier tour de l'élection présidentielle argentine, suivi de très près par Nestor Kirchner ; tous deux appartiennent au Parti justicialiste d'obédience péroniste. En France, on a un peu de mal à comprendre qu'un voyou de l'espèce de l'ancien président argentin puisse encore trouver des électeurs prêts à voter pour lui...

Aujourd'hui, Pierre a cinquante-quatre ans. Nous dînons au Bistrot d'Alex, rue Clément, entourés de Lionel et Sylviane Jospin, d'Angel Parra et Ruth Valentini, de Nicolas et Marion Vial, d'Antoine et Valérie Solvit, d'Anne Wiazemsky et de Léa, notre fille. Lionel et Sylviane offrent à Pierre un exemplaire de l'édition originale des *Misères des enfants trouvés*, ouvrage d'Eugène Sue, dans une jolie reliure d'époque. Pierre paraît très touché de cette attention qui démontre combien ses amis se sont souvenus de nos conversations littéraires de l'été dernier et restent attentifs à ses goûts. Au cours du dîner, Anne nous apprend que le film de Jean-Paul Cilleyerac, *Toutes ces belles promesses*, tiré de son roman, *Hymne à l'amour*[6], a reçu le prix Jean-Vigo. Nous sommes si heureux pour elle que nous l'applaudissons !

Mai

Jeudi 1er mai. *Boutigny.* Il y a dix ans sur les bords de la Loire, à Nevers, Pierre Bérégovoy se tirait une balle dans la tête avec l'arme de service de son garde du corps, Sylvain Lesport, « oubliée » dans la boîte à gants de la voiture de l'ancien Premier ministre de François Mitterrand. Certains, en dépit des conclusions de l'enquête, réfutent toujours la thèse du suicide et parlent d'assassinat. Le suicide est un acte si éprouvant pour la famille, les proches, les collègues, voire la société – surtout lorsque celui qui a mis fin à ses jours ne laisse aucune lettre pour l'expliquer –, qu'on préfère peut-être croire à l'homicide... Je tire de ma bibliothèque « la lettre » que lui écrivit Régis Debray, dans la semaine qui suivit sa disparition, et qu'il publia sous le titre *Un mot encore, cher Béré...* Il s'agit donc d'une plaquette, sous couverture bleue, parue au mois de mai 1993. Je n'ai jamais demandé à Régis pourquoi il l'avait écrite ; par retenue, par gêne sans doute. Ce mince texte, rédigé, si j'ose dire, « à chaud », constitue certainement l'hommage le plus pudique et le plus sincère que l'on ait adressé à Pierre Bérégovoy pour lequel, néanmoins, Debray ne nourrissait pas de réelle sympathie. « Je te dois, vois-tu, un certain dégoût pour tout ce qui porte cocarde, coupe-file et titulature, ce qui vaut bien remerciement. » Sans le vouloir, peut-être, l'auteur de cette épître y révèle beaucoup de lui-même, de son désenchantement envers la politique mais aussi de son attachement à la République. Cet hommage posthume s'accompagne certes de critiques, mais de celles que l'on formule à l'endroit de ceux qui ont notre estime ou notre amitié. Bien que dénué d'indulgence, le regard que Régis Debray pose sur Bérégovoy trahit son désarroi face à cette brutale disparition. « Finir en beauté n'est pas donné à tous. Le suicide est un devoir de conscience, soit. Chacun le remplit à sa hauteur [...]. L'ironie romantique n'étant pas ton fort, personne ne te prêtait cette vocation [...]. D'où tiras-tu cette grâce, ce moment de force pour sauter loin au-dessus du commun et de toi-même ? Pour réussir pareille sortie du marais, pareille entrée dans la légende du vieux peuple de gauche – celui-là même qui te soupçonnait et que tu soupçonnais toi-même d'avoir grugé –, dans quelle cassette d'orgueil, quel coffre-fort inavoué es-tu donc allé chercher ce reste d'adolescence, d'intransigeance, de folie digne d'un trotskisme de la haute époque, du révolutionnaire que tu ne fus jamais ? [...] Il me semble beaucoup plus méritoire de choisir une mort extraordinaire quand on a eu une morale de vie ordinaire, comme en a un honnête homme, moyennement opportuniste, sobrement conformiste, simple et vulnérable, lorsqu'il parvient aux sommets de l'État, et qui se laisse éblouir par le beau monde, l'or et le panache de l'or [...]. En politique, il n'y a pas de gagnants, mais il y a différentes façons de perdre. En choisissant la plus laconique, tu nous prends à témoin que tu valais mieux que ton destin, que notre destin [...]. Tu es parti sans apostropher ni accuser personne. Sans rien publier. En laissant le symbole "1er Mai" parler pour toi [...]. Non, nous n'avions pas tout faux, en 1981 [...]. S'il s'avère, comme je le crois, que nous n'aurons pas à rougir de tout dans ces dix années passées, nous te le devrons pour beaucoup. »

J'aime ce texte pétri de colère rentrée.

Vendredi 2 mai. *Paris.* Deux pages blanches ce jour, dans *Libération*, portant entre parenthèses la mention « Publicité » et, en bas de page, cet avertissement : « Aujourd'hui, 3 mai, Win Tin, Gao Qinrong, Raul Rivero, Dawit Isaac et Akbar Ganji auraient pu écrire les articles de ces pages s'ils n'étaient actuellement détenus en Birmanie, en Chine, à Cuba, en Érythrée et en Iran. » Reporters sans frontières est-il à l'origine de cette « Publicité » ?

Dans le même numéro de *Libération*, l'écrivain martiniquais Édouard Glissant fait cette remarque dans son « Journal de la semaine » : « C'est comme si, dans le monde, il n'y avait plus que trois sortes de gens : ceux qui décident, ceux qui souffrent, ceux qui regardent »...

Ces derniers jours, nombre de journaux ont fait état de la fameuse « feuille de route » qu'un « quartet », composé des Nations unies, de l'Union européenne, des États-Unis et de la Russie, propose en vue de parvenir à un règlement juste et pacifique du conflit qui ensanglante le Proche-Orient depuis plus de cinquante ans ; *Le Monde* en reproduit même le texte dans son intégralité. Elle envisage d'abord une cessation, de part et d'autre, des violences ; le cycle infernal oppression/ attentats /représailles/vengeances, etc., doit être brisé. En échange de l'arrêt des actes terroristes palestiniens, Israël s'engage à geler la colonisation et à se retirer des territoires réoccupés depuis septembre 2000. Cela fait, les institutions israéliennes et palestiniennes se reconnaissent mutuellement. Par la suite, des élections générales seront organisées, dans les territoires palestiniens, sous l'égide d'une conférence internationale convoquée par le Quartet ; cette dernière doit entériner les avancées du processus et en garantir les développements futurs. En 2004, une nouvelle conférence s'attache à régler les délicates questions que posent, notamment, le tracé des frontières, le statut de Jérusalem, le sort des réfugiés palestiniens et des colonies israéliennes ; en cas de succès, la conférence procède, à l'horizon 2005, à la création de l'État palestinien et à sa reconnaissance internationale. Dans la foulée, les pays voisins d'Israël normalisent leurs relations avec l'État hébreu.

Quel beau programme ! Peut-être même un peu trop beau pour cette désespérante région...

Samedi 3 mai. *Boutigny*. Lu, dans *L'Humanité-Hebdo*, le témoignage de Monique, ouvrière depuis vingt-neuf ans chez A & R Carton, entreprise implantée à Soissons et qui a fermé ses portes l'an dernier ; lors de son départ, elle gagnait 8 200 francs par mois : « On en bavait mais c'était bien, c'était superbien » ; elle touche aujourd'hui l'équivalent de 6 500 francs de la part des ASSEDIC. À présent, à cinquante ans, elle a peur de ne plus retrouver de travail : « Quand je pense au nombre de smicards dans le pays... Un jour, on ne pourra plus ; il va se passer quelque chose. » Écœurée, Monique ne se reconnaît plus dans aucun des partis de l'échiquier politique, en dépit d'un père qui fut cheminot et militant au PCF : « À soixante-dix-sept ans, il est malade de voir ce qui se passe, les licenciements, les retraites... Ça le retourne de voir que sa génération s'est battue pour nos acquis et que tout ça est remis en cause. On ne sait plus sur quel pied danser, on a des promesses, mais elles ne sont jamais tenues ; on n'a plus confiance. L'an dernier, j'ai voté pour ne pas faire de peine à mon père et, aujourd'hui, je suis dans le même état d'esprit. Je vois bien, autour de moi, il y a de moins en moins de gens qui vont voter... » Monique poursuit, choquée par le déremboursement de certains médicaments et inquiète de la réforme des retraites : « Ils veulent nous faire bosser jusqu'à soixante-cinq ans. Si on n'a pas le choix, il faudra le faire ! Mais, je le vois bien, à la cartonnerie, des plus jeunes que moi étaient déjà fatigués. S'ils tiennent jusqu'à soixante-cinq ans, ils mourront un an après la retraite ! » Pourquoi n'entend-on presque jamais ces voix venues de « la France d'en bas », de ceux que l'on appelait autrefois « les petites gens », ouvriers, agriculteurs ou employés ? Ils sont pourtant majoritaires dans ce pays. Quand ils évoquent la dureté du travail, ils savent de quoi ils parlent, eux. Il est avéré que ceux qui ont le plus durement travaillé, au cours de leur vie, profitent moins longtemps de leur retraite : Deux ans ? Cinq ans ? Dix ans ? Rarement plus. Alors, ne pourrait-on envisager de raccourcir le temps de travail, et donc de cotisation, pour ceux dont les métiers sont les plus pénibles et l'allonger pour les autres ? J'entends les ricanements : « Toujours aussi naïve, ma pauvre fille ! »...

À Mérignac, dans la banlieue de Bordeaux, quatre-vingt-onze Kurdes de Turquie, en situation irrégulière, occupent depuis deux semaines les bâtiments d'une ancienne gendarmerie. Certains se trouvent en France depuis plusieurs années et survivent en travaillant clandestinement ou grâce à l'aide que leur apporte la communauté kurde, qui compte, dans notre pays, près de soixante-dix mille personnes. Ils sont quatre-vingt-trois à avoir entamé une grève de la faim afin d'obtenir leur régularisation ; sans succès, pour l'instant, malgré le réel danger qu'il y aurait pour eux à retourner en Turquie : le mois dernier, un expulsé kurde de Bordeaux a été arrêté dès son retour dans ce pays et condamné à vingt-quatre ans de prison... Mais, le sort du peuple kurde n'intéresse guère nos dirigeants. Je ne veux pas jouer les Danielle Mitterrand, et pourtant, il y a urgence !

Hurlé de rire à la lecture de la chronique que Stéphane Denis a consacrée, dans *Le Figaro Magazine*, au livre de Bernard-Henri Lévy,

Qui a tué Daniel Pearl ? [1], dont l'ensemble de la presse rend compte avec une rare complaisance...

Dimanche 4 mai. *Boutigny.* Entendu, à la radio, Jean-Pierre Raffarin avouer que ces fameuses « raffarinades » ne le gênaient guère lui-même, mais pouvaient s'avérer embarrassantes pour ceux qui portent le même nom que lui, ajoutant que, quant à lui, il ne s'était jamais moqué du nom ou de l'apparence de quiconque. Aurait-il oublié les appréciations ironiques qu'il avait émises au sujet du physique de Lionel Jospin, alors que celui-ci était Premier ministre ?

Lundi 5 mai. *Paris.* Un an, seulement, que Jacques Chirac a été réélu président de la République et ses proches évoquent déjà l'éventualité d'un troisième mandat ! Et la retraite, c'est pour quand ?

Attilio Maggiolli, directeur du Théâtre de la comédie italienne, a été agressé hier en fin de matinée, rue de la Gaîté à Paris, par deux hommes qui lui ont tailladé le visage et l'ont roué de coups. Sur la scène du théâtre, se joue en ce moment l'une de ses pièces, *George W. Bush, ou le Triste Cow-Boy de Dieu.* Événement qui n'est pas sans rappeler l'action des militants d'Act-Up Paris à l'encontre des Éditions Blanche...

Déjeuné chez Lipp en compagnie de Franck qui envisage son avenir après la réorganisation du Groupe Mango. Je ne suis pas inquiète pour lui : il a retrouvé son assurance et sa joie de vivre.

Une nouvelle fois, la presse regorge d'articles, de commentaires, d'analyses ou d'interviews à propos du port du foulard islamique à l'école et ce, bien que le nombre de jeunes filles l'arborant ait, paraît-il, diminué, selon Hanifa Chérifi, médiatrice (poste qu'elle avait déjà occupé en 1994) et chargée de mission auprès du ministère de l'Éducation nationale. Que ce chiffre ait baissé à l'école, je n'en sais rien, mais certainement pas parmi la population musulmane telle qu'on peut la voir sur les marchés de banlieues, dans certains quartiers de Paris, les cités ou les brocantes d'Île-de-France. En quinze ans, le nombre de femmes voilées semble y avoir considérablement augmenté et j'éprouve, pour ma part, beaucoup de difficulté à l'accepter, y percevant, sous prétexte de dévotion, un renforcement de la soumission des femmes à un ordre masculin. Je reste convaincue que la majorité d'entre elles ne le portent pas par véritable conviction religieuse mais sous la pression de familles manipulées par des réseaux islamistes. « Le foulard n'est que la partie visible de l'iceberg et, avec lui, une certaine conception de la jeune fille s'est trouvée légitimée dans les quartiers à majorité musulmane. Soit "putes" si elles entendent vivre comme le reste des Françaises, et elles s'exposent alors à la violence et à l'irrespect. Soit "soumises" si elles se soumettent à la loi des hommes qui les enferment dans la famille », estime Élisabeth Badinter dans *Libération*.

Mardi 6 mai. *Paris.* Éprouvé une bouffée de colère, ce matin, en entendant Michel Grossior parler, sur Europe 1, de la page de publicité achetée dans les quotidiens par les services du Premier ministre, afin d'y expliquer sa réforme des retraites. Jean-Pierre Raffarin nous prend-il pour des consommateurs plutôt que pour des citoyens ? Que veut-il nous vendre ? Se comporterait-il plus en directeur de la communication qu'en chef de gouvernement ? Voilà les premières impressions qui me vinrent. Après avoir pris connaissance de « la lettre » du Premier ministre, elles se font (mes impressions) plus mitigées : le propos est habile et neutre ; comment ne pas être d'accord sur la nécessité d'un changement dans les régimes de retraite ? Cependant, rien ne nous est dit sur la réforme elle-même, telle qu'envisagée par le gouvernement, en dehors de : « La solution, c'est un effort partagé. » On demande beaucoup d'efforts aux Français, ces derniers temps, et l'on comprend qu'ils renâclent à l'idée de travailler plus longtemps en vue d'un avenir incertain. Jean-Pierre Raffarin nous demande de lui faire confiance ; on veut bien, mais c'est dur...

Pourquoi ne puis-je entrer dans une librairie sans en ressortir avec une dizaine de bouquins sous le bras, dont je sais que je n'aurai guère le temps de les lire ? Va encore pour le *Lexique de l'ancien français*[2], *Les Grandes Dates du Moyen Âge*[3] ou *Le Petit Dictionnaire des mots rares*[4]. Passe encore pour *Le Régime des passions*[5] de Clément Rosset, ou *De la noblesse de la peau*[6] de l'abbé Grégoire. Mais, à quoi pourront bien me servir *La Passion des cochons*[7], le *Dictionnaire d'argot anglais et américain*, sans compter deux ou trois autres ouvrages dont l'utilité ne m'est en rien évidente ? C'est ainsi, on ne se refait pas...

Vu, avec Camille, le film franco-russe de Pavel Lounguine, *Un nouveau Russe*, qui relate l'ascension d'un jeune universitaire juif dans les affaires douteuses du postsoviétisme. « J'ai voulu montrer, confie le réalisateur, que les oligarques n'étaient pas que des prédateurs, mais qu'ils étaient doués de beaucoup d'imagination, de force et d'énergie. Les seuls qui, dans le chaos, ont pensé à rêver et à construire, avec le courage de s'opposer à l'État. L'État ex-soviétique, qui était déjà monstrueux, s'est encore perverti à la chute du communisme. » Lounguine s'est-il inspiré de la vie de Roman Abramovitch, jeune gouverneur de la Tchoukotka, deuxième fortune de Russie et fou de rock'n'roll, ou de celle de Boris Berezovski, pour bâtir son film ? Quoi qu'il en soit, nombre de détails sont si vraisemblables que la fiction leur octroie plus de crédibilité encore. Les comédiens se révèlent tous remarquables ; ils donnent l'impression d'être les personnages réels de l'histoire qui nous est racontée, et non de jouer un rôle. On a beau savoir ce qu'est devenue la Russie, dans l'après-Gorbatchev, on reste stupéfait de voir à quelle vitesse cet immense pays s'est jeté dans les bras de la mafia et dans la course à l'argent facile, laissant de côté des millions de pauvres gens pas assez malins ou trop honnêtes pour se débrouiller dans cette nouvelle jungle. Pour avoir voyagé en Union soviétique, avant, pendant et après la perestroïka, je ne reconnais plus ce pays où règnent violences et corruptions. Phénomène compréhensible, après l'oppression communiste, ou conséquence d'une mondialisation mal maîtrisée ? « Ce qui se passe en Russie, dit encore Pavel Lounguine, c'est un peu ce qui se passe dans le monde. C'est là que Dieu fait ses expériences. Les casseroles sont transparentes et les bulles plus grosses, mais c'est la même chose. »

Mercredi 7 mai. *Paris.* Les Forces armées révolutionnaires de Colombie, fortes de dix-sept mille hommes, font encore et tragiquement parler d'elles : dix de leurs otages ont trouvé la mort au cours d'une opération de sauvetage ratée, menée par l'armée colombienne ; il s'agit du gouverneur du département d'Antioquia, de Guillermo Gaviria, un ex-ministre de la Défense et actuel conseiller pour la paix du gouverneur, de Gilberto Echeverri – qui avaient été enlevés le 21 avril 2002 –, ainsi que de huit soldats. Selon le gouvernement colombien, tous auraient été abattus de sang-froid. Le président Alvaro Uribe, dont le propre père a été assassiné par les FARC au début des années quatre-vingt, n'a pas cru devoir prendre en compte la menace exprimée par les rebelles d'exécuter leurs otages en cas d'opérations militaires. Dans le cadre d'un échange de prisonniers placé sous les auspices de l'ONU, Alvaro Uribe a à nouveau demandé à la France d'accueillir les rebelles détenus en Colombie. On ne voit cependant pas très bien comment la France pourrait accepter de les recevoir tout en « les empêchant de revenir commettre des délits en Colombie », comme l'a spécifié le président colombien lors d'une interview télévisée. Dominique de Villepin, au cours d'un voyage effectué dans le pays en novembre dernier, avait exprimé le souhait que tous les otages soient libérés et déclaré que la France « ne ménagerait aucun effort » pour y parvenir, affirmant par là « la disponibilité » de notre pays ; une « disponibilité » qui se verrait aujourd'hui confirmée. Aux dernières nouvelles, Ingrid Betancourt se trouverait toujours aux mains des rebelles ; ses amis ont raison de trembler pour elle : une vie ne vaut pas cher dans ce pays...

Lu, avec émotion, la longue lettre que Jean-François Bernardini, auteur-interprète du groupe de chanteurs corses I Muvrini, a adressée à Mme Érignac par l'intermédiaire du *Monde*. Le musicien se tourne vers la veuve du préfet assassiné « parce que [sa] conscience [l']y appelle, parce qu'elle est sortie blessée de cette tragédie du 6 février 1998, qu'elle le restera indéfiniment, et [qu'il sera] toujours de ceux qui auront, ici, en Corse, le sentiment de [lui] devoir quelque chose ». Pourquoi cette lettre me renvoie-t-elle aux souffrances qu'endurent Palestiniens et Israéliens ? Peut-être parce que nombre de ses termes pourraient s'appliquer au drame proche-oriental : « Tout a-t-il été fait pour récolter une paix ? Si l'indice de dangerosité d'une société augmente chaque jour et de façon cyclique, les politiques menées y sont-elles pour quelque chose ? [...] Toute mort d'homme est fratricide. Chaque goutte de sang est le sang de mon frère. » Tout au long de ces lignes, éclatent le chagrin et la honte de leur auteur, son espérance aussi : « Aujourd'hui, j'imagine deux montagnes et, entre elles, un gouffre. J'imagine des hommes et des femmes ayant le courage de cet infranchissable-là, qui s'en iraient défier les abîmes, n'ayant pour maître que leur conscience ; des hommes et des femmes qui ne cesseraient de grandir et feraient reculer le pire, à l'intérieur de soi, autour de soi. » J'aime à penser que cette lettre d'un Corse qui a osé rompre le silence et dire son refus de la violence a été douce au cœur de Mme Érignac...

Jeudi 9 mai. *Paris.* Le Paris étant fermé pour cause de « pont », c'est au Récamier – où seulement deux tables sont occupées – que je retrouve Claude Durand, très excité à l'idée de la prochaine publication du livre que Christine Ockrent a consacré à Françoise Giroud ; à part moi, je me demande si une telle publication est bien opportune, si peu de temps après la disparition de la célèbre journaliste... Il s'inquiète par ailleurs de l'avancée de mon propre travail ; il a raison...

Dîné dans un petit restaurant de la rue Sainte-Beuve, Le Timbre, pour fêter l'émission du timbre-poste que Nicolas Vial a dessiné en hommage à la Charte des droits fondamentaux de l'Union européenne.

Lundi 12 mai. *Paris.* À peine Colin Powell avait-il quitté Israël, pensant avoir obtenu d'Ariel Sharon des mesures permettant « d'améliorer la vie quotidienne des Palestiniens en respectant leur dignité », que les troupes israéliennes bloquaient de nouveau la bande de Gaza. Comment, après cela, croire à la volonté du gouvernement israélien d'aider à la création d'un État palestinien, lui qui ne cesse d'en humilier le peuple ? La « feuille de route », officiellement transmise le 30 avril au gouvernement israélien ainsi qu'à l'autorité palestinienne, ne se réduirait-elle qu'à un chiffon de papier ?

Déjeuner, au Dôme, en compagnie de Richard Ducousset afin de faire le point avec lui sur mes prochains ouvrages à paraître chez Albin Michel. Nous en profitons pour évoquer nos racines paysannes, ce que nous avons toujours plaisir à faire, les siennes plongeant dans la Creuse, les miennes dans le Poitou. Richard Ducousset me parle de ses grands-parents auxquels il ne pense jamais sans que des larmes ne lui viennent aux yeux. Cet homme qui passe pour inflexible, voire cynique, se révèle en réalité un sentimental et c'est pour ne pas se laisser broyer par ses concurrents, pour se protéger, qu'il joue les durs.

À l'hôtel Lutétia, on remet les grands prix décernés par le magazine *Elle*. Je croise Éliane Victor, toujours aimable, toujours souriante en dépit d'une jambe qui la fait souffrir. Jim Harrisson et son copain Gérard Oberlé promenaient leur corpulence dans la foule des écrivains, des éditeurs et des attachées de presse qui dévalisaient les buffets...

Pierre participe à une table ronde réunie, au Musée d'art et d'histoire du judaïsme, autour de « L'affaire Dreyfus, hier et aujourd'hui ». Entourant son président, l'historien Philippe Oriol, se trouvent deux de ses confrères, Marc Knobel et Bertrand Tillier, ainsi que l'évêque de Lille, Mgr Gérard Defoix. En passant le contrôle de sécurité, la machine repère dans mon sac un couteau que j'y avais oublié ; j'ai gardé de mon enfance provinciale l'habitude de porter un couteau sur moi. Mauvaise habitude, par les temps qui courent... On me confisque donc l'objet du délit ; je le récupérerai à la sortie. Dans la salle, j'éprouve un malaise diffus ; cette « affaire Dreyfus » fait toujours l'effet d'une marque au fer rouge appliquée à l'inconscient des Français, une honte qui ne s'efface pas. J'apprends notamment que la statue du capitaine Dreyfus, due à Tim, est fréquemment victime d'actes de vandalisme : inscriptions antisémites, étoiles juives peintes en jaune, bombages à la peinture rouge, croix gammées, etc., la revêtent. Il est intéressant de noter qu'en son temps aucune municipalité parisienne ne voulut de cette statue (« Mettons-la en Guyane », aurait ironisé Tim), avant qu'elle ne trouvât asile à l'angle du boulevard Raspail et de la rue Notre-Dame-des-Champs. Je suis envahie de dégoût.

Mardi 13 mai. *Paris.* Al-Qaïda a revendiqué le triple attentat perpétré à Riyad, en Arabie Saoudite, à l'encontre de trois complexes résidentiels habités par des Occidentaux ; il y aurait quatre-vingt-dix morts et plusieurs dizaines de blessés. En fait, selon des diplomates occidentaux, le nombre des victimes serait beaucoup plus élevé. À quelque temps de la venue, dans la capitale saoudienne, de Colin Powell, les kamikazes seraient arrivés à bord de véhicules bourrés d'explosifs ; ils auraient ensuite pénétré dans les complexes en tirant des coups de feu avant de se faire exploser. Selon le gouvernement saoudien, ces attentats n'auraient aucun lien avec la visite du chef du Département d'État américain. On peut légitimement en douter, tant les sentiments anti-américains se sont exacerbés, au Moyen-Orient, depuis la guerre engagée contre l'Irak. Vivant ou mort, Oussama ben Laden continue d'inspirer le terrorisme islamique.

Mercredi 14 mai. *Paris.* Plus d'un million de manifestants estimés pour la seule journée d'hier, en France, soit davantage qu'en 1995 : un succès, selon les syndicats. « La grève dans les transports publics a été très largement suivie », constatent les seuls commentateurs de radio, en l'absence de journaux et de courrier. Dans Paris, piétons, cyclistes et adeptes du roller se sont rendus maîtres des rues. Ceux qui, malgré tout, avaient dû prendre leur voiture pour se rendre à leur travail, durent faire preuve de beaucoup de patience : il a fallu jusqu'à deux heures pour parcourir une vingtaine de kilomètres, aux abords de Paris, avant même de pouvoir entrer dans la capitale !

Grève aussi en Israël, grève illimitée des salariés du secteur public, en réponse au plan d'austérité annoncé, le mois dernier, par Benyamin Netanyahu. Selon *L'Humanité*, « sans l'aide financière américaine, le pays serait en banqueroute. Ce qui, pour de nombreux observateurs, montre, si besoin était, que la politique menée par Ariel Sharon est non seulement meurtrière pour les Palestiniens mais aussi suicidaire pour les Israéliens eux-mêmes. Israël est économiquement exsangue. La pauvreté ne cesse d'augmenter et les efforts de guerre touchent de plus en plus durement la population ».

La France connaît, elle aussi, un accroissement de la pauvreté et la guerre n'y est pour rien. Allons-nous voir, comme en Argentine, de « nouveaux pauvres » apparaître, issus des classes moyennes de notre société ? Pauvres de tous les pays, unissez-vous !... Je plaisante... Privilégiée, vivant au cœur de Paris, je m'irrite néanmoins. Contre les grévistes ? Non, bien sûr. Contre moi-même, contre ce Journal un peu trop germanopratin, comme le dit Michel Winock après en avoir lu les premières pages. « Mais, c'est mon quartier ! » ai-je pensé sans oser le lui dire lorsqu'il m'en fit la remarque ; en même temps je notai, retenant un sourire, que cette phrase non exprimée ressemblait, par sa musicalité, à l'exclamation que le spot publicitaire d'une marque d'essence met dans la bouche d'un jeune Anglais, au moment où il retrouve sa peluche d'enfant, perdue vingt ans plus tôt : « *It's my rabbit!* C'est mon lapin ! » Ce genre de pensées ne fait vraiment pas sérieux, se révèle probablement indigne d'un intellectuel. Mais, je ne suis pas une intellectuelle, seulement quelqu'un que dévorent de multiples curiosités, avide d'apprendre et de comprendre. Je ne me prends pas au sérieux pour autant, consciente que je suis de mes lacunes et tenant pour dérisoires bien trop de choses ; ce qui, parfois, me joue des tours... Une chose cependant que j'ai comprise depuis longtemps, en observant d'assez près la « comédie humaine » qui se joue, tant sur le terrain politique que sur ceux de l'université, de la littérature ou de tout autre : si l'on aspire à la reconnaissance sociale, si l'on éprouve l'envie de voir ses talents distingués, eh bien, il faut le proclamer soi-même, dire et redire que l'on se tient pour le plus grand ceci, le meilleur en cela, le seul à... On finit toujours par trouver quelqu'un pour le croire, puisque vous le dites, et qui le répétera. Un autre le reprendra et, bientôt, ils seront quelques-uns à décréter que vous êtes un grand peintre, le meilleur écrivain de votre génération, le seul homme politique dont la France ait besoin... Tant ils craindront de ne pas paraître « dans le coup » ! Voyez Jean-Edern Hallier...

Jeudi 15 mai. Coup de téléphone de maman pour m'annoncer que mon père est hospitalisé depuis mardi, suite à une chute survenue dans la journée de dimanche. Je retiens mon irritation de ne l'apprendre qu'aujourd'hui : « Je ne voulais pas t'inquiéter, ma chérie... » Je décide de partir le jour même pour Montmorillon, écourtant mon déjeuner avec Jean-Noël Jeanneney ; Léa, très attachée à son grand-père, m'accompagne. À l'hôpital, je suis émue par l'air désemparé de mon père. Il nous reconnaît cependant et semble heureux de notre venue, bien que semblant ne pas comprendre ce que nous faisons là. Toutes les analyses sont bonnes et l'on attend la visite d'un neurologue qui ne viendra pas...

Vendredi 16 mai. *Montmorillon.* Papa a passé une bonne nuit et il sera possible de le ramener chez lui dans l'après-midi. Je m'inquiète néanmoins pour maman et pour lui, en dépit de la présence sur place de mon frère, de ma sœur et de la personne qui s'occupe du ménage.

Je n'ai même pas le courage d'aller me balader dans les rues de ma ville natale et, surtout, de répondre aux questions qu'on ne manquerait pas de m'y poser quant à l'avenir de la Cité de l'écrit, le manque d'inspiration ou de dynamisme dont fait preuve la municipalité... Un moment, j'ai cru avoir quelque peu sorti cette jolie petite ville de sa torpeur, contribuant notamment à son renouveau sur le plan culturel. Je me suis trompée : on ne lutte victorieusement, on ne l'emporte pas sur la médiocrité et l'absence de rêves. On est ici dans « la France d'en bas », chère à Jean-Pierre Raffarin ; il sait de quoi il parle puisque cette région est aussi la sienne...

Samedi 17 mai. *Boutigny.* On se croirait en novembre ! Lumières allumées, pluie froide ; j'hésite à faire un feu dans la cheminée...

Nous sommes rentrées hier, de Montmorillon, après avoir raccompagné mon père chez lui et pris, avec mon frère et ma sœur, les dispositions qui s'imposaient pour l'aménagement de sa vie quotidienne. Je reste soucieuse de les savoir seuls, si vieux, fragiles et malades, à la merci du moindre incident. Papa qui ne semble pas se rendre vraiment compte de son état de santé, parlait déjà d'emprunter sa voiture pour se rendre chez son coiffeur, à douze kilomètres de son domicile... Heureusement, le médecin est venu à la rescousse et lui a interdit de conduire jusqu'à nouvel ordre.

Dimanche 18 mai. *Boutigny.* Il fait toujours un temps exécrable ; j'espère que Jean-Noël et Annie-Lou Jeanneney, qui venaient ici pour la première fois, n'en seront pas trop déçus. Après le déjeuner, le soleil ayant fait une apparition, nous avons vagabondé de brocante en vide-grenier. Le retour de la pluie nous a ramenés à la maison où nous avons finalement pris le thé devant un grand feu de bois... Partie de ping-pong que je dispute avec le fils de Jean-Noël, sous l'arbitrage de celui-ci, Mathieu veut absolument l'emporter ; bien entendu, il gagne, avant de proposer à son père une nouvelle partie : Mathieu et moi rions de ses sautillements et de ses mimiques. Mais, une nouvelle fois, Mathieu l'emporte...

Sur TF1, au journal de vingt heures, Dominique Baudis, ancien maire de Toulouse et actuel président du CSA (Conseil supérieur de l'audiovisuel), annonce qu'il est accusé, par certains protagonistes de l'affaire Alègre, d'avoir pris part à des « actes de torture et de barbarie sur mineurs » et désigne ce qu'il appelle « le lobby du porno » comme inspirateur d'un complot ourdi contre lui. Le malaise s'installe et l'on reste stupéfait, observant cet homme qui, bien qu'il ne soit pas encore mis en examen, se signale en transpirant à l'attention des juges et de l'opinion publique. Geste héroïque d'un innocent ou folle agitation d'un coupable aux abois ? Chacun y va désormais de son interprétation selon la sympathie ou l'aversion que lui inspire l'homme...

Mardi 20 mai. *Paris.* Hier matin, un Palestinien à vélo s'est fait sauter dans la bande de Gaza, blessant trois soldats israéliens. C'est le cinquième attentat à se produire depuis samedi, le seul à n'avoir pas fait de morts. « Nous brûlerons la terre sous les pieds des occupants sionistes », clame le Hamas en revendiquant cette nouvelle tuerie. Le gouvernement israélien accuse Yasser Arafat d'avoir « fait alliance avec les terroristes pour saboter l'action du Premier ministre, Mahmoud Abbas ». Du Caire, Nabil Chaath, ministre palestinien des Affaires étrangères, dit craindre que Yasser Arafat, toujours assiégé dans sa ville de Ramallah, ne soit arrêté, voire expulsé : « Il y a de graves menaces contre le président Arafat, Israël parle de nouveau d'envahir son quartier général. » Le ministre en appelle à la communauté internationale.

Je participe, à l'hôtel George V, au choix des modèles présentés par de jeunes stylistes au Concours Orylag ; l'orylag étant une fourrure de lapins élevés dans le Poitou, j'ai accepté, en bonne « payse », de m'y prêter. Le jury, présidé par Catherine Deneuve, est en outre composé d'Anne-Marie Raffarin, de la présidente du conseil régional de Poitou-Charentes et de divers professionnels de la fourrure et de la mode.

Jeudi 22 mai. *Paris.* L'Algérie n'en finit pas de souffrir : un tremblement de terre a fait plus de mille morts et des milliers de blessés, hier au soir, à l'heure où les Algériens étaient chez eux, réunis pour le dîner. À Alger, déjà durement éprouvée en 2001 par des inondations et des coulées de boue provoquées par des pluies torrentielles, qui détruisirent notamment le quartier de Bab el-Oued, les premiers secours s'organisent tant bien que mal. Plusieurs villes et villages, à l'est de la capitale, seraient détruits. Nombre d'Algérois se sont précipités hors de chez eux, pris de panique, pour passer ensuite la nuit dans les jardins publics ou dans des locaux mis à leur disposition en urgence. Les quartiers de Bab el-Oued, de Belcourt et la Casbah comptent parmi les plus touchés. Tout au long de la nuit, les secouristes ont dégagé corps et blessés des décombres, tandis que la terre continuait de trembler. L'électricité, l'eau, le gaz et le téléphone sont coupés. La France envoie des équipes de la Sécurité civile pour venir en aide aux populations.

Le chômage augmente, le salaire des patrons aussi. Ces derniers se réjouissent sans doute tandis que nombre de chômeurs s'enfoncent dans la dépression. Soixante-dix-sept pour cent des jeunes interrogés récemment, âgés de quinze à vingt-cinq ans, souhaitent devenir fonctionnaires. Finis le goût du risque, de l'aventure, du rêve... Vivent la sécurité de l'emploi et la retraite assurée ! Certains avouent refuser de « se prendre la tête » avec leur boulot, d'autres souhaitent disposer de plus de temps pour leurs loisirs ou élever leurs futurs enfants, et accéder à une meilleure qualité de vie... Notre société a accouché de petits vieux n'aspirant qu'à bien vite enfiler leurs charentaises ! Lamentable.

Déjeuné à La Fontaine de Mars en compagnie d'Éliane Victor, retrouvée par hasard lors de la remise des prix du magazine *Elle* ; nous y étions convenues de resserrer les liens d'une amitié nouée il y a une trentaine d'années et que la vie avait distendus. L'âge ne semble pas avoir de prise sur cette femme vive, gaie, curieuse, autant que généreuse. Notre conversation a repris comme si nous l'avions interrompue la veille, passant d'un sujet à l'autre avec bonne humeur, jusqu'au moment où elle s'est dite choquée, voire attristée, par la publication de la biographie de Françoise Giroud dont Christine Ockrent est l'auteur ; n'ayant pas lu l'ouvrage, je n'avais rien à lui opposer. Éliane qui était très proche de Françoise et qui s'amusait d'être surnommée « le Chauffeur de Madame », avait beaucoup d'indulgence pour cette amie qui n'était pourtant pas avare de réflexions désobligeantes..

Au Salon du livre ancien, ouvert à la Mutualité, Pierre tombe, parmi nombre de merveilles, sur une curiosité : *La Guerre de guérilla*, un ouvrage rédigé par Ernesto Guevara et qu'il dédicaça au général Juan Perón, en 1963. Les hommes sont surprenants ! Est-ce par pure provocation que le Che envoya son livre à ce dictateur déchu qui était néanmoins son compatriote ? L'envoi pourrait le donner à penser...

Lancement en fin d'après-midi, à l'ambassade du Chili, du nouvel album d'Angel Parra, *Venceremos !*, enregistré en mémoire de la mort de Salvador Allende, survenue le 11 septembre 1973, dont la pochette est illustrée par Wiaz. Dans les salons de l'ambassade, se pressait la petite foule des anciens amis du président assassiné, frappés de se retrouver entre ces murs devant lesquels ils avaient si souvent manifesté. « Trente ans, déjà, mais je m'en souviens comme si c'était hier. Nous autres, en France, nous étions partagés entre la stupeur et l'effroi... » Ces phrases, écrites par Gilles Perrault et dites par Pierre Arditi, emplirent l'assistance d'une grande émotion, un sentiment qu'avivait encore la belle voix d'Angel : « *Cuando amanece el día siento que tu cariño crece con el tiempo...* »

Vendredi 23 mai. Déjeuné au Bar à huîtres du boulevard Saint-Germain avec Jean-Jacques Pauvert qui m'entretient de l'avancée de ses Mémoires ; il en est à 1948. Encore bien des années à retracer avant d'en arriver au temps de notre rencontre... Jean-Jacques s'avoue surpris des tours que lui joue sa mémoire et se demande s'il saura mener à bien l'entreprise.

Le comédien Jean Yanne est mort à l'âge de soixante-trois ans des suites d'une crise cardiaque. Rendu célèbre, dans les années soixante, soixante-dix, par des émissions de radio et de télévision où il faisait preuve d'un humour ravageur, Yanne avait écrit et réalisé de nombreux films. Comme acteur, il avait reçu un prix d'interprétation, au Festival de Cannes de 1972, pour son rôle dans *Nous ne vieillirons pas ensemble*, le film de Maurice Pialat. « La Légion d'honneur, c'est comme les hémorroïdes : n'importe quel trou du cul peut l'avoir... », avait lancé Jean Yanne en refusant de se déplacer pour recevoir son prix. L'ensemble de la presse lui tresse des couronnes ; comme quoi elle ne se montre pas rancunière envers un homme qui ne l'aimait guère... J'ai eu la chance d'être invitée à quelques-unes des émissions où il officiait, en compagnie de ses complices, Jean Amadou et Gérard Sire. J'avais été frappée par la gentillesse qu'il avait manifestée envers la débutante intimidée que j'étais, mais qui, à ses yeux, possédait une qualité, celle « d'avoir les couilles d'assumer ce qu'elle publiait ». C'était au temps de ma première maison d'édition, L'Or du temps, dont les publications, il est vrai, furent les unes après les autres interdites d'affichage, poursuivies et condamnées, ainsi que moi-même, pour « outrages aux bonnes mœurs par la voie du livre »...

On décompte maintenant plus de deux mille morts en Algérie ; la population gronde et s'en prend au gouvernement.

Les Irakiens n'en finissent pas d'exhumer leurs morts et d'en emballer les restes dans des sacs en plastique ; leurs macabres alignements s'étalent à perte de vue. Chaque jour, de nouveaux charniers sont découverts ; des modestes ou des vastes, parmi lesquels les familles fouillent à main nue sous un rude soleil. Ici, une femme contemple un crâne, une autre l'os d'un bras où pend encore un bracelet-montre oxydé, celle-ci renifle une poignée de cheveux, cherchant peut-être l'ancienne odeur d'un enfant... Elles reposent précautionneusement ces tristes vestiges que d'autres, après elles, viendront inventorier dans l'espoir de retrouver trace de l'être aimé, disparu parfois dix ou douze ans plus tôt... Quelquefois, un cri : une mère ressent comme intuitivement la certitude de presser contre son sein ce qui fut le visage d'un fils... Après l'avoir enveloppé d'un sac, elle s'en retourne, entourée de ses proches et chargée de son sinistre fardeau, enviée par celles qui restent démunies... Elles iront sans doute inhumer plus dignement ces humbles restes au cimetière de Nadjaf, l'une des villes saintes du chiisme...

Dimanche 25 mai. *Boutigny.* Tous mes enfants et petits-enfants, sauf l'aînée, Vanda, se trouvent réunis autour de moi à l'occasion de la Fête des mères. Comme à l'habitude, chacun m'a apporté un cadeau soigneusement choisi. Ma fatigue gâche un peu cette belle journée...

Lundi 26 mai. *Paris.* Retrouvé Jean-Denis Bredin à la terrasse du Caveau du Palais, place Dauphine. C'est avec un plaisir partagé que nous échangeons, lui et moi, nos appréciations sur le temps qui passe et le bonheur qu'il y a à se tenir là, sur cette place chère à André Breton : « C'est à ne pouvoir s'y méprendre, le sexe de Paris se dessine sous ses ombrages », écrivit d'elle le pape du surréalisme dans *La Clef des champs*. Nous évoquons encore notre aventure commune, le procès dont *La Bicyclette bleue* fut l'enjeu, les héritiers de Margaret Mitchell ayant cru pouvoir m'accuser du plagiat d'*Autant en emporte le vent*. En l'absence de Jean-Denis Bredin, dont la plaidoirie influença en ma faveur l'opinion des juges, je ne suis pas sûre que je l'aurais emporté. Je resterai donc reconnaissante, à jamais, à l'auteur de *L'Affaire*, ce remarquable livre qu'il consacra au combat du capitaine Dreyfus. Jean-Denis Bredin me parle de son enfance (« Je suis né dans une famille trop compliquée pour moi »), de ses premières lectures, de son admiration pour *Madame Bovary* et de « la Boutique » (c'est ainsi qu'il désigne l'Académie française...). Déjà l'heure de nous quitter ; ce que nous faisons à regret... Sur le Pont-Neuf, je m'accoude pour regarder couler la Seine. De l'eau, monte une forte odeur de poisson et de mazout, tandis qu'un vol de canards se dirige vers Notre-Dame...

Bonne nouvelle : Malek Boutih, ancien président de SOS Racisme, entre au conseil national du Parti socialiste. Nul doute que son intelligence et sa rigueur apporteront une aide précieuse à ce parti qui s'est coupé des réalités de la société française.

Ce soir, dans une mise en scène d'Alain Zaepffel, on donne l'*Esther* de Racine à la Comédie-Française. En dépit de la présence d'excellentes comédiennes, des chœurs et de la musique de Jean-Baptiste Moreau, brillamment interprétés par l'ensemble baroque Gradiva et dix-huit jeunes choristes de la Maîtrise de Radio France, mon plaisir est altéré par un décor minimaliste et des costumes fort peu seyants, blanc, gris et noir, censés rappelés sans doute l'influence de Port-Royal. Tous les rôles sont tenus par des femmes. J'avais oublié cette pièce écrite par Jean Racine, à la demande de Mme de Maintenon, pour les demoiselles de Saint-Cyr, et qu'elles jouèrent devant le roi. J'avais oublié le triomphe de la juive Esther sur Aman, ce favori d'Assuérus, roi de Perse, qui avait obtenu de lui un décret d'extermination du peuple juif. Au péril de sa vie et afin de sauver les siens, Esther apprend au roi, son époux, qu'elle est elle-même juive et reçoit de lui qu'il renonce au massacre... Sylvia Bergé, dans le rôle d'Assuérus, donne une dimension véritablement humaine au personnage du roi et Isabelle Gardien campe un Aman aussi crédible que détestable. Quant à Françoise Gillard, elle figure une fragile Esther, forte aussi, bien faite pour assumer la tragédie du peuple juif.

Mardi 27 mai. Vernissage, au musée Carnavalet, d'une exposition de dessins et de sculptures de Plantu ; ils y sont merveilleusement mis en valeur. La foule et la chaleur sont grandes dans les salles ; je me réfugie dans le jardin, parmi les roses...

Assisté, avec Pierre, au dîner qu'Éric et Béatrice de Rothschild donnaient dans leur magnifique hôtel particulier de l'avenue Marigny, en l'honneur de leur cousine, l'actrice Nicole Stéphane dont c'était l'anniversaire. Leur cousin Philippe Sereys, Jean-Gabriel et Frédéric Mitterrand, le peintre Antonio Recalcati et quelques autres personnes encore y participaient. La conversation roula sur Cuba, le voile islamique, l'envahissement par l'anglais de la publicité comme du langage courant, la médiocrité des programmes télévisés... Hélas, il fut aussi question du sort des Palestiniens. Nous nous sentîmes bien seuls, Pierre et moi, devant un soudain déferlement de haine et de mensonges. Après quelques coups de gueule, Pierre se tut. Je fumai en tremblant un excellent cohiba et nous partîmes.

Mercredi 28 mai. La terre a encore tremblé en Algérie où des bâtiments, restés debout mais fragilisés par le précédent séisme, se sont effondrés sur leurs habitants ; un bilan provisoire fait état de plus de deux cents blessés.

Déjeuner très agréable en compagnie de Régis Debray ; un Régis apaisé, débarrassé des petites vanités que nous traînons tous après nous. Perfide, je lui demande néanmoins : « L'Académie française ne t'intéresse plus ? » « Si, mais je n'ose pas le dire... » Je considère celui qui fut ce jeune homme, parti pour Cuba après avoir lu un roman d'Alejo Carpentier, qui admira le jeune Fidel Castro et rejoignit le Che en Bolivie, qui y fut arrêté, emprisonné et condamné à de lourdes peines de réclusion. De ces années passées à la prison de Camiri, il a peu parlé ; de son amitié pour Ernesto Guevara non plus. De ce qu'il éprouva lors de la mort de son héros – trépas dont certains ont voulu le rendre responsable –, il n'a jamais rien dit. Que pense-t-il, aujourd'hui, de ce livre qu'il rédigea à La Havane et que relut Fidel Castro, *Révolution dans la révolution* ? Quand je l'interrogeai, au moment où j'écrivais moi-même *Cuba libre !*, il lui arriva de sourire à mes questions qu'il jugeait souvent naïves ; il a depuis longtemps oublié le rêve mythique pour lequel il avait risqué sa vie et compris que les révolutions ne survivent pas chez leurs auteurs. Par un heureux hasard, à La Havane – où Debray était tenu pour un traître pour avoir apporté son aide à Benigno, dernier compagnon du Che dans la guérilla bolivienne –, il m'a été donné de retrouver, sur le marché aux livres de la place d'Armes, des exemplaires en langue espagnole de ses écrits d'alors... Avec affection, nous parlons de notre ami Gilles Perrault qui ne jouit pas, selon lui, de la reconnaissance littéraire qu'il mérite. Nous évoquons nos projets, les livres que nous avons aimés... Régis passe très vite sur le sujet de son dernier ouvrage, ouvrage qu'il se devait d'écrire parce qu'il se l'était promis à lui-même... Le temps s'enfuit ; il y a longtemps que je ne l'avais vu si détendu.

Pris un verre avec Jeanne Champion au Bistrot d'Ernest, rue de Seine, où je lui ai fait part de mon intention de proposer son entrée au jury du prix Femina. Jeanne est une femme drôle, généreuse, et un écrivain de talent ; elle ferait, je crois, une excellente recrue pour notre jury.

Vendredi 30 mai. Sous un ciel de plomb, nous passons la journée à Roland-Garros ; le déjeuner au Village, en compagnie de Valérie Solvit, de Jacques Charrier et de quelques autres invités, m'a paru très agréable. De retour sur le court central, en revanche, la chaleur a raison de moi et je pars m'allonger sur la pelouse du Jardin des poètes où sont gravés, sur des plaques de pierre, leurs noms ainsi que quelques-uns de leurs vers.

Relevé, dans un entrefilet du *Monde*, que l'Uruguay venait de demander aux autorités argentines que des tests d'ADN soient pratiqués sur les restes de Carlos Gardel – mythique chanteur de tango argentin mort, en 1935, dans un accident d'avion survenu en Colombie –, afin de prouver qu'il était né, en fait, de parents uruguayens (Carlos Escayola et Maria Oliva) et non d'une Française, Marie-Berthe

Gardes, Toulousaine qui avait émigré à Buenos Aires. Quoi ?! Le grand Carlos Gardel ne serait pas français ? Je ne vois d'ailleurs pas l'intérêt qu'aurait l'Uruguay à le revendiquer comme l'un des siens, près de soixante-dix ans après sa disparition... Qu'importe ! Quand je retournerai à Buenos Aires, je me rendrai au cimetière Colón et glisserai, entre les doigts de sa statue de marbre, une cigarette allumée, puis m'en retournerai en fredonnant quelque air de tango, *Adios muchachos*, *La Cumparsita* ou *Caminito*...

Juin

Dimanche 1er juin. *Boutigny.* George et Laura Bush ont visité, hier, les anciens camps d'extermination d'Auschwitz et de Birkenau ; ils étaient accompagnés d'Ari Fleischer, porte-parole de la Maison-Blanche, dont une partie de la famille, d'origine hongroise, a disparu dans ce dernier camp. À la fin de cette visite, le président des États-Unis a estimé que « le monde civilisé ne doit jamais oublier ce qui s'est passé ici ». « Monde civilisé » !... Voilà qui prête à rire ! En fait, le vernis de civilisation qui recouvre nos sociétés occidentales se révèle souvent bien mince. L'Allemagne qui devint nazie n'appartenait-elle pas à ce « monde civilisé » ? Il a suffi d'un homme habile, jouant sur une situation économique épouvantable et un farouche désir de revanche, pour qu'émerge la nature sauvage d'un peuple pourtant considéré comme l'un des plus civilisés d'Europe. Que serions-nous devenus, nous autres Français, si nous étions sortis vaincus de la Grande Guerre, humiliés par les rudes conditions fixées par le traité de Versailles, et si quelque Hitler était venu nous fanatiser après avoir réveillé la Bête qui sommeille au cœur de tout homme ? Alors, lorsque Bush parle, à Auschwitz, de « la puissance du Mal et de la nécessité d'y résister », cela sonne bien creux à mes oreilles ; surtout lorsque de telles paroles sortent de la bouche d'un homme qui n'a pas hésité, pour d'obscurs motifs, à déclencher une guerre en Irak... La mémoire des millions de sacrifiés qui gît en ces lieux mérite mieux. Sur ces lieux de péché, seule, peut-être, une visite solitaire, en tête-à-tête avec soi-même, est digne des circonstances. Il importe de ne pas y tenir de propos vains, de ne pas corrompre les émotions qui y montent, d'y réfléchir à la triste condition de l'humanité. Ces lieux où des hommes ont souffert au-delà de l'imaginable nous obligent au silence, à demander pardon, à prier si nous le pouvons, et à laisser couler nos larmes. Les miennes ne sont pas loin de briller, en couchant simplement ces lignes, repensant aux recherches que j'avais menées sur la vie des camps pour écrire *Noir Tango*, à ma visite du site de Bergen-Belsen où rien ne subsiste, hormis cette vaste étendue couverte de bruyères sur laquelle quelques traces trahissent encore l'emplacement des baraquements. Je l'avais arpentée par une belle matinée d'hiver, seule, si seule parmi cette immensité que je n'y aperçus âme qui vive, si ce n'est quelques corbeaux au ciel. Mais, escortée des âmes errantes, discernant leurs gémissements, le cœur me battant, il me sembla que la terre grondait. J'avais peur, j'avais mal, j'avais honte et cette solitude m'obligea au silence, face à moi-même, sans aucun témoin qui m'eût contrainte à d'inutiles paroles. Je cueillis un brin de bruyère que je glissai dans ma poche avec quelques cailloux. À ce moment-là, une canonnade éclata. Affolée, je regardai autour de moi, ne vis rien. Puis, au bruit du canon, s'ajoutèrent des tirs : on attaquait le camp ?! Folle de terreur, je courus vers la sortie. Plus tard, dans la petite ville de Bergen, située à huit kilomètres de l'ancien camp et où ne manquent pas une fontaine, pas un géranium, pas une taverne, j'appris qu'à proximité de ces lieux de contrition un champ de manœuvres servait à l'exercice de l'Armée allemande...

Lundi 2 juin. *Paris.* La cour d'assises spéciale juge les onze nationalistes corses, assassins présumés du préfet Érignac qui fut tué, dans le dos, à l'aide d'un Beretta 9 mm ; retrouvée sur les lieux du meurtre, l'arme est l'un des deux pistolets dérobés plus tôt à des gendarmes. De son côté, Yvan Colonna, tueur présumé, reste introuvable. Se trouve-t-il en Corse ou sur le continent ? Est-il vivant ou mort ? Apparemment, nul n'en sait rien. Cinq ans après les faits, il est toujours aussi difficile de se faire une idée précise des raisons qui ont motivé cet assassinat, même après qu'un informateur eut déclaré au préfet Bonnet, successeur du préfet Érignac, qu'il s'agissait de « ressouder dans la pureté originelle du dogme » les nationalistes divisés et de venger la mort de militants « piégés par les manœuvres de l'État ». Pas moins de quatre-vingt-huit témoins seront entendus.

Terminé le beau roman de Christine Jordis, *La Chambre blanche* [1], qui parle d'amour et d'érotisme comme on ne l'avait pas fait depuis longtemps ; jusqu'à la dernière ligne, un style tendu soutient le trouble du lecteur. Christine Jordis a su éviter tous les écueils du genre avec une élégance et un talent rares.

Je pars pour Évreux assister à une soirée d'hommage, invitée par un club d'amateurs de cigares et d'amis du regretté Jean Carmet, Les Vignobles personnages. J'y retrouve le comédien Jean-Pierre Castaldi qui fait rire les convives au récit de ses démêlés avec le fisc... Le repas, composé par Jean-Claude Lambert, patron du restaurant Côté Jardin, fut délicieux, accompagné de vins de la région de Collioure. Enfin, je fumai avec volupté un magnifique cohiba especial tout en buvant – mais avec modération puisque je devais reprendre le volant – quelques gorgées d'un fort plaisant muscat de mai.

Mercredi 4 juin. *Paris.* Whiskies, champagne et jolies filles nues dansant lascivement, tel était le programme pour le lancement de la nouvelle revue littéraire de Frédéric Beigbeder, *Bordel*, qui eut lieu au Larry Flynt's Hustler Bar, rue de Berri. Les Éditions Flammarion, éditeurs de la revue, n'avaient pas jugé nécessaire de l'offrir aux invités. Vais-je l'acheter ?

Jeudi 5 juin. *Paris.* George Bush, Ariel Sharon et Mahmoud Abbas, président américain, Premiers ministres israélien et palestinien, se sont engagés à appliquer la « feuille de route » élaborée par les États-Unis, la Russie, l'Union européenne et les Nations unies, en vue du règlement du conflit au Proche-Orient. Ce document, rendu public par la Maison-Blanche après la fin des hostilités en Irak, prévoit la création, par étapes, d'un État palestinien destiné à coexister avec Israël, d'ici à 2005. Mahmoud Abbas a promis de mettre fin à l'Intifada, et Ariel Sharon, de son côté, de démanteler les colonies, dites « illégales », implantées en Cisjordanie. On prie le Ciel que les extrémistes des deux camps ne commettent pas l'irréparable...

Déjeuné à L'Alcazar en compagnie de Charles Silvestre, rédacteur en chef de *L'Humanité*, avec lequel nous parlons de l'avenir du journal, de sa nouvelle mise en pages et de ma chronique qui reparaîtra, après l'été, dans *L'Humanité Hebdo*.

Per Kofod est mon éditeur au Danemark depuis vingt ans. En dépit de réelles difficultés, il poursuit son métier avec efficacité et passion. C'est un bel homme aux yeux bleus qui a la démarche chaloupée des marins. À Copenhague, lorsque paraît l'un de mes livres, il organise toujours des conférences de presse où se rendent de nombreux journalistes originaires du pays de la Petite Sirène d'Andersen, ainsi que des déjeuners où les meilleurs et les plus importants d'entre eux sont conviés. La veille de chacun de mes départs, il donne chez lui un dîner au cours duquel les toasts se portent jusque tard dans la nuit. Il y a un mois, Per m'a téléphoné pour m'annoncer son prochain mariage avec une dentiste rencontrée le mois précédent ; il tenait particulièrement à me le faire savoir et à partager son bonheur. Per est à Paris en compagnie de sa fiancée qui, me précise-t-il, « ne parle pas français ». Nous sommes convenus de dîner ensemble dans un restaurant du quartier où il arrive les bras chargés d'un superbe bouquet de pivoines ; Vibeke, sa promise, a revêtu une robe d'un vert pâle. Nous levons nos verres en prenant bien soin de nous regarder dans les yeux, prononçons le skol d'usage, buvons, redisons skol en inclinant cette fois la tête. Mais toujours les yeux dans les yeux... Je souhaite aux deux amoureux tout le bonheur du monde !

Lundi 9 juin. *Paris.* Les troupes d'occupation anglo-américaines n'ont toujours pas trouvé d'armes de destruction massive en Irak ; de là à penser que les États-Unis et la Grande-Bretagne ont menti sur les motifs de cette guerre, il n'y a qu'un pas que franchit allégrement la presse internationale : « Bush et Blair sont accusés d'avoir manipulé des informations pour justifier la guerre en Irak », titre en une *Libération*. Suit, en pages trois et quatre, la liste des faux documents utilisés par les dirigeants de la coalition, et des scènes fabriquées de toutes pièces (comme celles du « sauvetage » du soldat Jessica Lynch montrant les GIs prenant d'assaut l'hôpital où elle était prétendument soignée – alors qu'elle n'était aucunement blessée –, ou bien du déboulonnage de la statue de Saddam, dans le centre de Bagdad, par une population irakienne particulièrement clairsemée). Ces images, entièrement produites pour les besoins de la propagande américaine, ont été diffusées dans le monde entier et données pour paroles d'Évangile.

Je serais même prête à parier que, dans les semaines à venir, la jeune Jessica Lynch se verra proposer des ponts d'or pour raconter les conditions de sa « capture » et de sa « libération », ou participer à des émissions de télévision tournées à la gloire de l'armée américaine : une nouvelle star pourrait voir le jour...

Pour le gouvernement d'Ariel Sharon et les extrémistes palestiniens qui se la renvoient d'un camp à l'autre, la fameuse « feuille de route » ne semble guère représenter plus qu'une boulette de papier. Pourtant, on avait cru entrevoir comme une lueur d'espoir lorsque Sharon avait condamné « l'occupation de trois millions et demi de Palestiniens » par l'État d'Israël. « Occupation », *kibouch* en hébreu, mot tabou s'il en est, avait été prononcé. La droite israélienne n'en revient toujours pas de l'avoir entendu de la bouche de celui qui s'était juré de « désespérer le peuple palestinien ». Mais, en dépit de ces belles déclarations, rien n'a été entrepris et des colons campent toujours sur des terres illégalement occupées, soutenus par les manifestants de Jérusalem. Pour ces partisans de la colonisation, la « feuille de route » « mène à l'enfer »...

Jeudi 12 juin. *Paris.* Rien ne va plus entre Israël et la Palestine : deux membres du Hamas ont été abattus samedi dernier, en Cisjordanie, par Tsahal... Dimanche, c'était au tour de quatre soldats israéliens d'être tués par les hommes d'un commando palestinien, à Eretz, dans la bande de Gaza... Mardi, deux hélicoptères Apache israéliens tiraient plusieurs missiles sur la Jeep du porte-parole du Hamas, Abdelazziz al-Rantissi, le blessant à la jambe ; au cours de ce raid, trois personnes trouvèrent la mort et une vingtaine d'autres furent blessées. De son lit d'hôpital, al-Rantissi a déclaré à la chaîne de télévision qatarie, al-Jezira, « je jure par Dieu que nous ne laisserons pas un seul Juif en Palestine. Nous les combattrons avec tous les moyens dont nous disposons... ». Ce à quoi Ariel Sharon a aussitôt répliqué : « Nous continuerons à agir contre tous les ennemis de la paix. Nous allons continuer à combattre le terrorisme tant que personne, dans l'autre camp, ne le fera pas. Nous continuerons à lutter contre les chefs des organisations terroristes extrémistes, contre ceux qui organisent et financent l'envoi de terroristes pour tuer des Juifs. » La gauche israélienne s'arrache les cheveux : « Le choix de la cible et du moment est délibéré, écrit sur le site Internet du *Yédiot*, l'éditorialiste Ofer Chelah. Il est impossible de dire que la hiérarchie politique n'en connaît pas le prix. Il semble que peut lui importe que ce soit nous qui le paierons. » De son côté, George Bush s'est dit « perturbé » et « inquiet du fait que les attaques rendront plus difficile, pour la direction palestinienne, de combattre le terrorisme ». Hier encore, rue de Jaffa, dans le centre de Jérusalem, c'est un kamikaze palestinien, déguisé en Juif orthodoxe, qui s'est fait sauter après être monté à bord d'un bus, tuant seize personnes et en blessant plus d'une centaine ; les Brigades Ezzedine al-Qassam, la branche armée du Hamas, ont revendiqué l'attentat. Quelques dizaines de minutes après, deux hélicoptères israéliens tiraient des missiles en direction d'un véhicule, dans le sud-est de Gaza, tuant sept Palestiniens dont Tito Massoud et Souhel Abou Nahaz, deux membres supposés des Brigades. Un peu plus tard, deux autres Palestiniens étaient supprimés lors d'un nouveau raid d'hélicoptères. De Ramallah, Yasser Arafat est intervenu à la télévision, condamnant « avec force, l'attentat terroriste qui a frappé des civils israéliens. Je condamne aussi, a-t-il ajouté, les opérations qui ont eu lieu à Gaza et d'autres opérations dans lesquelles des civils palestiniens ont été tués et blessés ». Pendant ce temps-là, le « démantèlement » d'implantations illégales commence. Ces implantations « sauvages » se composent souvent de quelques individus et de deux ou trois caravanes, parfois même abandonnées par leurs occupants ; c'est plus de quatre-vingt-dix de ces installations qui devront disparaître dans les jours prochains. On ne pourra plus dire que le gouvernement israélien ne tient pas ses engagements !... Un tel débordement de violences n'est cependant pas pour surprendre les observateurs internationaux qui savent qu'au moindre signe d'une paix possible, les plus extrémistes des deux camps n'auront de cesse de se mettre en travers. « Le seul moyen de pression sur Israël, c'est l'aide américaine. Washington doit maintenant faire comprendre aux deux parties qu'elles ont intérêt, si elles ne veulent pas en subir les conséquences, à respecter ce à quoi elles se sont engagées », analyse Judith Kipper, spécialiste du Proche-Orient.

La lecture des longs extraits de l'article donné, au *New York Times*, par Sean Penn et que publie *Le Nouvel Observateur* de cette semaine, outre l'émotion qu'elle suscite en moi, me rassure sur la santé morale de l'Amérique. Tant que les États-Unis compteront des hommes tels que Sean Penn, nous aimerons et respecterons le peuple américain. Tant que des individus continueront à dénoncer les erreurs, les mensonges ou les crimes de leurs dirigeants, l'espoir de jours meilleurs subsistera en nous. Penn cite ainsi une phrase de saint Augustin: « L'espoir a deux filles de toute beauté : la colère et la bravoure. La colère face aux choses telles qu'elles sont, et la bravoure nécessaire pour les changer » ; ces mots n'ont pas pris une ride depuis le IVe siècle. Après avoir publié, dans le *Washington Post* du 18 octobre 2002, une lettre ouverte au président des États-Unis, dans laquelle il posait les questions qui le « troublaient » sur l'éventualité d'une guerre contre l'Irak, Sean Penn a été frappé par ce qu'il a appelé « une tornade médiatique déformant [ses] propos » et l'accusant de trahison. « J'ai pu constater, à mes dépens, le caractère répressif qu'avait pris le débat public dans notre pays, à l'heure où il se préparait à la guerre. Je commençais à me rendre compte du prix à payer pour le citoyen qui exprime une opinion dissidente. » À la suite de sa rencontre avec Norman Salomon, membre de l'IPA (Institute For Public Accuracy) et auteur d'ouvrages et d'articles « qui mettent à nu les vérités et les fictions des médias », Penn accepta, sur son invitation, de se rendre en Irak. Il y a rencontré une centaine de spécialistes, civils et militaires, des relations nouées entre l'Amérique et le Proche-Orient, discuté avec des correspondants de guerre « dont les tentatives pour éclairer l'opinion américaine ont été systématiquement contrecarrées par leurs rédactions, leurs chaînes de télévision ou leurs hiérarchies, tant en Irak qu'aux États-Unis ». À Bagdad, Sean Penn a visité un hôpital pour enfants, des écoles, bavardé avec les gens de la rue, des responsables irakiens, s'est entretenu avec le vice-Premier ministre, Tarek Aziz, et le ministre de la Santé, M. Moubarak. Penn a encore rencontré des représentants de l'ONU et de l'UNICEF, ainsi qu'un garçon de onze ans qui fut mutilé lors de la précédente guerre d'Irak, et dont le frère fut tué par un bombardement ordonné par le gouvernement Clinton. À son retour, Penn essuya des attaques mettant en cause jusqu'à sa moralité, sa profession, son intelligence et son patriotisme. Il eut le courage de dire haut et fort ce qui, en ce moment, semble inacceptable à la grande majorité des Américains, obnubilés qu'ils sont par « la violence ineffaçable, abominable et à jamais injustifiable qui a frappé les États-Unis, le 11 septembre 2001. Nous avons du même coup détourné les yeux de ce qui fit la beauté de ce pays, et des fondements de cet acte qui visait à l'ébranler. À croire que le projet de ben Laden trouve appui dans notre peur, des alliés dans des médias au ton injurieux et ce Congrès qui s'abstient misérablement de toutes critiques, tandis que nous démembrons systématiquement le corps et l'âme de nos libertés civiles, notre Constitution, nos principes et notre drapeau». Ce «drapeau qui menace de devenir l'étendard maudit du meurtre, de la cupidité [...], réduit à un vulgaire panneau publicitaire vantant notre déloyauté envers nous-mêmes et nos alliés». J'éprouve un immense respect pour cet homme qui, seul face à une opinion hostile, a su faire preuve d'un grand courage et d'une belle humanité. En regard, les petites querelles suscitées par les propos maladroits de notre Premier ministre paraissent bien futiles... Qu'on en juge :

Mon «pays», entendez par là Jean-Pierre Raffarin, n'en est pas à une «raffarinade» près ; la dernière en date a su mettre les députés socialistes en colère. Mardi soir, à Asnières, lors d'une réunion de militants UMP, le Premier ministre, accompagné de Nicolas Sarkozy, n'a pas hésité à accuser les socialistes de «préférer leur parti à leur patrie» et d'avoir, à l'occasion du débat sur la réforme des retraites, oublié «le sens de la France et de l'intérêt général». Apprenant ces propos, les parlementaires socialistes présents au Palais-Bourbon quittèrent l'hémicycle après avoir exigé du Premier ministre qu'il les retire et présente des excuses ; ce que Jean-Pierre Raffarin ne fit pas, se contentant d'ajouter, «je ne souhaite offenser personne. Je comprends votre réaction. Je ne nie pas à votre famille politique d'avoir été au rendez-vous de la République au printemps 2002 et, sur l'Irak, au rendez-vous des engagements de la France». Dans *La Croix*, Bruno Frappat prend sa défense et reproche aux élus socialistes de ne pas tenir compte de «la part d'énervement, de la maladresse peu rattrapable dans l'instant, de la fatigue, du stress du candidat... à la réforme des retraites, et de l'exaspération de l'orateur privé de micro par des saboteurs sans visages...».

En dépit des grèves observées dans l'enseignement et les transports publics, ils sont six cent vingt-sept mille candidats au baccalauréat à s'atteler aux épreuves écrites. Six cent vingt-sept mille garçons et filles pour qui l'obtention de ce diplôme reste le sésame obligé pour décrocher un emploi ou entrer à l'université...

Vendredi 13 juin. *Paris.* Aujourd'hui se tenait, pour la deuxième année consécutive, la Journée mondiale contre le travail des enfants. Selon l'OIT (Organisation internationale du travail), ils seraient deux cent quarante-six millions à travers le monde, âgés de cinq à dix-sept ans, à travailler et, bien sûr, à ne pas être scolarisés. Cent quatre-vingts millions d'entre eux seraient même utilisés à des travaux mettant en danger leur santé, tant physique que mentale. Ces enfants alimentent indifféremment les filières de la prostitution, du travail forcé, des enrôlements militaires lors de conflits armés et de l'esclavage en tout genre. Un phénomène qui serait en constante augmentation... L'Asie, l'Afrique, l'Amérique latine et les Caraïbes se révèlent les principaux pourvoyeurs de main-d'œuvre enfantine, tant sur le plan local qu'à l'échelle internationale. Dans les pays riches, ces jeunes sont fréquemment employés comme domestiques, la plupart du temps sous-payés et privés de tout droit, voire jetés, sans autre recours, sur les trottoirs de nos grandes villes. Cependant, il ne s'agit pas toujours, lorsqu'on parle du travail des enfants, d'exploitation. Dans les pays sous-développés, cet apport est parfois seul à permettre à des familles particulièrement démunies de survivre. Certains enfants en tirent d'ailleurs un peu de fierté et quelque bien-être. J'entends déjà, écrivant cela, les bonnes âmes se récrier ; cela importe peu. Bien entendu, nous aimerions que change cet état de choses. Pourtant, nous qui, à notre table de travail, abordons ce problème, qui nous en scandalisons, que savons-nous exactement de la vie quotidienne et de la manière qu'ont de subsister les très pauvres gens ? Il nous est très facile d'affirmer que tous les enfants doivent aller à l'école, de nous déclarer choqués par le fait que la moitié de l'humanité reste analphabète. C'est si simple à faire lorsque l'on vit en France ou dans n'importe quel autre de ces pays dits « civilisés » ! Pour ma part, je recommanderais à ces âmes, sans nul doute fort charitables, la lecture du *Journal de Ma Yan*[2], le récit d'une fillette chinoise. En dépit de l'extrême pauvreté de sa famille, des longues distances qu'il lui faut parcourir à pied pour se rendre à l'école, des quelques grains de riz qu'elle absorbe chaque jour pour toute nourriture, des besognes qu'il lui faut accomplir en outre afin de venir en aide à sa grand-mère, Ma Yan s'attacha à l'étude. Mais, pour cela, elle dut faire montre d'une volonté, d'un courage hors pair, portée par un irrépressible désir d'apprendre et d'échapper au sort réservé aux femmes de son village. À cette leçon de persévérance et d'espoir, il faut tout de même ajouter que, pour une Ma Yan, le monde compte encore bien trop de femmes définitivement soumises au triste lot qui leur incombe, de toute éternité, dans nombre de cultures...

Samedi 14 juin. *Boutigny.* Enfin, les fusillés du mont Valérien sortent de l'anonymat. Sur proposition de Robert Badinter et grâce à son obstination, le Sénat avait voté, le 27 octobre 1998, l'érection d'un monument en leur hommage. Ce mémorial, dû au plasticien Pascal Convert et portant le nom de ceux qui, entre 1941 et 1944, furent fusillés en ces lieux par les Allemands, se verra prochainement inauguré à l'endroit même de leur supplice. « J'ai réalisé un jour, au mont Valérien lui-même, que nous étions dans une situation inacceptable au regard des victimes des nazis pendant la guerre, et quelquefois de la Milice, d'ailleurs... Là où l'on a fusillé le plus de héros de la Résistance et d'otages, donc dans le lieu le plus emblématique, voici qu'on les laissait recouvrir du voile de l'anonymat. Ce n'était pourtant pas des inconnus puisque les nazis, avec ce côté pratique qui les caractérisait, avaient relevé de façon précise les jours, les heures, les noms de ceux que l'on fusillait... Alors, au nom de quoi ces héros devraient-ils être, dans le lieu où ils sont morts, des héros anonymes, des soldats inconnus de la Résistance ? » estima Robert Badinter lors d'un entretien qu'il accorda à Charles Silvestre, pour *L'Humanité*. Afin de redonner un visage à ces noms, Pascal Convert a réalisé un film, *Mont Valérien*, aux noms des fusillés, au cours duquel il observe que ces martyrs étaient, « en très grande majorité, issus des couches populaires, qu'ils étaient communistes, étrangers, juifs et, parfois, les trois à la fois ». Et Robert Badinter de rappeler ces terribles mots prononcés par un procureur français de l'époque : « Trois raisons pour que je demande la peine de mort contre vous. » La Résistance fit justice. Il faut savoir gré à Robert Badinter d'avoir remis à l'honneur ce millier de personnes qui comptent désormais au nombre de ceux qui donnèrent leur vie pour libérer la France, sauver la démocratie et restaurer la République. C'est aussi au nom de la liberté, de la liberté pour tous, y compris celle de leurs ennemis, que ces hommes et ces femmes firent le sacrifice de leur vie : « Idiots, c'est pour vous que je meurs ! » cria par exemple Valentin Feldspath, l'un de ces fusillés, face aux fusils allemands. Écrivant ces lignes, me reviennent tout à coup l'étonnement, la honte puis la colère qui me prirent lorsque je découvris, après y avoir lu le nom des Européens qui perdirent la vie au combat, lors de la Première puis de la Seconde Guerre mondiale, qu'au dos du monument aux Morts de Nouméa, ne figurait, pour les « indigènes » – c'est le mot qui était gravé dans la pierre –, que le nombre de leurs victimes : « ces gens-là », ces Kanaks pourtant morts pour la France aussi bien que les autres, n'avaient pas même eu le droit de se voir nommés ! Lorsque je fis part de mon indignation aux représentants de la République qu'il me fut donné de rencontrer, il me fut simplement répondu que personne ne l'avait remarqué... Il paraît qu'à présent leurs noms y seraient enfin mentionnés ; je ne suis pas retournée m'en assurer.

Lundi 16 juin. *Paris.* Leïla Shahid, déléguée générale de la Palestine en France, était l'invitée des deuxièmes assises de *L'Humanité*, hier à Paris. L'occasion pour elle de faire le point sur la situation du Proche-Orient telle qu'elle la voit. « La "feuille de route" est, pour nous, quelque chose que nous souhaitions depuis maintenant un an. En mars 2002, pour la première fois, un président américain a parlé d'une solution basée sur deux États, dont un État palestinien viable et souverain. C'est une chose très positive. Mais les discours ne suffisent plus du tout [...]. Les Palestiniens n'ont pas confiance dans un mécanisme de surveillance mis en œuvre uniquement par les Américains. »

Mardi 17 juin. Jean-Michel Baylet, patron de *La Dépêche du Midi*, ne s'est guère montré convaincant ce matin, sur Europe 1, lorsqu'il a affirmé « souhaiter » que Dominique Baudis – avec lequel il entretient, depuis des années, des relations dont le moins que l'on puisse dire, c'est qu'elles sont « tendues » – soit « innocent » des accusations portées contre lui dans le cadre de l'affaire Alègre. Jean-Michel Baylet ajouta n'avoir jamais eu connaissance de l'existence, à Toulouse, de ces « lieux de débauche ». Lieux dont, pourtant, tout le monde parle dans la Ville rose et qu'à la rédaction de *La Dépêche* on ne pouvait ignorer... Baylet se défendit encore d'être derrière « le complot » dénoncé par Dominique Baudis : « C'est grotesque ! Que dire de plus ? La ligne de défense de Dominique Baudis est erratique, d'une faiblesse extrême. En agissant de la sorte, il commence à faire douter ceux-là mêmes qui ne doutaient pas un seul instant de son innocence », confia-t-il au *Parisien* à ce sujet...

Déjeuner au Marco-Polo en compagnie d'Héloïse d'Ormesson ; ma fatigue est telle qu'au prétexte d'un travail à terminer d'urgence, je finis par écourter cet agréable moment...

Les Éditions P.O.L fêtent leurs vingt ans d'existence et nombreux sont les articles qui rendent hommage à la maison créée par Paul Otchakovsky-Laurens. Sa production traduit bien sa recherche tant en matière de qualité que d'avant-garde littéraires. « Il n'est pas question que je publie un livre sans l'avoir lu, je ne publie que ce que je peux lire moi-même. Cela limite *de facto* la production... », explique Paul Otchakovsky-Laurens à *Livres-Hebdo*.

En compagnie de Pierre, nous assistons, au Grand Rex, à la projection de *La Petite Semaine*, film de Sam Karmann avec Gérard Lanvin, Jacques Gamblin et Clovis Cornillac dans les principaux rôles ; un film tendre, pétri d'humanité, qui raconte les retrouvailles d'un voyou, sortant de prison, avec ses potes. Banal ? Pas tant que ça...

Mercredi 18 juin. Le 18 juin 1940, le général de Gaulle lançait, depuis Londres, son appel. Bien peu de Français, alors sur les routes de l'exode, l'entendirent. Premier de nos concitoyens à entrer en résistance, cet homme de cinquante-neuf ans incarnera, pendant quatre ans, l'espoir de tout un peuple.

Hier, à six heures du matin, mille deux cent vingt policiers et quatre-vingts gendarmes du GIGN ont investi une propriété, située à Auvers-sur-Oise, qui abritait le mouvement des Moudjahidin du peuple iranien. Les forces de l'ordre agissaient dans le cadre d'une commission rogatoire délivrée par le juge antiterroriste, Jean-Louis Bruguière, et émise pour « association de malfaiteurs en vue de préparer des actes de terrorisme et de financement d'entreprise terroriste » ; cent soixante-cinq personnes ont été arrêtées, cent cinquante-huit ont été placées en garde à vue puis transférées à la caserne de gendarmerie de Cergy ou dans les locaux de la DST à Paris. Maryam Radjavi, épouse du chef des Moudjahidin du peuple iranien, désignée par ses partisans comme « la future présidente de l'Iran », a également été interpellée. 1,3 million de dollars, une centaine de paraboles et du matériel informatique ont été saisis par les enquêteurs de cette opération baptisée « Théo ». C'est en 1965 qu'est née, d'une scission survenue au sein du Mouvement de libération de l'Iran, l'organisation des Moudjahidin du peuple iranien. Elle se réclame d'un « Islam progressiste, alliant préceptes religieux et concepts d'inspiration marxiste ». En 1981, à la suite d'une répression sanglante menée en Iran, son chef, Massoud Radjavi, doit se réfugier en France, puis en Irak en 1986. Aujourd'hui, les Moudjahidin du peuple iranien figurent sur la liste des mouvements terroristes, établie par les États-Unis et l'Union européenne. Depuis plusieurs années pourtant, ils jouissaient, en France, du statut de réfugiés politiques. « Cette opération tombe très bien politiquement... », note-t-on ici ou là. L'impression qui domine reste que le gouvernement français a fait là un bien beau cadeau, tant à Washington qu'à Téhéran.

Daniel Sopo succède, à la tête de SOS-Racisme, au président démissionnaire, Malek Boutih, lequel a fait son entrée au secrétariat national du PS lors de son dernier congrès, réuni en mai dernier à Dijon.

À l'hôtel Crillon, s'est tenu le premier déjeuner réunissant le jury du prix Femina dont j'assurerai, cette année, la présidence. Ces dames étaient toutes présentes, hormis Madeleine Chapsal et, bien sûr, Françoise Giroud à laquelle il va d'ailleurs falloir trouver un successeur ; quelques noms sont lancés. Comme je me l'étais promis, j'avance celui de Jeanne Champion dont j'ai déjà dit tout le bien que je pense d'elle. Pourtant, je ne recueille sur cette proposition qu'un faible enthousiasme ; on verra bien... On commente avec des mots durs le livre que Christine Ockrent a consacré à Françoise Giroud, et les avis se révèlent partagés quant à ses mérites. Puis, chacune d'entre nous évoque les romans ou les essais lus récemment. Après que nous avons échangé quelques considérations d'ordre littéraire, quelques jugements sans appel aussi, je me précipite avec joie vers l'atelier de reliure où mes mains se révèlent plus habiles à redonner vie à de vieux bouquins que mes mots à défendre mes choix auprès de mes compagnes du Femina... L'intelligence des mains est une faculté qui ne cesse de me surprendre ; leur mémoire également. Je tiens le travail manuel à égalité avec les activités intellectuelles et l'idéal se réalise quand ils en viennent à se compléter.

Au sortir de l'atelier, je m'installe à la terrasse d'un café pour terminer ma lecture du dernier roman de Camille Laurens, *L'Amour, roman*[3], accueilli avec enthousiasme par la critique. « C'est un bonheur, un enchantement ! » considère par exemple Marianne Payot dans *L'Express*.

À la radio, que j'écoute dans la voiture, j'apprends que deux Iraniennes ont tenté de s'immoler par le feu, à quelques mètres des locaux de la DST à Paris, sous le métro aérien Bir-Hakeim. Une houle d'angoisse, de dégoût, me submerge. Machinalement, je range la voiture le long du trottoir, je coupe le moteur ; le cœur me bat, j'avale ma salive avec difficulté. De longues minutes, je garde les mains crispées sur le volant, le regard dans le vague. Dehors pourtant, il fait très beau, les filles ont un peu dénudé leur peau, les hommes les regardent passer et les terrasses de café sont prises d'assaut. À l'ombre de marronniers, assises sur un banc, de grosses femmes bavardent en gesticulant. Devant elles, des gamins filent sur leurs rollers, et, à la sortie du métro proche, un accordéoniste joue une ancienne rengaine. Plus loin, une vieille laisse son vilain cabot pisser contre un arbre tandis qu'à quelques mètres pigeons et moineaux se disputent les miettes de pain qu'un vieillard leur jette ; il a la dégaine des clochards d'autrefois, sympathique et crasseux. De jeunes mères poussant leurs voitures d'enfant le dépassent sans hâte ; autour d'elles, des garçonnets se bousculent en criant. L'un d'eux, une baguette de pain sous le bras, semble tout droit sorti d'un cliché de Doisneau... Tout un Paris de cartes postales est là, comme concentré sur ce coin de trottoir des Gobelins. C'est pourtant quelque part ailleurs, dans ce même Paris, que des horreurs viennent de se produire ! Jamais je ne comprendrai quelle foi, quels mensonges, quelle haine, quel désespoir peuvent bien conduire des hommes ou des femmes à se donner la mort de si abominable façon : dire, jusqu'au cœur des flammes, leurs revendications, une ultime protestation. Je conçois que l'on meure dignement face à un peloton d'exécution ; mais, là ?... Une certaine colère me vient même à leur encontre : leur sacrifice nous interpelle avec une telle violence que nous ne savons comment la recevoir, comment y répondre. Elle paralyse. Par-dessus tout, ultra-religieux ou doctrinaires qui manipulent ces âmes sans doute exaltées éveillent en moi une véritable aversion. Au spectacle de ce monde, de ces hommes qui ne semblent pouvoir s'exprimer que dans la destruction, la leur comme celle des autres, d'où tolérance et respect sont absents, qui détruisent leur environnement naturel et en bannissent la beauté, où riches s'enrichissent et pauvres s'appauvrissent... le vertige me prend et de vrais hurlements de peur montent en moi. À l'instant où j'écris ces lignes, des larmes me viennent encore aux yeux ; j'essaie de savoir : larmes d'impuissance ? de chagrin ? de pitié ?...

C'est finalement la chaleur qui s'est installée dans la voiture immobilisée qui me force à réagir ; je remets le moteur en marche et un air brûlant envahit l'habitacle... Je démarre.

Jeudi 19 juin. *Les Sables-d'Olonne.* Comme on pouvait s'y attendre, tous les quotidiens font leur une, photos à l'appui, avec les trois Moudjahidin qui se sont immolés, hier, par le feu ; deux d'entre eux se trouveraient dans un état désespéré. Aujourd'hui, des manifestations de soutien à leur cause s'organisent ici et là en Europe. Selon le patron de la DST, Pierre de Bousquet de Florian, l'opération policière d'Auvers-sur-Oise était « parfaitement fondée » et il n'existe « aucun doute sur la nature terroriste » de l'OMPI (Organisation des Moudjahidin du peuple iranien), laquelle serait proche d'un mouvement sectaire. Pierre de Bousquet affirme encore que, « rien qu'en 2001, il y a eu cent quatre-vingt-quinze attaques et attentats contre l'Iran revendiqués, depuis Auvers-sur-Oise [...]. Nous avons appris qu'ils avaient envisagé des actions en dehors de l'Iran, visant notamment des représentations diplomatiques iraniennes en Europe ». Le directeur de la DST reconnaît : « Ce sont les conséquences indirectes de l'intervention américaine en Irak qui nous ont conduits à précipiter notre action. La concomitance du repli sur Auvers-sur-Oise de cadres et de militants aguerris et de renseignements nous parvenant de sources diverses nous a convaincus de l'intention de l'OMPI d'établir, en France, son nouveau QG mondial, après qu'elle eut perdu ses bases irakiennes. »

Jean-Claude Magendie, président du tribunal de grande instance de Paris vient d'interdire, aux Éditions des Arènes, de « faire paraître ou diffuser » l'ouvrage d'Eva Joly [4], l'une des anciennes juges d'instruction de l'affaire Elf, avant que ne soient prononcées la clôture des débats et la fin des plaidoiries, le jugeant « nuisible au caractère équitable du procès en cours ». Eva Joly parle, elle, de censure. Elle a tort : en l'état, il ne s'agit que de retarder une publication dont le contenu risquerait de peser sur la sérénité du procès et d'influencer le tribunal. Il me semble que c'est là faire preuve de simple bon sens. Au reste, pourquoi vouloir absolument publier ce livre pendant le déroulement du procès ? On en devine la raison mais ce n'est guère... « déontologique » ! Si le livre d'Eva Joly intéresse, s'il apporte à la connaissance de l'affaire, il survivra bien quelque temps au terme de cette fameuse procédure.

L'une des sympathisantes des Moudjahidin du peuple qui avaient tenté de s'immoler par le feu, Sedighieh Mohageri, est morte des suites de ses blessures. À Auvers-sur-Oise, les grévistes de la faim poursuivent leur action en soutien à l'Organisation et à ses membres gardés à vue. En dépit de la canicule ambiante, certains refusent même de boire, mettant eux aussi leur vie en danger...

J'assiste aux Sables-d'Olonne au Festival Simenon, une manifestation créée, il y a cinq ans, à l'instigation du juge Didier Gallot. Pour cette cinquième édition qui coïncide, cette année, avec le centième anniversaire de la naissance de Georges Simenon, une importante délégation venue de Liège, sa ville natale, sera présente ainsi que le fils de l'écrivain, John. À cette occasion, le jury du Prix littéraire de la Ville des Sables-d'Olonne, que je préside, divulguera le nom de son lauréat 2003. Au cours de la soirée d'ouverture, *La Nuit du carrefour*, un film de Jean Renoir, tourné en 1931, avec son frère Pierre dans le rôle du commissaire Maigret et le peintre Dignimont dans celui du garagiste assassin, a été projeté ; un film étrange, resté célèbre pour sa spectaculaire poursuite automobile et pour un Maigret nullement insensible aux charmes de l'héroïne...

Vendredi 20 juin. *Montmorillon.* Dans la matinée, j'assiste aux Causeries du Palais, ouvertes dans la salle d'audience du tribunal de grande instance, et qui débattent, cette année, de thèmes aussi variés que « Pirates d'hier et d'aujourd'hui », « Simenon et les Mers du sud », « Voyous des mers, Voyous des terres », « Les Pétroliers pollueurs » ou « Respect des règles de navigation et Collisions en mer ». À ce sujet, Patrice Mounier, patron-pêcheur éperonné, en 2000, par un cargo qui prit la fuite, apporta un témoignage accablant sur les mœurs de capitaines et d'armateurs peu scrupuleux. Le juge Gilbert Thiel et l'avocat Jean-Louis Pelletier s'y affrontèrent avec humour pour la plus grande joie du public. J'y retrouvai, avec plaisir, mes « complices » du Prix, Gilles Perrault, Hubert Monteilhet et Marie-Françoise Leclère, tous passionnés de l'œuvre de Georges Simenon. Cette année, c'est Pierre Schoendoerffer qui fut récompensé pour son roman, *L'Aile du papillon*[5], dans lequel on peut lire notamment ces lignes : « Je cherche à faire ressentir ce mystérieux sentiment de solitude qui lie, peu ou prou, quoi qu'on en dise, chaque homme à son prochain, à faire partager mes loyales tentatives pour mettre en lumière les modestes vérités de quelques pitoyables bougres. » *L'Aile du papillon* l'emporta finalement sur le beau livre de Dominique Sigaud, *De chape et de plomb*[6]. Dans son roman, c'est fou ce que Pierre Schoendoerffer donne et montre de lui-même, avec générosité : un désenchantement assumé et un désir à jamais inassouvi de grand large. Je sens que je vais suivre l'un des conseils qu'il prête à ses personnages lorsque ceux-ci se refusent à exister, à s'exprimer : « Quand ils s'obstinent à se taire, on les fait boire... »

J'abandonne les joyeux membres du jury et m'en vais prendre possession d'une voiture de location ; je me rends à Montmorillon pour y embrasser mes parents. La route, entre les Sables et Poitiers, me paraît interminable, mais, passé Chauvigny, je ralentis : je suis chez moi.

Dimanche 22 juin. *Boutigny.* Aujourd'hui, vers six heures du matin, les gendarmes sont venus arrêter José Bové, à son domicile du hameau de Potensac, et le conduire en prison. Les moyens employés par les forces de l'ordre, pour se saisir du leader de la Confédération paysanne, semblent disproportionnés par rapport à l'objectif ; mais, peut-être, Yvan Colonna s'était-il réfugié chez lui... ce qui expliquerait cet extraordinaire déploiement de forces, digne d'un grand bandit !

À deux semaines du scrutin, en dépit de visites ministérielles sur l'île et du discret soutien du mouvement nationaliste, le « non » à une réforme du statut de la Corse progresse dans les sondages. « L'intérêt des nationalistes pour le projet gouvernemental a considérablement brouillé les choses dans l'électorat légitimiste », a reconnu un proche de Jacques Chirac.

J'ai quitté Montmorillon dans l'après-midi, heureuse d'avoir trouvé mes parents en pleine forme ; l'un et l'autre possèdent une capacité de récupération étonnante. À la descente du train, je file au parking prendre ma voiture : direction Boutigny !

Lundi 23 juin. *Paris.* Comme chaque année, Sonia Rykiel réunissait hier ses amis pour disputer la Coupe Tarla, amicale rencontre de tennis où les joueurs s'opposent sans distinction d'âge ; le plus jeune avait treize ans, le plus âgé soixante-cinq. Cette année et pour la première fois, Lionel Jospin nous avait rejoints. L'ancien Premier ministre a d'ailleurs tenu, dans la compétition, un rang fort honorable, battant deux adversaires avant de rendre les armes devant celui qui devait finalement remporter le tournoi, le jeune Mathieu Funk-Brentano.

Ce matin, réunion, au premier étage de la brasserie Lipp, afin de choisir les modèles qui, sur le thème des animaux, figureront dans *L'Agenda 2004 du point de croix*[7]. Une nouvelle fois, les brodeuses avaient fait assaut d'imagination et de talent ; le choix n'en a été que plus difficile. Le déjeuner qui suivit, entre femmes de lettres et de fils, fut des plus agréables.

Jean-Pierre Raffarin et Nicolas Sarkozy se sont vus vivement chahutés, lors de leur visite en Corse. À l'aéroport de Bastia, des opposants à la réforme des retraites les accueillirent, scandant des slogans hostiles au gouvernement : « Raffarin, démission ! » entendit-on ; la police les contint à l'aide de grenades lacrymogènes. Réfugié sur la mezzanine qui surplombe le hall de l'aérogare, le Premier ministre, visage pâle et tendu, les yeux rougis par les gaz, grimpe alors sur une chaise et tente de prendre la parole : « Que la Corse ait toute sa place dans la République décentralisée que nous construisons. » À ses côtés, lui aussi juché sur une chaise, le ministre de l'Intérieur menace du doigt. Des gardes du corps ? des élus locaux ? sont eux aussi montés sur des sièges et restent là, figés dans la posture de femmelettes essayant d'échapper à une souris ; à moins que ce ne fût celle des mannequins des jeux de massacre... Dans le hall, des manifestants échangent des coups avec des militants de l'UMP. Tel un coq, Sarkozy, depuis sa chaise, s'égosille : « Nous ne nous laisserons pas impressionner par cette minorité ! » Raffarin, qu'on a connu plus triomphant, s'écrie : « Ce n'est pas la conception de la démocratie que nous avons ! » Enfin, les trublions sont refoulés et nos deux héros peuvent descendre de leurs perchoirs et retrouver un peu de leur dignité ministérielle. Plus tard, à Ajaccio, Nicolas Sarkozy confiera : « Les images qui vont être diffusées de quatre-vingts furieux qui empêchent le Premier ministre de s'exprimer vont jouer un rôle non négligeable pour le "oui". » Je n'en suis pas si sûre...

Souri en lisant, dans *Elle*, le papier de Pascal Bruckner intitulé « La pétasse triomphe au moment où le macho décline ». « Jadis, la bourgeoise et la putain se partageaient des rôles bien définis : à l'une le correct et le convenable, à l'autre le vulgaire et le voyant. Cette distinction désormais ne tient plus, la racoleuse peut être chic et stricte, et l'élégante dépenser des fortunes pour s'habiller en "dévergondée" [...]. Il est paradoxal que les femmes ayant conquis leur indépendance se constituent ainsi en objets purement érotiques [...]. Au moment où la loi punit sévèrement le harcèlement sexuel, la femme est sommée de se dénuder, de paraître experte, affranchie [...]. La "pouffitude", avec son emphase, mise sur le lourd, l'épais, n'est évidemment pas le sexy mais son exagération, sa dégénérescence baroque à visée publicitaire. Il y a de la bassesse dans cette séduction mais une bassesse délicieuse, affolante. N'est pas pétasse qui veut : il y faut un sens de la mise en scène, un talent dans la vulgarité qui forcent le respect [...]. La pétasse, toutefois, demeure une énigme [...]. Tellement offerte, abandonnée, qu'elle en devient inaccessible [...]. Sa surenchère, dans la provocation, ressemble à un pied de nez aux préjugés ambiants, reconduits et désamorcés en même temps [...]. Et si cette stratégie de l'excès était une certaine voie vers la liberté, une manière de superposer les masques, de multiplier les identités ? Sous le string de la pétasse, il y a toujours un cœur qui bat. »

À compter du 26 juin, la Fédération des syndicats CGT du spectacle appelle à une grève générale reconductible dans les représentations, le cinéma et l'audiovisuel, à Paris comme dans les régions, afin de protester contre le projet du MEDEF de réformer le statut des intermittents.

Mardi 24 juin. Il va devenir difficile, en France, de laisser parler son cœur, sous peine de se retrouver en prison. C'est d'ailleurs ce qui risque d'arriver à deux habitants de Calais, Charles Frammezelle, dit « Moustache », et Jean-Claude Lenoir, pour avoir hébergé des migrants qui cherchaient à rejoindre l'Angleterre, et leur avoir servi de prête-nom afin qu'ils puissent recevoir de l'argent de leurs parents restés au pays. Les deux Calaisiens sont aujourd'hui accusés d'« aide à l'entrée et au séjour irrégulier d'un étranger, en bande organisée » ; ils risquent dix ans de prison et 760 000 euros d'amende.

Réunion de travail, aux éditions Albin Michel, sur *Le Livre des perles* que je réalise en collaboration avec ma belle-fille, Émérence ; à cet effet, Émérence a effectué un remarquable travail de recherches. Nous déjeunons ensuite au Dôme, puis je passe à la librairie Pages d'histoire, rue Bréa, où je dois consulter les livres sur l'OAS et sur Jeanne d'Arc que l'on m'a mis de côté. Pas grand-chose de très intéressant à mon goût ou que je ne possède déjà...

La lecture du billet que Pierre Georges a consacré, aujourd'hui, dans *Le Monde*, à l'arrestation du « mollah Omar de l'anti-OGM », m'enchante : « À l'heure de la traite des brebis, un commando surgit. De partout, de nulle part. De la terre, du ciel. À pied, à fourgon, à cheval-vapeur, des motos tout terrain des fois que le lascar Omar Bové filerait en mob' dans le causse, le panache de sa pipe au vent, façon Isadora Duncan. » « Et en hélicoptère aussi », dans lequel, menotté, on le fit monter. « Ce qui montre bien qu'on peut rentrer en prison française en hélico ; et pas seulement en sortir ! »

Mercredi 25 juin. Vu hier au soir, en compagnie de Pierre, la pièce de Rainer Werner Fassbinder, *Les Ordures, la Ville et la Mort* ; elle était jouée, pour la première fois en France, au Théâtre de la Bastille, par les comédiens du collectif Les Lucioles et dans une mise en scène de Pierre Maillet. Le moins que l'on puisse dire, c'est que cette pièce ne laisse pas le spectateur indifférent et qu'elle prête à discussion. L'action se déroule « sur la Lune, parce qu'elle est aussi inhabitable que la Terre, surtout les villes », prévient l'auteur dès le début. « La Lune », c'est en fait le Francfort des années soixante-dix, métropole alors en pleine reconstruction où les spéculations immobilières et boursières vont bon train. En écho, la contestation y bat son plein. Sur scène, une vingtaine de personnages – malfrats, prostituées, souteneurs, travestis, drogués, flics et autres obsédés sexuels – s'affrontent autour d'une putain, Roma B. ; tant elle est maigre, Roma peine à trouver des clients. Un réfugié yougoslave, Frantz, maquereau pour lequel travaille Roma B., la bat puis devient, après le viol qu'il a subi, l'amant de son violeur, un ancien dignitaire nazi qui se trouve être aussi le père de Roma ; il est marié à une infirme, se travestit et chante, dans les cabarets, des chansons de Zarah Leander. Il y a enfin A., le Juif riche – on ne lui donne pas d'autre nom –, qui a fait fortune en rachetant de vieux immeubles ; avec l'aval des autorités locales, il les fait raser puis en reconstruit d'autres. A. est un personnage important mais que hait la population. « Il nous suce le sang, le Juif. Il boit notre sang et nous met dans notre tort parce qu'il est juif et que nous portons la faute [...]. S'il avait pu rester là d'où il vient. Et s'ils avaient pu le gazer, aujourd'hui je dormirais mieux. » « Ils ont oublié de le gazer », croit devoir préciser Hans von Glück, l'un des autres personnages. Dès le début de la représentation, le malaise s'installe ; nous sommes tout de suite confrontés à notre mémoire, à ce que nous savons du nazisme et de l'antisémitisme. Pas moyen de demeurer indifférents : propos et attitudes interpellent systématiquement. Pour Pierre Maillet, *Les Ordures, la Ville et la Mort* serait « un Opéra de quat' sous moderne, un conte de fées triste, un mélodrame d'aujourd'hui et de toujours. Une forme populaire, à mille lieues du discours rassurant, qui lui permet de rendre accessibles des sujets dont personne ne veut entendre parler ». Peut-être, mais ça grince fort dans la salle. A., le Juif riche, s'intéresse à Roma B., la protège mais ne lui réclame, en échange de beaucoup d'argent, que de l'écouter. À la demande de

Roma, A. l'étrangle. Puis, après avoir mené une enquête truquée, la police impute le crime au réfugié yougoslave.

Lorsque, en 1974, Fassbinder, alors directeur du Theater am Turm de Francfort, écrit *Les Ordures, la Ville et la Mort* et que la pièce est publiée chez Suhrkampf, c'est le scandale ! Montée en 1976, elle ne sera finalement pas jouée ; à la suite de nombreuse protestations émanant, notamment, de la communauté juive, elle est retirée de l'affiche. De son côté, l'éditeur Suhrkampf supprime le texte de son catalogue et pilonne les exemplaires qui lui restent en stock. Au journaliste du *Die Zeit* qui lui demandait s'il n'avait pas mal apprécié les effets que produirait sa pièce, Fassbinder répondit : « Absolument pas [...]. Cette pièce est une réaction spontanée à la réalité que j'ai trouvée à Francfort. Je pense que, depuis 1945, les Juifs ont constamment fait, en Allemagne, l'objet d'un tabou, inculqué principalement aux jeunes qui n'ont eu aucune expérience directe des Juifs, et que cela peut mener à une hostilité à l'égard des Juifs. Quand j'étais enfant et que je rencontrais des juifs, on me disait en chuchotant : "C'est un Juif, comporte-toi bien, sois gentil." Ça a continué comme ça, avec certaines variantes, jusqu'à ce que j'aie vingt-huit ans et que j'écrive cette pièce. Je n'ai jamais pu penser que cette attitude était bonne. » Et le journaliste de poursuivre : « Vous reprochez, aux gens qui attaquent votre pièce, un antisémitisme latent [...]. Êtes-vous, vous-même, totalement dénué de préjugés ? » « Je ne peux pas dire : "Je n'ai pas de préjugés vis-à-vis de ce qui est arrivé aux Juifs, sous le IIIe Reich." Mais j'en ai incontestablement moins que ceux qui m'attaquent [...]. Le Juif est le seul personnage, dans la pièce, qui soit en mesure d'aimer, le seul qui soit à même de voir, dans la langue qu'il parle, une convention entre les gens. C'est un personnage qui a incontestablement des traits positifs », poursuivit Fassbinder. En France, en 1977, une grenade fumigène explosa dans un cinéma qui projetait *L'Ombre des anges*, un film adapté de la pièce ; Ingrid Bergman y tenait le rôle de Roma, Fassbinder celui du maquereau et Klaus Löwitsch interprétait le Juif. À l'époque, la LICRA dénonça l'antisémitisme qu'elle prêtait au film tandis que Gilles Deleuze en prenait la défense dans *Le Monde*. Par la suite, plusieurs tentatives furent faites, en Europe, de monter *Les Ordures, la Ville et la Mort* ; toutes donnèrent lieu à des incidents conduisant à l'interruption des représentations. « Un spectacle époustouflant de justesse, de beauté, de radicalité assurée [...]. Donnée de jeu éthiquement et esthétiquement imparable », juge pourtant Fabienne Arvers dans *Les Inrockuptibles*. À la fin de la pièce, quittant le théâtre, nous entamons, Pierre et moi, une conversation animée, la poursuivons dans le taxi puis à la brasserie Lipp : oui ou non, s'agit-il d'une pièce antisémite ? Pour Pierre, cela ne fait aucun doute. Pas pour moi qui y ai vu le récit d'une vengeance exercée par un Juif dont toute la famille a été exterminée. Son but ? Humilier les Allemands, tous les Allemands, jugés collectivement responsables de ce crime, et exacerber leur sentiment de culpabilité en « reprenant à son compte l'image qu'on se fait de lui ». Leslie Kaplan qui réfute, dans *Le Monde*, les accusations d'antisémitisme portées contre la pièce, pose, à propos de la vengeance, une question qui me hante depuis que, afin de les mettre en scène dans *Noir Tango* [8], l'un de mes romans, j'ai dû effectuer quelques recherches sur ces « Vengeurs juifs » qui entrèrent en action au lendemain de la Seconde Guerre mondiale : « Que reste-t-il de l'autre, en soi, quand on se venge ? » La réponse qui pourrait y être apportée dépasse le cadre de ce Journal et mériterait une réflexion approfondie qui, je le sais, donnerait matière à des débats aussi passionnés que celui que, durant plus de deux heures, nous avons poursuivi, Pierre et moi, sans parvenir à nous entendre. Au bout du compte, j'aurais aimé pouvoir en lire attentivement le texte, ne serait-ce que pour vérifier si mes impressions se situaient ou non dans le vrai, mais il n'a pas été publié en français ; à ce jour, les Éditions de l'Arche qui représentent, en France, les héritiers de Fassbinder, se refusent à faire entrer *Les Ordures, la Ville et la Mort* dans leur catalogue. Dommage...

Pour la seconde fois, je rencontre Marie Pendanx, qui étudie l'œuvre de Lise Deharme ; à sa demande, j'évoque celle que j'ai bien connue sur la fin de sa vie. À la suite de la publication d'*O m'a dit* [9], Charles de Ronsac avait souhaité que j'aie, avec Lise Deharme, des entretiens ; « Lise aimerait faire un livre avec vous, me dit-il, dans lequel elle parlerait de sa vie, du surréalisme, des artistes qu'elle a connus et des hommes qu'elle a aimés ». J'avais déjà croisé Lise Deharme à deux ou trois reprises, dans des salons, mais n'éprouvais pour elle ni sympathie ni antipathie, seulement quelque curiosité ; de plus, je connaissais mal son travail. Mais Charles de Ronsac estimait l'œuvre et la femme : j'acceptai donc de la rencontrer. Elle me reçut chez elle, dans cet appartement qui donnait sur l'esplanade des Invalides. Dès l'entrée, je fus saisie par une si forte odeur de pisse de chat que j'en toussai. On me fit entrer dans sa chambre ; qui ? je ne m'en souviens plus... Lise m'attendait dans son lit, adossée à de nombreux coussins, frêle, maquillée, les cheveux noirs. J'avais oublié qu'elle fût si vieille ! Elle me tendit les bras. Comme je me penchais sur elle pour l'embrasser, le gros chat qui se tenait blotti contre elle, grogna, me dévisageant de ses yeux étirés ; je me jetai en arrière. « Il est jaloux », avertit sa maîtresse avec un petit rire aigrelet, mais au fond satisfait. Lise me fit signe de m'asseoir à son côté et me prit la main ; la sienne me fit penser à la patte d'un lézard, sèche et griffue. Près d'elle, l'odeur sévissait plus méchamment encore. L'espace d'un instant, je fermai les yeux. Quand je les rouvris, les siens me fixaient, étranges et durs ; je suis sûre qu'elle lut dans mes pensées... Laquelle de nous deux rompit le silence ? Elle, sans doute. Nous prîmes une tasse de thé, j'allumai mon magnétophone et la conversation s'engagea. Peu à peu, Lise s'apprivoisa, m'apprivoisant du même coup. Je la revis de nombreuses fois, découvrant une femme tour à tour attachante, insupportable, méchante, coquette, jalouse, exigeante, mesquine et généreuse, peureuse ou courageuse ; plus le temps passait, plus elle me touchait. Certains jours, trop lasse, Lise avait du mal à s'exprimer mais tenait tout de même à le faire. « Votre présence me fait du bien », m'avoua-t-elle. Cependant, nous restions parfois longtemps silencieuses, elle, les yeux clos, sa main comme agrippée à la mienne. Par moments, j'eus l'impression qu'elle avait envie de s'emparer de la vie qu'elle sentait en moi ; Lise Deharme avait quelque chose d'un vampire... Dans sa chambre surchauffée aux fenêtres hermétiquement closes, il m'arrivait de devoir lutter contre un engourdissement que je jugeais anormal, l'observant néanmoins, fascinée par ce visage, ce corps où je devinais la mort à l'œuvre. Espérai-je, alors, surprendre la camarde ? Lise craignait la mort et me le dit car elle ne refusait pas d'évoquer sa fin proche, son désir de reposer en terre, de « dormir », enfin. Peu à peu, elle s'affaiblit et j'espaçais nos rendez-vous. Elle m'en fit le tendre reproche, quelquefois avec humeur. Puis, « je vous aime, j'ai confiance en vous », ajoutait-elle comme pour s'excuser. Lorsque était venu le moment de la quitter, elle se cramponnait à moi, prétendant qu'on la maltraitait, qu'on ne lui donnait pas à manger, qu'on ne lui faisait pas sa toilette... Je compris qu'elle avait peur. Une fois, elle pleura comme une petite fille, me suppliant de ne pas l'abandonner ; j'étais bouleversée. J'en parlai aux personnes qui s'occupaient d'elle ; on me fit comprendre que son esprit s'égarait. J'avertis Charles de Ronsac qui haussa les épaules en signe d'impuissance... Je la revis cependant : elle, si menue déjà, disparaissait maintenant dans ce lit devenu trop vaste. Quand j'entrais, elle tentait de se redresser, s'efforçait de sourire. Mais je ne voyais plus que les cernes de ses yeux, ses bras décharnés, ses lèvres sèches. Un jour, on m'annonça sa mort. Je ne sais plus si je suis allée m'incliner sur sa dépouille. Au Père-Lachaise, en revanche, c'est avec stupeur, colère et chagrin que j'assistai à sa crémation (la première qu'il me fut donné de suivre) : pourquoi n'avait-on pas respecté ses dernières volontés ? Dans ce lieu sinistre, d'où l'idée même de Dieu est bannie, je tentai en vain de prier. Alors, je lui parlai tout bas, comme à la petite fille qu'elle avait été, lui recommandant de ne pas avoir peur, que c'était fini...

Je ne pensais pas que le souvenir de Lise Deharme me reviendrait si fort, en écrivant ces lignes...

Dans ma bibliothèque, je retrouve l'édition originale, imprimée sur papier rose, en 1933, du *Cahier de curieuse personne* ; j'y lis ces mots :

> J'ai raté
> le livre de ma vie
> une nuit
> qu'on avait oublié
> de mettre un crayon taillé
> à côté de mon lit.

Dans l'après-midi, je me rends, à l'invitation de Chantal Portillo, aux rencontres qu'elle anime à La Maroquinerie, un café littéraire situé à Belleville. Pendant plus de deux heures, j'échange avec mes lecteurs, puis Chantal Portillo me demande si j'accepterais de lire à haute voix un passage de l'un de mes livres. Pourquoi pas ? Elle me tend *Le Cahier volé*[10] : je suis piégée ! Ce roman, écrit dans la souffrance et dans la haine, je ne l'ai jamais relu, tant j'ai toujours redouté de rouvrir la blessure mal cicatrisée qui l'a inspiré. Le passage que Chantal me propose de lire est signalé au crayon noir ; je commence, une boule dans la gorge. Mais, à mesure que je progresse dans ma lecture, l'impression me vient que mes mots me soutiennent, m'encouragent à poursuivre ; ils me disent : « Il ne nous plaît pas d'être lus par n'importe qui puisque tu n'écrivais, alors, que pour toi-même. Nous avons été témoins de tes larmes, certains d'entre nous en portent encore la trace tandis que d'autres se sont à moitié effacés... Tu verras, nous t'aiderons. Grâce à nous, tu sauras exprimer la beauté de ce jour en même temps que la souffrance, la peur, la honte que tu éprouves sans doute en ce moment. Car écrire, si difficile que cela soit, t'apportera, sinon le succès, du moins la paix avec toi-même. Ce sera peut-être ton seul moyen de communiquer avec les autres, de faire qu'ils te comprennent, t'apprécient ou t'aiment telle que tu es. Tu trouveras ta transparence dans l'écriture, même si, devant la feuille blanche, tu ne vois parfois que l'opacité du papier et le brouillard de ta pensée. Ne nous abandonne pas dans ce *Cahier*, car il te faudra longtemps pour nous oublier, mais, jusqu'à ce que tu réussisses à nous faire revivre, toute ta vie, consciemment ou non, sera tournée vers nous. Il est important pour toi, aujourd'hui, de nous assumer entièrement. » Ma voix tremble mais je parviens à retenir mes larmes. Ont-ils l'intuition, ces gens qui m'écoutent, m'observent, de ce qu'il y a d'odieux à m'imposer pareil exercice ? Lorsque je quitte La Maroquinerie, je me retrouve comme sonnée, vidée de mes forces...

À la Maison de la radio, soirée de solidarité avec les victimes du tremblement de terre survenu en Algérie ; elle était organisée par Jean-Marie Cavada et Laure Adler, et retransmise en direct sur France Culture. Devant une salle comble, se sont succédé la merveilleuse Houria Aïchi, Georges Moustaki, Behdja, Jane Birkin, Faudel, l'Orchestre national de Barbès, Sapho, Intik, Gaada et beaucoup d'autres, tous follement applaudis, tous salués par les youyous des femmes. Nombreuses furent celles qui esquissèrent même une sorte de danse du ventre. En outre, des comédiens rendirent hommage à Mohamed Dib, lisant quelques textes du poète disparu.

La guerre passait là-bas
Avec ses nouveaux oiseaux,

a-t-il écrit dans *L'Enfant-Jazz*[11]...

Jeudi 26 juin. Reçu plusieurs appels m'engageant à rejoindre le Comité de défense de Maryam Radjavi. Comme j'ignore presque tout de la doctrine et de l'activité des Moudjahidin du peuple iranien, je réclame quelques éclaircissements avant de me décider. Les documents qui m'arrivent par fax ne me convainquent guère, en dépit du soutien qu'accordent déjà à Maryam Radjavi la Ligue des droits de l'homme, France-Libertés ou le MRAP. En moi quelque chose me souffle de demeurer à l'écart : je ne parviens pas à croire à un « islamisme modéré » et je ne discerne d'ailleurs rien de « modéré » parmi leurs actions ou leur goût du martyre. Ce mélange du politique et du religieux m'inspire même une profonde méfiance ; je ne signerai pas.

En Irak, attentats et sabotages se multiplient. Les Irakiens supportent de moins en moins la présence de « l'Occupant »...

Des combats de rue se déroulent à Monrovia, opposant les forces gouvernementales fidèles au président libérien, Charles Taylor, à des rebelles qui espèrent s'emparer du pouvoir. Par ailleurs, la Justice internationale souhaite toujours entendre Taylor au sujet du rôle qu'il aurait joué durant la guerre civile qui se déroula en Sierra Leone.

Les paysans boliviens, fuyant milices et guérilla, s'entassent dans des bidonvilles. Selon l'ONU, quarante et un mille personnes auraient ainsi été « déplacées » dans le pays, en 2002. Depuis 1985, c'est près de deux millions de Colombiens qui se seraient vus expulsés de leur région d'origine par les paramilitaires ou les guérilleros...

Pendant que l'on s'étripe aux quatre coins de la planète, Illitch Ramirez Sanchez, plus connu sous le nom de « Carlos » et condamné, en France, à la prison à perpétuité pour le meurtre de deux policiers et de leur informateur libanais, publie *L'Islam révolutionnaire*[12]. Comment les écrits de ce détenu converti à l'Islam – qui assure que « le terrorisme va désormais faire partie du paysage quasi quotidien de vos démocraties pourrissantes », qui considère que « le 11 septembre est la fin d'un mode de mensonge et d'inconscience », qui juge que « par sa seule force révolutionnaire, l'Islam est peut-être, aujourd'hui, la seule force transnationale susceptible de s'opposer à l'asservissement des nations » – ont-ils pu quitter la centrale, dite « de haute sécurité », de Saint-Maur Bel-Air, dans l'Indre ? Depuis quelques années, déjà, je recueille à peu près toutes les informations que je peux trouver sur ce sinistre personnage (livres, articles de presse, documents divers...), sans savoir vraiment pourquoi. Pierre dirait que j'ai un faible pour les salauds ; ce n'est pas faux... Je vais me procurer son livre.

J'invite Paul Ovtchakovsky-Laurens à déjeuner à L'Espadon bleu, rue des Grands-Augustins. Nous y parlons de la rentrée littéraire, des poètes qu'il publie... J'aime beaucoup le travail et l'action de Paul Ovtchakovsky-Laurens et la manière qu'il a de les mener. Nous nous promettons de nous revoir plus souvent...

Dîner chez Didier de Maistre auquel j'ai fait découvrir Cuba, un Cuba éloigné des circuits touristiques, celui que j'aime en dépit de tout...

Samedi 28 juin. *Boutigny*. Depuis la fin des hostilités militaires en Irak, cinquante-sept soldats américains ont été tués au cours de divers attentats.

Un footballeur camerounais, Marc-Vivien Foé, s'est effondré hier, sur le terrain du stade Gerland de Lyon, lors du match qui opposait son pays à la Colombie. Malgré les soins prodigués, le jeune homme est décédé à l'hôpital où on l'avait transporté. Les causes de son décès restent, pour l'instant, inexpliquées. On parle, bien sûr, de dopage... La finale qui mettra en présence l'équipe de France et celle du Cameroun, aura tout de même lieu, ce soir, au Stade de France.

C'est maintenant officiel, Jean-Marie Le Pen a bien été l'un des tortionnaires français du conflit algérien : le tribunal correctionnel de Paris a ainsi relaxé *Le Monde*, jeudi dernier, des poursuites en diffamation engagées par le président du Front national après la publication de témoignages, dans les colonnes du quotidien, l'accusant de mauvais traitements. Le tribunal a jugé que le directeur du journal, Jean-Marie Colombani, et la journaliste, Florence Beaugé, « disposaient d'éléments suffisants pour estimer de leur point de vue que Jean-Marie Le Pen avait torturé ».

Les hommes et les femmes politiques, de droite comme de gauche, se sentent de plus en plus obligés de participer au défilé de la Gay Pride (oh, ce nom !). Les pédés et les gouines ne sont-ils pas des électeurs comme les autres ? « Va-t-il falloir bientôt coupler les chars de la Gay Pride à ceux du 14 Juillet ? Le rendez-vous est en train de devenir aussi institutionnel que la Fête nationale. La francisation de l'intitulé – on ne dira plus "Gay Pride" mais "Marche des fiertés lesbiennes, gay, bi et trans" – vient confirmer l'inscription de l'événement à l'inventaire du patrimoine hexagonal », observe Jean-Michel Thénard dans *Libération*. Quand verra-t-on Jean-Pierre Raffarin, Luc Ferry ou Nicolas Sarkozy, mais aussi Jean-Pierre Chevènement, Dominique Strauss-Kahn ou Hubert Védrine, Michel Rocard, Jean-Marie Le Pen ou le général Schmitt, tous assurés d'un vrai succès, juchés en *drag queen* sur de hauts talons et saluant la foule depuis leur char ? J'imagine le plaisir qu'aurait pris le père du Crazy Horse, Alain Bernardin, à réaliser leurs costumes...

Bonne nouvelle pour les homosexuels américains, ils pourront désormais s'aimer en toute légalité, la sodomie venant tout juste d'être dépénalisée au beau pays de George W. Bush. « C'est un grand jour dans l'histoire du combat du peuple américain pour promouvoir les libertés », a estimé le président de l'association People For The American Way, Ralph Neas.

Ils étaient plusieurs milliers à manifester hier, à Paris et en province, pour « sauver le régime spécifique des intermittents du spectacle », alors que des négociations avaient lieu au siège du MEDEF, lequel demeurait sur sa dernière proposition : « Comptabiliser, sur les neuf derniers mois (au lieu de douze aujourd'hui), les cinq cent sept heures de travail nécessaires à l'ouverture des droits, et rapporter la durée d'indemnisation à six mois (contre douze à l'heure actuelle). »

Je m'installe à Boutigny pour l'été. J'espère y terminer le roman promis aux Éditions Fayard, écrire deux ou trois préfaces et continuer à tenir ce Journal. Pour la durée des vacances, j'abandonne la chronique que je tiens à *L'Humanité* ; cela me donnera un petit peu plus de temps...

Dimanche 29 juin. Énervement, dès l'heure du petit déjeuner, en lisant l'éditorial qu'a signé, dans *Le Figaro*, un certain Joseph Macé-Scaron ; celui-ci remarque : « C'est fou ce que l'on s'indigne, aujourd'hui. C'est simple : depuis que la dignité a disparu, on ne s'est jamais autant indigné. » Suit un sémillant discours sur la « spectaculaire » arrestation de notre « Astérix altermondialiste », auquel « il fallait au moins cela si l'on voulait oublier le Bové contempteur d'Israël, le visiteur éploré d'Arafat dans son QG de la Mouquata, le fermier conceptuel qui a cru voir derrière chaque attentat antisémite perpétré en France, depuis le début de l'Intifada, un coup du Mossad». Après José Bové, «le socialisme sparadrap, toujours selon Macé-Scaron, s'indigne sur le sort des Moudjahidin». «Après les Moudjahidin, les Brigades rouges [...]. On retrouve, dans cette liste qui n'a rien d'un inventaire à la Prévert, tous ceux qui ont été accueillis, couvés, protégés, durant les années Mitterrand, sous le fallacieux prétexte qu'ils développaient une vague phraséologie révolutionnaire.» Et, bien sûr, Macé-Scaron de rappeler aux «virtuoses de la culture de l'excuse, pour qui le mal, quand il vient des damnés de la terre, n'est plus tout à fait le mal», qu'ils devraient «s'interroger sur le peu d'attention réservée aux droits et à la liberté du peuple cubain qui vit sous la férule d'un sinistre dictateur. Qu'en pense Danielle Mitterrand ? Que disent nos indignés ?». Cette manie qu'ont les âmes bien-pensantes, de droite comme de gauche d'ailleurs, de nous jeter Cuba et son régime pourri à la tête en toute occasion ! J'en connais, de ces belles âmes, qui ne trouvèrent rien à redire à la fréquentation d'un Franco, d'un Ceausescu ou d'un Amin Dada... et j'en oublie !

On ne devrait jamais lire, au moment du petit déjeuner, de ces lignes qui transpirent la haine... C'est mauvais pour le moral comme pour la digestion.

En fin d'après-midi, Jean-Paul Montanari, directeur du Festival Montpellier Danse, a annulé la vingt-troisième édition de la manifestation, en raison de la grève entreprise par les techniciens intermittents que les artistes ont rejoints. Montanari précise que sa décision de renoncer «vise directement le responsable de la situation, l'ennemi : il s'agit bien de la politique de Raffarin, élu à cause d'un certain nombre d'entre nous qui ont oublié de se réveiller, un certain dimanche. Non, la gauche et la droite, ce n'est pas la même chose».

Lundi 30 juin. Le ton se durcit chez les intermittents qui contestent l'accord signé, vendredi, par trois de leurs syndicats minoritaires ; le compromis qui prévoit notamment le raccourcissement de la durée d'indemnisation est dénoncé par la CGT et FO, qui y voient «une nouvelle tentative d'aligner le spectacle sur le régime général». Ce à quoi réplique Ernest-Antoine Seillière, patron du MEDEF: «Le milieu du spectacle est habitué à ce qu'on ne touche pas à ses privilèges; on y touche comme à d'autres et c'est ça qu'on appelle la réforme.» Et de mépriser bassement «ces gens qui vivent de l'assurance-chômage au lieu de vivre de leur travail...». Avant de s'en prendre à ceux qui perçoivent des indemnités, Ernest-Antoine Seillière devrait peut-être se renseigner sur le fonctionnement des entreprises qui les embauchent, ne réglant, par exemple, que les charges patronales aux organismes collecteurs; en échange de quoi, ces employeurs déclarent, pour leurs salariés intermittents, une durée de travail supérieure à celle qu'ils ont réellement effectuée mais qui leur permettra de faire valoir leurs droits à l'indemnisation. Dans l'audiovisuel, il semble que cela soit devenu la norme, au point que le ministre de la Culture, Jean-Jacques Aillagon, s'est vu contraint d'adresser une lettre aux présidents des entreprises publiques du secteur, leur signifiant qu'il « ne tolérerait pas que le service public ne soit pas exemplaire ». Stéphane Braunschweig, metteur en scène, s'inquiète: «La réforme du MEDEF amènerait ceux qui sont les plus faibles du système – les acteurs et les artistes – à en sortir. C'est une réforme extrêmement violente, catastrophique pour l'ensemble du paysage théâtral français. Il existe un risque de déprofessionnalisation de certains métiers, comme les techniciens du théâtre.» La grève continue donc. «Nous assistons, aujourd'hui, à une dégradation rapide de la politique culturelle française dont la réforme du régime d'indemnisation n'est que l'un des signes manifestes. Dans le contexte actuel de cette politique de droite inacceptable, nous demandons à MM. Raffarin et Aillagon de se positionner en refusant de donner leur agrément à l'accord conclu», complète Mathilde Monnier dans un texte signé par cent cinquante professionnels de la branche; la directrice du Centre chorégraphique de Montpellier devait, elle aussi, présenter un spectacle durant le festival.

Bien que comprenant les motivations des intermittents, je m'inquiète de la survie de certains de ces festivals. En effet, ces manifestations artistiques, qui attirent de nombreux spectateurs, ne sont pas toujours du goût des habitants des villes où elles ont lieu ; on ne voit pas toujours d'un bon œil ces « étrangers » qui viennent prendre possession des rues et perturber le train-train quotidien. Certains pourraient en profiter pour prêcher leur fin. Et la menace pèse sur de nombreux festivals comme à Aix-en-Provence, Marseille ou Avignon...

Disparition de l'actrice américaine, Katharine Hepburn, à l'âge de quatre-vingt-seize ans ; elle aura survécu trente-six ans à son amant, Spencer Tracy. Celle qui incarnait, aux yeux de la société américaine, la femme libre, a avoué, dans ses Mémoires, avoir abdiqué toute indépendance pour l'homme qu'elle aima, s'accommodant même qu'il fût marié à une autre et obligeant le tout-Hollywood à accepter leur liaison...

Elle fête son trois millième numéro en le publiant accompagné du fac-similé, au format réduit, de son tout premier numéro en date du 21 novembre 1945. Y figurait notamment une photo de Claire Mauriac, fille de François, alors ambulancière en Allemagne : comme Léa, sa petite-fille, lui ressemble ! Les femmes de ma génération ont grandi avec *Elle*, se sont émancipées en même temps que leur magazine, ont suivi ses conseils de beauté, découpé ses reportages et copié ses modèles... Chaque semaine, mes filles s'en disputaient la nouvelle livraison, découvraient en riant leur horoscope puis le comparaient au mien. Avec les années, les articles se sont approfondis, soutenant la cause des femmes, abordant même des sujets politiques : oh, ce numéro de juin 1968 !

La Confédération paysanne exige « la libération immédiate » de son porte-parole, José Bové. Mais, « il y a eu une décision de justice. Un gouvernement, quel qu'il soit, se doit de l'appliquer. Que dirait-on s'il ne le faisait pas ! » s'exclame Alain Juppé. L'ancien Premier ministre se déclare encore « sidéré » par « l'exploitation politicienne du cas Bové ». De leur côté et sous la forme d'un CD, Manu Chao, Noir Désir, Renaud, Mickey 3d, Zebda et Tryo apportent leur soutien à la Confédération et à José Bové : « L'organisation syndicale percevra un pourcentage sur chaque exemplaire vendu, dès le premier », ont-ils précisé. Voilà une action concrète !

Juillet

Mardi 1er juillet. Amusante parution, dans *Libération*, d'un « Jeu de lois » dessiné par Willem et se proposant d'« explorer les règles du savoir-vivre en Sarkoland ». Au début des années soixante-dix, j'avais moi-même publié un « Jeu de l'oie érotique » dû au talent de Wolinski, puis un puzzle en noir et blanc du même Willem qui permettait, superbe et surprenant, de composer des figures grotesques érotiques ; ce jeu avait été baptisé le « Libido ». Chacun de ces jeux avait été tiré à mille exemplaires. Pour la petite histoire, à chaque spécimen vendu, je perdais de l'argent...

Pour avoir voulu réaliser un reportage sur un groupe de rebelles hmong – une minorité ethnique en lutte contre le pouvoir communiste laotien –, un caméraman français, Vincent Reynaud, un photo-reporter belge, Thierry Falise, et leur interprète américain d'origine hmong, Nawkarl Mua, travaillant pour le compte de la Télévision suisse-romande, ont été arrêtés puis condamnés à quinze ans de prison. La sentence ne surprend guère ceux qui ont l'expérience du Laos : « C'est une façon de dire, c'est notre loi, ce sont nos règles. Ils veulent montrer leur souveraineté. Mais, après, cela devient négociable au niveau de la cour d'appel ou du recours en grâce », explique un connaisseur. Espérons que Dominique de Villepin se montrera meilleur négociateur, auprès du gouvernement laotien, qu'il ne l'a été avec la guérilla colombienne ; à ce jour, les rebelles de ce pays détiennent toujours Ingrid Betancourt...

Jean-Marie Messier, lui, ne devrait pas connaître de problèmes de retraite : il « arrache » à Vivendi 20 millions et demi d'euros en guise d'indemnité de départ, en vertu d'un contrat de droit américain dit « de cessation d'activité » et signé le 1er juillet 2002. Indécent, non ?

Mercredi 2 juillet. Nouvelle « raffarinade » hier à Strasbourg. Jean-Pierre Raffarin, s'estimant « en famille » au Conseil de l'Europe où il était invité pour le cinquantième anniversaire du Parti populaire européen (PPE), rassemblement de droite, y a une nouvelle fois fait preuve de son ravageur humour : « Le Premier ministre slovaque, Mikolas Dzurinda, m'expliquait tout à l'heure qu'il n'y avait que deux destinations pour le socialisme : le paradis mais, c'est déjà fait, et l'enfer où, ma foi, il était déjà arrivé. » Rires, applaudissements. Et d'ajouter, l'air finaud et droit dans ses sabots : « Je me dis donc que la France n'est encore, dans son chemin du paradis, qu'au purgatoire puisqu'il reste encore des socialistes. » Plus tard, devant les réactions controversées suscitées par ses propos, le Premier ministre précisait, dans un communiqué, qu'il « ne visait en aucune manière à offenser qui que ce soit » (tiens donc !), et que, « sortie de son contexte, cette phrase pourrait être injurieuse (pour le moins...). Dans son contexte, elle n'a pas de signification politique ». Et alors ? C'est bien ce que l'on appelle parler pour ne rien dire ou avoir perdu une occasion de se taire... François Hollande, c'est de bonne guerre, en profita en confiant à *Libération* que, « cette fois, Raffarin n'était plus dans la gaffe de langage ou la "raffarinade" ». D'après lui, cette déclaration « révèle un état d'esprit qui correspond à une logique qui voudrait que l'opposition soit un poison de la vie politique. C'est une conception de la démocratie qui devient celle du parti unique ».

Plus sérieux, la révision du procès intenté à quatre parlementaires kurdes, menacés de la peine de mort : elle vient de se dérouler, à Ankara, grâce à la condamnation unanime prononcée par la Cour européenne des droits de l'homme ; la Cour avait jugé « non équitable » la première procédure qui, en 1994, avait condamné Leyla Zana, Orhan Dogan, Hatip Dicle et Selim Sadak a quinze ans de prison pour délit d'opinion. Lors d'une audience, Leyla Zana a solennellement déclaré : « Vous, messieurs les juges, vous aussi les journalistes et les observateurs, bref, nous tous et donc la Turquie, nous sommes en train de passer un examen de démocratie. Par conséquent, même si nous avons l'impression que cette période procédurale concerne, en premier lieu, nos libertés individuelles, au fond, cela concerne notre avenir commun. Si notre problème était uniquement la liberté individuelle, nous n'aurions pas attendu cette période, en Turquie, mais nous aurions exercé notre droit à l'exil volontaire. Nous saluons et soutenons, malgré les insuffisances existantes, les ouvertures telles que l'abolition de la peine de mort ou l'éducation en d'autres langues que le turc. Mais, nous voudrions attirer l'attention sur la non-application de ces réformes [...]. L'Europe sans la Turquie sera un projet inachevé. Faites ce signe à l'Europe et au monde, pour montrer que vous voulez démocratiser la Turquie. »

Ça a une autre allure, non ?

Jeudi 3 juillet. Plus de deux cents artistes et professionnels du spectacle signent une pétition demandant à Jean-Pierre Raffarin de « faire un geste » ; parmi eux, on relève la présence de Catherine Deneuve, Isabelle Adjani, Pierre Arditi, Jeanne Balibar, Guy Bedos, Jean Benguigui, Dominique Blanc, Claude Brasseur, Patrice Lecomte ou Francis Huster...

Les pensées de José Bové, au fond de sa prison de Villeneuve-lès-Maguelone, doivent être bien sombres ce matin : le Parlement européen a en effet adopté, hier, une législation réglementant l'étiquetage et la traçabilité des produits contenant des OGM. Celle-ci ouvre la porte à la reprise de leurs importations et de leurs cultures en Europe.

Les annulations de festivals et de représentations se multiplient, parallèlement aux manifestations de protestations des intermittents s'opposant à leur nouveau régime d'allocation-chômage. « Je ne suis pas choqué par l'accord, avoue Patrice Chéreau. Certes, il est perfectible. Mais le statut de l'intermittent est sauvé. »

Terminé le dernier livre de Gérard Oberlé, *La vie est un tango* [1], un recueil des chroniques qu'il donna à France Musique, d'avril 2001 à février 2003. « Bébé sumo », comme l'appelle son copain Thierry Beauvert, nous régale, avec humour et tendresse, de ses recettes culinaires, de ses lectures et de ses rencontres. Le complice de l'écrivain, l'Américain Jim Harrison, n'a pas son pareil pour faire oublier au lecteur l'ordinaire des jours. Pour ma part, je connais Gérard depuis une bonne trentaine d'années ; j'étais éditeur, il était libraire, spécialisé dans le roman noir et les auteurs latins. Il était beau, mince et ses cheveux bouclés lui donnaient l'air d'un faune. Trente ans plus tard, donc, malgré quelques dizaines de kilos en plus et la boule à zéro, Gérard reste toujours aussi séduisant, toujours aussi bon compagnon de table ou de voyage. Et je sais de quoi je parle puisque nous partîmes, tous deux, pour un périple à travers l'île de Fidel, loin des sentiers battus, à la recherche de ce que le peuple cubain possède de plus authentique : l'amour de sa patrie, son désenchantement, son humour triste, sa gentillesse, son sens de l'hospitalité, sa musique et ses cigares... À cet égard, Oberlé, grand fumeur devant l'Éternel, fut comblé ! Nous nous y perdîmes sur les routes défoncées de l'Oriente, manquant la chute de peu dans les virages escarpés de la sierra del Plurial, nous nous arrêtâmes au bord de la chaussée pour y admirer le paysage, peu avant Baracoa, l'endroit où mouillèrent, en 1492, les trois caravelles espagnoles commandées par Christophe Colomb. En 1511, Baracoa fut d'ailleurs la première ville à être fondée par les nouveaux arrivants, puis, pendant plus de quatre siècles, ne fut accessible que par bateau. Nous arrivâmes, vers l'heure du déjeuner, dans une cité déserte où seul un gamin était là pour nous indiquer un paladar (restaurant familial) qui n'était même pas répertorié dans nos guides. L'adresse se révéla bonne et le café excellent. Épuisés mais contents, nous redescendîmes vers Guantánamo où les freins de la voiture nous lâchèrent. Heureusement, nous trouvâmes, à l'hôtel Guantánamo, un représentant de l'agence de location qui fit faire les réparations nécessaires. Il faisait nuit lorsque nous reprîmes la route de Santiago. Près de moi, Gérard disait ses prières ; à Cuba, les routes réservent, il est vrai, toutes sortes de rencontres inattendues, tels troupeaux de vaches, nids-de-poule, auto-stoppeurs fichés au beau milieu de la chaussée... Comme il y a un Dieu, nous parvînmes à bon port. Après une douche prise au Casa Granda, sur le parque de Cespedes, nous allâmes dîner dans notre paladar favori, las Gallegas, où nous sacrifiâmes à l'habituel pollo frito, accompagné de frijoles et de morros y cristianos. Deux heures plus tard, nous dormions à poing fermé...

C'est le lendemain que nous fîmes la connaissance d'un professeur de littérature à la retraite qui donnait des leçons de français dans un café où j'ai mes habitudes, la Isabélica. Toutes les tables étant occupées, ce matin-là, il nous proposa de nous asseoir à la sienne, interrompant son cours pour parler avec nous des écrivains qu'il aimait, dans un français aussi désuet qu'impeccable. Quand il sut que nous étions l'une écrivain, l'autre libraire, sa joie, après plusieurs cafés *con ron* (arrosé de rhum), parvint à son comble. À sa grande satisfaction, nous revînmes à la Isabélica le jour suivant pour lui apporter la plupart des livres que nous avions pris avec nous.

C'est cet après-midi-là que Gérard apprit le décès de son père. Nous repartîmes pour La Havane mais, en dépit de l'aide que nous apporta l'ambassade de France, il ne put trouver de vol pour revenir à temps assister aux obsèques. Afin de lui changer les idées, j'entraînai Gérard dans l'un de mes lieux de prédilection, la Casa del Tango, situé non loin de la plaza des Armas où se trouvait notre hôtel. J'avais prévenu Kitty Angel, « l'animatrice » de l'endroit, du chagrin de mon compagnon. Là, nous eûmes droit à tout ce que les Cubains recèlent en eux de tendresse et de compassion : Kitty, après avoir embrassé Gérard, se leva et annonça qu'elle allait chanter pour un ami français dans le deuil. Le tango, cette « pensée triste qui se danse », exprima la mélancolie de l'absence, la fin de l'amour et la disparition de l'être aimé... Des larmes coulèrent sur les joues de mon ami. Après Kitty Angel, d'autres chantèrent pour ce père défunt. Les uns et les autres, artistes et spectateurs – âgés, pour la plupart, mais tous fous de tango –, vinrent étreindre Gérard et lui dire leur sympathie...

Vendredi 4 juillet. Difficile d'échapper à Hillary Clinton : elle paraît dans tous les journaux, sur toutes les chaînes de radio et de télévision pour y parler de son livre qui vient de paraître en France, *Mon histoire*[2]. Mais qu'il doit être agaçant, frustrant aussi, d'être sans cesse interrogée à propos de la relation qu'entretint son mari avec Monica Lewinsky, quand on se verrait bien – quoi qu'on en dise – à la Maison-Blanche ! Au passage, je remarque qu'elle a un joli rire...

Jean-Marie Rouart, directeur du *Figaro littéraire* depuis dix-huit ans, a été remplacé par un autre académicien, Angelo Rinaldi, venu du *Nouvel Observateur*. « Pourquoi ? » se demandent journalistes du *Figaro* et amis. Est-ce pour avoir écrit un article qu'il destinait aux pages « Débats et opinions » ? Intitulé « Justice : ces recadrages qui font "parfois" songer à des étouffements », Rouart y évoquait la mise en cause de Dominique Baudis dans le cadre de l'affaire Alègre. C'est vraisemblable... Jean-Marie Rouart avait déjà fait grincer des dents autour de lui en prenant fait et cause pour Omar Raddad ; on en saura sans doute un peu plus dans les prochains jours...

À la suite de tirs de mortier dirigés contre la colonie de Kfar-Darom, l'armée israélienne a coupé, jeudi matin, la route Salaheddine qui relie le nord au sud de la bande de Gaza, et abattu un responsable palestinien dans la ville cisjordanienne de Kalkilya. Deux mille cinq cent quarante-quatre Palestiniens ont été tués, depuis le début de l'Intifada, contre sept cent soixante-dix Israéliens. « La trêve » ne tient qu'à un fil.

Maryam Radjavi a été remise en liberté sur décision de la cour d'appel de Paris. Selon Dominique Bari, de *L'Humanité*, « cette décision constitue un revers incontestable pour la justice antiterroriste et un désaveu cinglant des méthodes employées par le juge Jean-Louis Bruguière, au regard, notamment, des déclarations du ministre de l'Intérieur et du directeur de la DST ». Maître Henri Leclerc, avocat de Maryam Radjavi, se réjouit : « La justice française a montré qu'elle savait ne pas s'incliner devant des considérations diplomatiques et politiques, et qu'il n'y avait pas, dans cette affaire, de raison de placer ces gens en détention. Tout le monde sait très bien que ce n'est pas un dossier terroriste et qu'il n'y a eu aucun acte commis, en France, d'aucune nature. »

Samedi 5 juillet. Révoltée, chaque fois que je tombe sur ce spot publicitaire que Citroën a réalisé pour vanter les qualités de son grand monospace. On y voit un gamin habillé en petit prince anglais placer une pièce dans la main tendue d'un homme dont la tenue indique, elle, qu'il vient de laver le véhicule ; tout, dans le regard levé du garçonnet et dans celui, baissé, de l'homme, trahit leur rapport de maître à valet...

Départ du quatre-vingt-dixième Tour de France, lequel fête, cette année, son centenaire ; ce décalage s'expliquant par les interruptions dues aux guerres de 14-18 et de 39-45.

Il était dix-neuf heures, hier, quand des policiers du RAID ont procédé à l'arrestation d'Yvan Colonna qui s'abritait dans une bergerie de Porto Pollo, au sud d'Ajaccio. Cette arrestation survient à la veille du référendum portant sur la réforme du statut de la Corse ; est-ce une coïncidence ?

Alain Duhamel fait campagne, dans *Libération*, pour l'élection de Valéry Giscard d'Estaing à la présidence de l'Europe. Selon lui, Giscard « est, parmi ses pairs, le seul qui soit capable de faire passer un chameau par le chas d'une aiguille » ; à savoir, faire accepter le projet de Constitution européenne...

Le chanteur américain, Barry White, celui que l'on surnommait « le maestro de l'amour », est mort à Los Angeles. Aussitôt, me reviennent en mémoire ces soirées passées à danser au son de sa voix chaude et sensuelle, véritable incitation au flirt le plus indécent. Je ne résiste pas au désir de la réentendre et, à nouveau, opère le charme, resurgit la nostalgie : « You see the trouble with me... »

Lundi 7 juillet. Quarante-huit heures après l'arrestation d'Yvan Colonna, le « non » l'a emporté au référendum organisé en Corse. « C'est un échec pour moi », a reconnu Nicolas Sarkozy. C'en est un également pour le chef de l'État et le Premier ministre, persuadés que le « oui » s'imposerait. « C'est la preuve qu'on ne se laisse pas manipuler », a commenté Jean-Claude Graziani, secrétaire de la CGT de Haute-Corse. Pour le député-maire de Bastia, Émile Zuccarelli, « c'est une certaine vision de la Corse, s'éloignant peu à peu de la République, qui a été rejetée dimanche ». Pour Dominique Bucchini, élu communiste à l'Assemblée territoriale, « c'est une gifle monumentale à l'endroit du gouvernement ». « On les a fait tomber de leurs chaises ! » s'est écriée Marie-Françoise Pericchi, secrétaire adjointe de la FSU de Haute-Corse. Les nationalistes restent les grands perdants de ce scrutin ; mauvais perdants, d'ailleurs, qui accusent le gouvernement d'avoir finalement préféré la victoire du « non » : « Si, à Paris, on voulait que le "non" l'emporte, on ne s'y serait pas pris autrement », estime leur porte-parole, Jean-Guy Talamoni.

Un double attentat-suicide a fait, samedi dernier, au début du festival de rock de Moscou, près de vingt morts et une quarantaine de blessés. Les kamikazes seraient des femmes tchétchènes...

Le Festival d'Avignon aura-t-il lieu ? Rien n'est moins sûr. Bernard Faivre d'Arcier, directeur de la manifestation, « attend, comme les artistes, les techniciens et les coordinations d'intermittents, le retrait du protocole d'accord sur l'indemnisation-chômage, signé le 26 juin

[...]. Sans ce geste symbolique, nous serons dans une situation de blocage». Pour Stanislas Nordey, metteur en scène, «ce n'est pas une simple revendication corporatiste, c'est une chose qui a à voir avec l'intime [...]. C'est une réaction de survie et que l'on ne vienne pas nous dire que c'est une réaction suicidaire...». Quant à Françoise Benhamou, auteur du livre-enquête *L'Économie du star-system*[3], elle pense que, «quelle qu'en soit l'issue, le mouvement des intermittents aura montré l'importance de la culture dans l'économie française». Ce commerçant d'Avignon avait tout compris lorsqu'il s'est écrié, à propos des intermittents: «Ils coûtent cher, peut-être, mais ils rapportent du pognon!» Et, si tout ce ramdam orchestré autour de la «réforme» du régime social des intermittents faisait prendre conscience à nos élites de l'importance de l'activité culturelle dans le paysage économique français? C'est qu'ils en rapportent «du pognon» les six cent cinquante festivals de France! Ils constituent bel et bien une industrie qui attire, en nombre, les touristes...

Mercredi 9 juillet. «La peste», puisqu'il faut l'appeler par son nom, a fait sa réapparition en Algérie; elle touche les villages à proximité des décharges sauvages de la région oranaise et menacerait de s'étendre. Le port de Marseille est en alerte; les Marseillais n'ont sans doute pas oublié la grande épidémie qui, de 1720 à 1721, y tua cent mille personnes.

Jeudi 10 juillet. Enfin, *La Forêt et les Dieux*[4], le livre que Lydia Cabrera, morte à Miami en 1991, avait consacré aux religions afro-cubaines et à la médecine sacrée de Cuba, est traduit en français, quarante-neuf ans après sa parution à La Havane! L'ouvrage dont le titre original est *El Monte*, était devenu introuvable, même chez les bouquinistes de la plaza des Armas, mais non ses *Contes nègres* et ses *Contes pour adultes-enfants et attardés mentaux. El Monte* est le livre de la senteria, cette religion, mélange de dieux et de rites africains, de rites et de saints catholiques, pratiquée par de très nombreux Cubains, blancs comme noirs, et des orishas, ses divinités. À La Havane, il m'a été donné d'assister à quelques-unes de ces étranges cérémonies, pratiquées en l'honneur de Yemaya, Chango, Octun ou Inle... où sang, argent, rhum, terre et fleurs tiennent un grand rôle. Une sentera, prêtresse de Yemaya, m'a révélé que j'avais dû être appelée dans l'île par les Dieux et que rien de mauvais ne pourrait donc m'y arriver... Un moment, j'envisageai de réaliser un ouvrage avec elle sur le sujet ; elle en était d'accord mais... le temps a passé.

Dix mille hectares de bois sont partis en fumée dans le massif des Maures en moins de vingt-quatre heures...

Vendredi 11 juillet. L'interview qu'Ivan Levaï a donnée au *Parisien* va mettre du baume au cœur des douze millions de seniors français. Celui qui dit, avec Balzac, « j'appartiens à un parti d'opposition qui s'appelle la vie », pour lequel le mot « retraite » est un « terrible » vocable qui « veut dire : se retirer, se retrancher du monde des vivants. Or, je ne crois qu'en la vie. Et la vie est action », n'envisage pas d'arrêter de travailler « dans un pays où l'on peut être président de la République au-delà de soixante-dix ans ». Depuis vingt-sept ans, chaque matin vers cinq heures, Ivan Levaï s'applique à décortiquer la presse du jour pour le plus grand bonheur des auditeurs d'Europe 1, de France Inter, de RMC ou de France Musique. « Le jour où l'on me privera de micro, le jour où je serai chassé de mon emploi par des énarques normalisateurs, je ferai comme Aguigui Mouna, cet homme qui commentait la presse sur le trottoir en peignant sa longue barbe à l'aide d'un petit râteau... »

Le Festival d'Avignon n'aura pas lieu : son directeur, Bernard Faivre d'Arcier, l'a annoncé hier, depuis le cloître Saint-Louis, au cours d'une conférence de presse où de nombreuses personnes fondirent en larmes. « On ne peut pas organiser un festival sous la pression d'une grève reconductible de jour en jour. » Très ému, les yeux rougis, tête baissée, Bernard Faivre d'Arcier, dont c'était la dernière année à la direction du festival, a conclu : « Le festival a tout fait pour manifester sa solidarité. Je suis moi-même intervenu à plusieurs reprises, bien avant qu'il ne commence, pour faire pression J'ai rencontré le ministre de la Culture, des conseillers du Premier ministre et d'autres du président... Ça n'a servi à rien ! »

Annulés : les Francopholies de La Rochelle, le Lyrique d'Aix, les Scènes estivales d'Albi, les Tombées de la nuit de Rennes, les Arts de la rue de Tours et le Festival de Pierrefonds. Menacés : les Vieilles Charrues de Carhaix, l'Interceltique de Lorient, les Nuits d'été d'Agen, le Festival de Radio France de Montpellier, Jazz in Marciac, le Tempo Latino de Châteauvallon et Jazz à Vienne. À Carcassonne, le comédien Philippe Caubère, solidaire du mouvement des intermittents, a annulé la tenue de son spectacle... Pour le Parti socialiste, l'annulation du Festival d'Avignon, après celles de plusieurs autres manifestations, est « de l'entière responsabilité du gouvernement [...]. La gravité de la crise sans précédent dans laquelle les positions du MEDEF et du ministre de la Culture ont plongé les milieux culturels est une catastrophe culturelle et économique dont notre pays aura du mal à se remettre ». Marie-George Buffet, secrétaire générale du Parti communiste, Noël Mamère, député des Verts de Gironde, et François Bayrou, président de l'UDF, ont déploré « l'immense gâchis ». Quant à Ariane Mnouchkine, metteur en scène, elle a estimé qu'il s'agissait d'une « erreur stratégique ».

Dans les rues d'Avignon, c'est la stupéfaction. Habitants, touristes, commerçants, festivaliers et gens du spectacle commentent la décision prise, partagés qu'ils sont entre consternation, tristesse et indignation.

Jacques Chirac n'accorde, finalement, qu'une demi-amnistie à José Bové, deux mois de remise de peine à titre individuel auxquels s'ajouteront les deux mois et demi annulés à la faveur de la grâce collective du 14 Juillet, soit quatre mois et demi à retrancher des dix mois de prison ferme qui devaient lui être infligés pour avoir détruit, en récidiviste, des plants de maïs transgéniques. Les partisans du syndicaliste s'avouent déçus par cette « grâce au rabais ». Pour la Confédération paysanne, « le maintien en prison d'un homme, pour ses idées et son action syndicale, signe le retour à des pratiques de sinistre mémoire ».

Samedi 12 juillet. *Ars-en-Ré.* Départ, avec Sonia Rykiel et Jacques Merle, pour Ars-en-Ré. En route, nous nous arrêtons acheter quelques spécialités poitevines en vue de l'anniversaire de Lionel Jospin que nous allons fêter. Le temps de passer à l'hôtel embrasser Pierre qui se trouve déjà dans l'île, de récupérer mon vélo, et j'arrive juste à l'heure pour le dîner préparé à cette occasion par le Bistrot de Bernard. Nous ne sommes que huit autour de Lionel ; nous offrons nos cadeaux de bouche auxquels j'ai tout de même ajouté un livre, *Le Poitou-Charentes dans tous ses objets*[5], pour lequel son auteur, Lionel Lesveque, m'avait demandé d'écrire une préface. J'oublie cependant que Jean-Pierre Raffarin y avait ajouté un avant-propos... Lorsque je m'en rends compte, un peu penaude, il est trop tard, mais Lionel éclate de rire ! La soirée se poursuit, gaie et détendue...

Dimanche 13 juillet. Antonio Ferrara, qui s'était évadé, en mars dernier, de la maison d'arrêt de Fresnes, a été arrêté jeudi soir, à Paris, au comptoir d'un café du XIIe arrondissement. Malgré son nez refait et ses cheveux teints, Ferrara n'a pas trompé les policiers lancés à sa poursuite...

Alain Ferrandi et Pierre Alessandri, deux des accusés du procès Érignac, ont été condamnés à la réclusion criminelle à perpétuité ; leurs complices, à des peines allant de trente à quinze ans d'emprisonnement. Quand le verdict tomba, des proches des condamnés, montés sur des bancs, entonnèrent l'hymne corse. Les gendarmes ne cherchèrent ni à les faire taire ni à replier le drapeau à tête de Maure qu'ils avaient déployé. De leur côté, des policiers firent directement sortir la veuve du préfet assassiné. À l'extérieur du Palais, une foule, contenue par des cordons de police, scandait : « Francesi assassini ! Liberta ! Liberta ! » Les nationalistes corses ont d'ailleurs estimé qu'il s'agissait « davantage d'une vengeance que d'une décision judiciaire ». Les autorités s'attendent à une recrudescence des violences, dans l'île comme sur le continent, après l'annonce d'une sentence qui intervient peu après l'arrestation d'Yvan Colonna et la victoire du « non » au référendum. Au Café du commerce d'Ars, les commentaires vont bon train...

Dîner typiquement rhétais chez Antoine et Valérie Solvit, en compagnie de Nicole Garcia, François Berléan, Jacques Fieski, Anne Wiazemsky, Sonia et Jacques. Le repas terminé, nous cédons à la tradition en allant danser, sur la place de l'Église, à l'occasion de la Fête nationale.

Mardi 15 juillet. C'est au marché d'Ars que Pierre m'a annoncé la mort de Compay Segundo ; j'ai de la peine. La première fois que j'ai rencontré Compay, c'était un matin de mars 1997 vers onze heures, chez lui, dans un de ces quartiers sinistrés de La Havane. Une traductrice m'accompagnait, Suzel, qui, en bonne Havanaise, cria son nom sous ses fenêtres : une tête coiffée d'un chapeau parut. À l'aide d'une corde, quelqu'un fit descendre un panier dans lequel se trouvait une grosse clé. Suzel ouvrit la porte qu'elle referma soigneusement sur nous. En haut d'un escalier très raide, une femme nous attendait : sa belle-fille ; elle nous accueillit avec un baiser sur la joue et des exclamations de bienvenue. Même rituel, peu après, de la part d'un vieux jeune homme en chemise à larges rayures roses et blanches, portant un feutre gris clair : Compay Segundo ! Pendant que sa belle-fille préparait le café, assis sur un divan, nous discutions de musique, du prochain concert qu'il donnerait à Paris. L'un de ses musiciens, Benito Suarez, et son fils, Salvador Repilado, nous rejoignirent. À travers la fumée de son cigare, les yeux du patriarche, Francisco Repilado (le vrai nom de Compay Segundo), brillaient. Le café était bon, le rhum aussi. Benito prit sa guitare, Salvador également. Compay s'était saisi de son harmonico, une guitare à sept doubles cordes. « Ils vont chanter pour vous », me glissa Suzel. De sa voix encore chaude, encore claire, l'ancien tabaquero (rouleur de cigares), après m'avoir lancé un clin d'œil, attaqua *Una rosa de Francia*. Émue, je déposai un baiser sur sa joue. Effet de mon baiser ou simple bonheur de jouer avec ses compagnons, Compay interpréta une dizaine de chansons à la suite. De l'autre côté de la rue, des gens s'étaient mis aux fenêtres et se balançaient en rythme, certains frappant dans leurs mains. Suzel et la belle-fille de Compay, n'y tenant plus, esquissèrent quelques pas de danse. La fête avait envahi ce modeste appartement de La Havane. Puis Compay posa son instrument, se leva et m'invita à danser à mon tour. En nous quittant, pour le remercier de cet accueil, je lui promis de donner, chez moi, une fête en son honneur lors de son passage à Paris. Je tins parole et je le reçus, à la fin de l'été suivant, accompagné de ses musiciens. Jusque tard dans la nuit, ils jouèrent et chantèrent. Le Chilien Angel Parra et la Vénézuélienne Mariana Montalvo joignirent leurs voix aux leurs, parmi les vapeurs des mojito et les volutes de havane... À presque chacun de mes séjours à Cuba, je lui rendis visite, l'invitant à déjeuner au Nacional, table qu'il aimait, ou bien dans ce restaurant en plein air où il avait ses habitudes. Dernièrement, il avait déménagé et vivait désormais dans une sorte de HLM située à la périphérie de la capitale cubaine, sous la garde de policiers... Cette fois-là, il avait joué pour ma fille Camille qui m'accompagnait. Lors d'un autre voyage, c'est à Carmen Castillo qu'il avait lancé des œillades... À deux ou trois reprises, nous nous sommes croisés à l'aéroport José-Martí, mais, la dernière fois que je le vis, c'était à la Foire internationale du livre de La Havane où la France était l'invitée d'honneur. Pour l'occasion, Compay avait chanté, à la Cabaña, en présence de Fidel Castro et de Jean Lévy, l'ambassadeur de France à Cuba ; ce soir-là, je lui trouvai l'air fatigué...

Je ne boirai plus de rhum en écoutant *Chan Chan*, la plus célèbre chanson de celui qui affirmait, « je ne crois pas mourir un jour », et dont le secret de la joie de vivre résidait, selon son propre aveu, dans « les cigares, les fleurs, le rhum et les femmes... ». Francisco Repilado était né à Siboney, dans l'Oriente, en 1907. Il apprit la musique en écoutant les *troveres*, ces chanteurs ambulants qui vont de village en village, tandis qu'une voisine lui donnait gratuitement des leçons de solfège. Il joue ensuite de la clarinette dans la fanfare municipale de Santiago puis au sein du groupe formé par Miguel Matamoros. C'est alors qu'il se fait fabriquer son harmonico, instrument qui ne le quittera jamais plus. Il est tour à tour coiffeur et tabaquero. En 1934, il part pour La Havane où il rejoint le Cuarteto Hatuey, mais c'est au Mexique qu'il enregistre ses premiers 78-tours. De retour dans la capitale cubaine, il enregistre deux nouveaux disques avec le trio Cuba puis, dans les années quarante, y forme le duo Los Compadres (les Compères) avec son ami Lorenzo Hierrezuelo. À la radio, on les surnomme « Compay Primero » et « Compay Segundo »... Le nom lui restera. Leurs truculentes chansons comme leurs ballades romantiques rencontrent un vif succès dans les couches populaires du pays. Brouillé avec Lorenzo Hierrezuelo, Compay se produit dans les hôtels et les cabarets, sans grande réussite ; il reprend alors son métier de tabaquero à la manufacture Upman de La Havane. Quand triomphe la Révolution, il est retraité et devient une sorte de musicien fonctionnaire. Il passe ensuite deux ans en Chine afin d'y étudier le savoir-faire des paysans ; jamais il ne me parla de ces deux années... C'est dans le milieu des années quatre-vingt qu'il enregistre de nouvelles chansons sur cassettes ; parmi elles, *Chan Chan*, un boléro qui enchante le directeur du Cuarteto Patria de Santiago, Eliades Ochoa. En 1994, il part pour une tournée en Espagne où il enregistre un double CD sous le titre d'*Antologia*. L'année suivante, il chante à Paris. À quatre-vingt-huit ans, sa joie de vivre, sa malice, son rire et ses pas de danse conquièrent toujours le public et, quand sort le film de Wim Wenders, *Buena Vista Social Club*, Compay Segundo fait désormais figure de vedette internationale. À quatre-vingt-quinze ans, il vient de rejoindre « sa » Regina, grand-mère bien-aimée, une esclave affranchie morte à cent quinze ans, qui lui avait appris à fumer le cigare...

Adios, amigo !

Mercredi 16 juillet. *Bilbao.* Partis pour Bilbao dans le but de visiter le musée Guggenheim avec arrêt, pour la nuit, à Hondarribia (« le gué de sable »), nom basque de Fontarabie. Nous descendons à l'hôtel Pampinot, demeure du XVIe siècle où le Grand Condé fut contraint, en 1648, de signer un traité de paix après avoir échoué dans le siège de la ville ; le vainqueur de Rocroi était âgé de vingt-sept ans !

Jeudi 17 juillet. *Auberge des Pins.* Même si nous sommes arrivés jusqu'au musée Guggenheim non sans mal, je suis immédiatement séduite par l'audacieux, le magnifique ouvrage de titane, de pierre et de verre qu'on doit à l'architecte Frank O. Gehry et qui se dresse sur les bords du Nervión. Cela tient du paquebot prêt à appareiller pour le grand large et de la cathédrale propre à transcender le regard ; je me prends à rêver d'un tel monument pour la place Beaubourg, à la ferraille de laquelle je ne me suis jamais habituée. « Beaubourg est un monument de dissuasion culturelle. Sous un scénario muséal qui ne sert qu'à sauver la fiction humaniste de la culture, c'est un véritable travail de mort de la culture qui s'y fait, et c'est à un véritable travail de deuil culturel que les masses sont joyeusement conviées », estime Jean Baudrillard à son sujet. Ici, ce n'est que blancheur argentée, courbes, décrochements, légèreté, matériaux sublimés qui miroitent et changent de couleurs au gré des cieux... Les poètes écriront un jour sur le musée de Bilbao comme ils ont écrit sur la cathédrale de Chartres. Hélas ! les œuvres qui y sont exposées m'ont beaucoup moins convaincue. J'avoue éprouver les plus grandes difficultés avec l'art contemporain que je crois proche de la fumisterie. Ce « Fumist'art », comme je l'appelle, a pourtant de nombreux défenseurs ; à commencer par Sonia avec laquelle je me chamaille souvent à ce propos. Je prétends qu'elle se fait avoir, qu'on se moque d'elle, que ce n'est pas de l'art mais de la déco, etc. Chacune reste néanmoins sur ses positions.

Retour à plus de classicisme dans cette brasserie proche du palais de Justice ; en général, on mange bien autour de ces édifices, les magistrats n'étant pas gens à badiner avec la qualité de leur nourriture... Ses murs présentent de magnifiques azulejos et l'on y sert de succulents tapas... Nous repartons pour la France en observant une halte dans les Landes, à l'Auberge des Pins.

Vendredi 18 juillet. *Boutigny.* Avant de nous rendre à Malagar, nous faisons étape dans la jolie ville de Bazas. Sur la place, non loin de la cathédrale, une librairie de livres anciens s'est ouverte...

Pour ma part, je craignais beaucoup ce retour à Malagar... Une émotion démesurée me saisit lorsque je revis l'harmonie de ses murs, sa terrasse, ses vignes, me promenant de pièce en pièce, me rasseyant au bureau de François Mauriac sur lequel j'écrivis de nombreux chapitres de *La Bicyclette bleue*... Rien n'avait vraiment changé... Si, l'odeur. Envolée celle du feu de sarments quand Simone Dufourc faisait cuire l'entrecôte du samedi, évanouie celle des chais lorsque, en compagnie de Robert, son mari, nous allions goûter au vin nouveau... Pierre et moi, nous nous évitons. Je m'éloigne... J'ai envie de partager ce moment avec notre fille, Léa, qui s'est juré de « racheter » cette maison pour laquelle elle nourrit un amour que nous jugeons excessif... « Nous sommes à Malagar... » « Non ! » Son cri de colère, de chagrin aussi, m'atteint si violemment que je ne parviens pas à retenir mes larmes. À des centaines de kilomètres l'une de l'autre, nous pleurons cette maison bien-aimée, à jamais perdue... Avec des mots hachés, maladroits également, je tente de la consoler. Sur la terrasse, je croise finalement Pierre et lui tends le portable...

Le domaine de Malagar, qui appartient désormais à l'Aquitaine, est géré par le Conseil régional et animé par le Centre François-Mauriac dont le directeur, Brice Mollereau, et son équipe s'occupent avec autant de passion que de respect. L'ancien chai à vin rouge a été aménagé en salle d'exposition où l'on peut suivre le parcours familial et mondain de l'auteur de *Genitrix*, grâce, notamment, aux photos prises par Jeanne, son épouse. On peut y écouter l'enregistrement de ses interviews ou regarder les émissions et courts métrages qui lui ont été consacrés. Une salle de travail, assortie d'une importante bibliothèque, est ouverte à ceux qui mènent des recherches sur la vie et l'œuvre de François Mauriac. Une librairie complète l'ensemble. Le vin de Malagar existe toujours : blanc, « c'est un vin de sauternes, d'un beau blond d'huile doré, plus doux certes que ne l'est la malice du maître de maison mais, comme son art et sa pensée, lentement mûri, patiemment vieilli », nota Claude Roy dans son journal après une visite au domaine. Rouge, il est puissant et possède une robe d'un rubis foncé.

Après un tour au calvaire de Verdelais, nous déjeunons au café de la place, sous les tilleuls, de pâté « maison », de pain et de vin rouge. À la basilique, nous allumons des cierges aux pieds de la Vierge miraculeuse qui porte, selon les fêtes et tout comme l'Enfant-Jésus qu'elle tient entre ses bras, des manteaux richement brodés de différentes couleurs. Sainte Exupérance, vierge martyre endormie dans sa châsse dorée, reçoit aussi l'hommage d'une chandelle. Depuis le XIIe siècle, Verdelais reste un lieu de pèlerinage : le chevalier Géraud des Grave, de retour de la première croisade, installa tout d'abord un oratoire dans « la Verte Forêt » du Luc, afin de remercier Dieu et la Vierge d'avoir épargné sa vie durant les combats de Terre Sainte. Selon la légende, la statue de la Vierge qui figure au centre du retable serait celle que la comtesse de Foix aurait trouvée « sous le pas de sa mule », dans une cache où elle avait été dissimulée afin qu'elle échappât aux destructions de la guerre de Cent Ans. Un musée d'art religieux s'est ouvert dans une aile de l'ancien couvent des Célestins, rassemblant une belle collection d'ex-voto, des manteaux de la Vierge et de l'Enfant, ainsi que des pièces d'orfèvrerie sacrée.

Nous décidons ensuite de visiter le château de La Brède.

Pour finir, Jacques et Sonia me déposent à la gare de Bordeaux avant de poursuivre leur chemin jusqu'à Nohant où Sonia doit participer aux Journées George Sand. Après une nuit passée à Paris, je pars pour Boutigny. Il fait toujours très chaud...

Samedi 19 juillet. La reine de la salsa, Celia Cruz, a rejoint Compay Segundo. Ces deux-là ne vont pas s'ennuyer au paradis !

Je lis avec bonheur, dans *Libération*, une interview de l'architecte et designer italien, Ettore Sottsass, donnée à propos de la rétrospective de son œuvre présentée au Centre Georges-Pompidou, *Vingt Ans de design pour Olivetti*. J'apprécie les considérations qu'il porte sur son travail en particulier et sur l'art en général ; ceci notamment : « L'art, on le regarde, l'architecture, on entre dedans. » Ettore Sottsass ne se revendique pas comme sculpteur, tout au plus souhaite-t-il qu'on dise de ses œuvres : « Elles sont pensées. » On rejoint là l'orgueilleuse modestie des bâtisseurs de cathédrales qui, à la place d'une signature, gravaient : « Fait de mon mieux. » Lire cette affirmation, après avoir parcouru les salles d'art moderne du musée de Bilbao, me rassure : « Je ne partage pas cette conception fréquente, aujourd'hui, qui veut que lorsque quelque chose est dans une galerie ou un musée ou dans une collection, on en parle comme d'une œuvre d'art. De même, si on pense que l'art est la capacité à bien faire quelque chose, alors un chirurgien peut devenir un artiste. Il faut savoir de quoi on parle. Je n'ai pas l'intention de faire pleurer avec un cendrier comme je peux pleurer devant un Picasso. Et, si je cite Picasso, c'est parce que, lorsque j'ai vu pour la première fois *Guernica*, en 1937 ou 1938, j'ai été subjugué : ce tableau a changé ma vie émotionnellement, psychologiquement, culturellement. » Voilà, tout est dit : l'art est fait d'émotion. Pas d'émotion, pas d'art. Je n'en ai ressenti aucune, à Bilbao, seulement un grand sentiment de vide et d'esbroufe. Merci, monsieur Sottsass.

Dimanche 20 juillet. On sait maintenant que George Bush et Tony Blair ont menti pour justifier leur guerre, assurant, en brandissant un faux grossier « fourni » par les services secrets italiens, que l'Irak cherchait à se procurer de l'uranium au Niger.

À cet égard, David Kelly, microbiologiste, expert en désarmement, ancien inspecteur de l'ONU, s'est suicidé après avoir été accusé par le gouvernement britannique d'avoir informé un journaliste de la BBC de ce que « le gouvernement de Tony Blair avait délibérément "gonflé" un dossier relatif à l'armement irakien pour mieux faire admettre, à l'opinion britannique, la nécessité d'une intervention militaire contre le régime de Saddam Hussein ». David Kelly avait cinquante-neuf ans.

À Houdan, on fête la Saint-Christophe avec défilé de vélos montés par des enfants et de voitures fleuries aux couleurs des associations locales. Pêcheurs de la Vegres, fanfare municipale et majorettes au regard aussi stupide que satisfait, paradent à leur suite. Pour les « chineurs », une grande brocante s'étale dans les rues.

Mercredi 23 juillet. Trahis par un membre de leur clan, les deux fils de Saddam Hussein, Oudaï et Qoussaï, ont été tués à Mossoul au cours d'une opération menée par l'armée américaine.

À Monrovia, la situation est maintenant dramatique. Assiégée, affamée, pourchassée, la population se terre sous les décombres des maisons et en appelle à la communauté internationale. Les tirs incessants empêchent les ONG d'y distribuer des vivres et les États-Unis ne semblent guère pressés d'intervenir en dépit des pressantes demandes que le secrétaire général de l'ONU, Kofi Annan, ne cesse de réitérer. Dans l'espoir de fléchir le gouvernement US, des Libériens n'ont pas hésité à déposer le cadavre de dix-huit des leurs devant l'ambassade américaine de Monrovia...

Vendredi 25 juillet. Les journaux du monde entier publient les photos des cadavres des deux fils de Saddam Hussein. La décision de les rendre publiques a été prise par le Pentagone afin de convaincre définitivement les Irakiens de leur mort.

La construction d'un « mur de sécurité », qui mord d'environ dix kilomètres sur la Ligne verte – limite d'Israël et des Territoires palestiniens –, se poursuit en Cisjordanie. Quatre-vingt mille arbres ont été arrachés tandis que vingt mille agriculteurs palestiniens ont perdu, lors du tracé du mur, une bonne part de leurs surfaces cultivables, voire l'accès pur et simple à leurs parcelles...

Lundi 28 juillet. L'opération montée à l'initiative de Dominique de Villepin, pour sauver Ingrid Betancourt, a tourné court et provoqué une grande confusion au plus haut sommet de l'État où personne, semble-t-il, n'avait été averti. À cet égard, le porte-parole de l'Élysée a fait savoir que « le président de la République avait été informé et avait donné son accord de principe à l'envoi d'un avion médicalisé, à la demande de la famille d'Ingrid Betancourt ». Quant à Jean-Pierre Raffarin, il « n'a pas été informé, ni avant ni pendant l'opération, de l'envoi de cet avion ». Cette dernière affirmation a été aussitôt démentie par Matignon qui, au contraire, a assuré que « le Premier ministre était évidemment au courant depuis le début » ; ce qui ne semble pourtant pas avoir été le cas de son entourage... Nicolas Sarkozy n'en savait pas davantage, pas plus, semble-t-il, que les autorités brésiliennes et colombiennes ; ces dernières n'ont guère apprécié cette forme d'ingérence dans les affaires de leur pays respectif. L'envoi d'un avion militaire français au Brésil, transportant des agents de la DGSE chargés de récupérer, à la frontière du Brésil et de la Colombie, l'otage franco-colombienne, détenue depuis le 23 février 2002 par les FARC, s'est soldé par un fiasco qui risque de mettre en péril la vie de celle qu'il s'agissait précisément de sauver...

Août

Dimanche 3 août. José Bové a été libéré hier, en début d'après-midi, après un mois et demi de détention, le juge d'application des peines ayant ordonné sa « libération et son placement extérieur sans surveillance ». À sa sortie de la maison d'arrêt de Villeneuve-lès-Maguelonne, il a été accueilli par Ghislaine Ricez, sa compagne, qui, chaque jour dans *L'Humanité*, lui adressait une lettre. Son avocat, Me François Roux, ses camarades de la Confédération paysanne, ses amis et des sympathisants de sa cause l'y attendaient aussi. « Je suis plus ému que les autres fois », a-t-il confié à Claude-Marie Vadrot, du *Journal du dimanche*.

Après cinq jours de coma, la comédienne Marie Trintignant est morte hier, à Neuilly-sur-Seine, des suites d'un œdème cérébral consécutif aux coups que lui aurait donnés, lors d'une dispute, son compagnon Bertrand Cantat, par ailleurs chanteur du groupe Noir Désir. Le couple se trouvait alors en Lituanie où Marie Trintignant achevait le tournage, sous la direction de sa mère Nadine, d'un téléfilm retraçant la vie de Colette. Le chef de l'État et le Premier ministre ont exprimé « leur tristesse » à sa famille.

Les incendies n'en finissent pas de ravager le sud de la France. Des dizaines de milliers d'hectares de forêt, de pinède et de broussailles sont à nouveau partis en fumée. De nombreuses maisons ont également disparu dans les flammes et plusieurs personnes y ont trouvé la mort. La plupart de ces incendies seraient d'origine criminelle. À Rome, autrefois, les incendiaires se voyaient brûlés vifs et, au temps de Saint Louis, on leur crevait les yeux. Pendant les siècles qui suivirent, l'incendiaire payait son crime de sa vie. La loi de 1791 et le Code pénal de 1810 le punissaient encore de la peine capitale.

Par la suite et jusqu'à nos jours, ces criminels encoururent la réclusion à perpétuité...

Lundi 4 août. « Je t'écris alors que tu es là, près de moi. Tes pieds nus retrouvent enfin le contact de la terre du causse. Ce matin, il est très difficile de me concentrer. Toutes les cinq minutes, tu rentres, tu sors, en disant : "J'arrête, je te laisse écrire." Tu reviens me montrer un dessin, des photos reçus en prison... » C'est la quarante-troisième lettre de Ghislaine Ricez, adressée à son compagnon, José Bové. « Mais, aujourd'hui, il la lit par-dessus mon épaule avant de travailler à la préparation du grand rassemblement altermondialiste prévu, le week-end prochain, sur le plateau du Larzac, avec l'APAL (Association pour l'aménagement du Larzac) qui l'a embauché à temps partiel dans le cadre de son "placement extérieur sans surveillance". »

J'ai terminé mon roman ! Je ne m'y attendais pas... Je ne pensais pas que la fin viendrait si vite, qu'elle me semblerait si évidente. C'est en lisant le « Bloc-Notes » que François Mauriac écrivait au moment de l'indépendance de l'Algérie qu'elle s'est imposée à moi : « Je mesure l'amour que je voue à la Nation naissante devant ce qui la menace avant même qu'elle soit née. » C'est comme si François Mauriac m'avait dit de sa voix cassée : « Arrêtez ! C'est fini ! » J'ai obéi.

Cependant, comme chaque fois, je reste insatisfaite. Comme chaque fois, ce roman ne me semble pas celui que je voulais écrire : il est trop simple. Je m'explique : « trop simple » car le conflit d'Algérie ne l'était pas, les habitants de cette terre, tant européens que musulmans, non plus et la politique suivie par le général de Gaulle pas davantage. On ne peut rendre, dans un roman, qu'une partie de la vérité, telle que l'auteur la perçoit, qu'une partie des sentiments des personnages. Un roman est fait de non-dits, d'appels à la mémoire du lecteur.

Nuit du 4 août 1789 : abolition des privilèges.

Mercredi 13 août. On meurt de chaleur en France, principalement les personnes âgées et les bébés. Il y aurait eu vingt pour cent de décès en plus au cours de la semaine dernière. La pollution à l'ozone se maintient sur l'ensemble du pays ; l'eau, l'électricité commencent à manquer. Dans les parcs et jardins, les branches cassent comme du verre sous l'effet de la sécheresse. À Paris, de nombreux espaces verts ont été fermés au public pour permettre aux équipes de bûcherons de vérifier la santé des arbres.

Charles Taylor, président de la République du Liberia, a démissionné. Après avoir remis le pouvoir au vice-président Mose Blah, il a quitté Monrovia pour le Nigeria qui s'est engagé à lui offrir un asile sûr, à l'abri des poursuites lancées contre lui par la Justice internationale pour crimes de guerre. Charles Taylor ne s'en va pas les mains vides : près de quatre milliards de dollars d'origine libérienne sont entreposés dans des banques suisses...

Terminé le livre de Michel Winock, *Jeanne et les Siens* [1], souvenirs tendres et émouvants de son enfance dans la banlieue parisienne durant la guerre, de sa mère épicière, de son père receveur d'autobus... Belle évocation d'une France disparue, peuplée de petites gens fiers et travailleurs dont les enfants voyaient dans l'école le moyen de connaître une vie moins dure que la leur. Pas de confort, de chambre à soi, de vacances, d'argent de poche, mais une formidable solidarité, un amour souvent informulé – on a sa pudeur – pour ce père trop las, malade, cette mère usée par les travaux domestiques et la clientèle à qui il faut faire crédit le 10 du mois. « Comme je regrette parfois cette espèce d'orgueil et de timidité mêlés qui m'obligent à cacher à ma mère mes sentiments à son égard. Sait-elle que je l'aime plus que tout au monde, quoique j'aie pu me montrer dur et méchant avec elle ? » André Malraux, Annie Ernaux et Michel Winock ont eu, comme premier lieu d'observation, une épicerie de banlieue et de province. Il y a chez eux, dans leurs écrits, une certaine dureté, c'est le mot qui me vient, un désenchantement, un vague dégoût et de la fierté.

Vendredi 15 août. C'est aujourd'hui mon anniversaire. Tous mes enfants et petits-enfants sont réunis autour de moi, à l'exception de Vanda, ma première petite-fille avec laquelle j'entretiens des rapports conflictuels ; elle me reproche mon manque de disponibilité et elle a raison. Mais, comment lui faire comprendre que les grands-mères d'aujourd'hui ne ressemblent plus à celles d'hier, que ce sont des femmes qui travaillent, ont des responsabilités ? Comment lui dire que, malgré mon absence, je l'aime ? Chacun, selon son âge, m'a fait un cadeau : Lucie et Simon un dessin, Franck des disques et un énorme bouquet de roses rouges, Camille des produits d'Italie, Pierre une sculpture en bois représentant Balzac et un de ses tableaux. Léa a brodé au point de croix un coussin avec tous les titres de *La Bicyclette bleue*, Stéphane une biographie de Jeanne d'Arc que je ne connaissais pas, des parents, des amis m'ont envoyé des fleurs. Tous ont signé le traditionnel dessin que fait Pierre à chaque anniversaire ; j'en ai maintenant une belle collection. Journée calme et tendre.

Mardi 20 août. Le représentant spécial de l'ONU, le Brésilien Sergio Vieira de Mello, a été tué, hier, dans un attentat au camion piégé contre le siège des Nations unies à Bagdad. La déflagration a fait vingt-trois morts et de nombreux blessés. L'attentat n'a pas été revendiqué. À Jérusalem, un attentat-suicide revendiqué par le Djihad islamique a tué, le même jour, vingt personnes, en blessant une centaine. Aujourd'hui, un des dirigeants du Hamas a été tué au cours d'une opération menée par Tsahal dans les Territoires occupés.

Jeudi 21 août. *Rouen.* Visite à Rouen, en compagnie de Léa et de Stéphane, de l'exposition du musée des Beaux-Arts consacrée à Jeanne d'Arc. Les artistes ont donné de multiples visages à la Pucelle, tantôt blonde, brune ou rousse, à la chevelure opulente ou aux cheveux coupés au-dessus de l'oreille. Tous ont essayé de donner à voir la foi en sa mission qui l'animait ; peu ont réussi tant cela était de l'intime. Qu'elle porte l'humble robe de bergère ou l'armure de la combattante, Jeanne demeure une énigme pour celui qui tente de la représenter. En effet, comment rendre la force qui devait émaner de celle qui commanda à une soldatesque plus avide de rapines, de butins et de rançons que de victoires pouvant conduire le roi de Bourges au couronnement ? Qu'une fille de dix-sept ans ait réussi là où avaient échoué des guerriers chevronnés, est, depuis des siècles, une question sans réponse. Historiens, poètes et romanciers n'y ont pas répondu. Ceux qui la côtoyèrent, combattirent à ses côtés, dormirent contre son flanc, l'interrogèrent ou la confessèrent, non plus. Elle reste un mystère dans l'Histoire de France, ce qui permet à chacun de se l'approprier et de s'en servir comme porte-parole de ses idéaux politiques ou autres. Jeanne la Lorraine appartient à la France, celle d'en haut comme celle d'en bas. On ne peut la réduire à un seul parti, ce serait lui faire injure.

Nous avons déjeuné, place du Vieux-Marché, à La Couronne, la plus vieille auberge de France (1345), en face de laquelle fut dressé le bûcher de Jeanne. À l'endroit de son supplice, une vilaine et gigantesque croix est érigée au milieu d'un parterre de fleurs. En cette belle journée d'été, une foule débraillée se presse sur la place et dans les rues alentour.

Vendredi 22 août. *Boutigny.* Il y a quelque peu de mauvaise foi de la part de la gauche de rendre responsable le gouvernement de Jean-Pierre Raffarin de la mort de milliers de Français durant la canicule qui s'est abattue sur le territoire, et de parler de « dysfonctionnement majeur du système français de veille sanitaire ». La chaleur qui faisait le bonheur des vacanciers sur les plages a été fatale aux personnes âgées. À son retour du Canada, Jacques Chirac a dit sa compassion aux familles des victimes : « C'est à chacune d'elles que je pense d'abord. J'exprime à leur famille et à leurs proches ma profonde solidarité. » Mot que le chef de l'État répétera six fois dans son allocution télévisée dans laquelle il a rendu hommage à « tous ceux, professionnels et bénévoles, qui se sont mobilisés dans cette période difficile, en particulier dans les services d'urgence, les hôpitaux, les maisons de retraite et à la Croix-Rouge, se sont engagés avec une compétence, un dévouement, une humanité qui forcent l'admiration [...]. Les conséquences tragiques de la canicule montrent à quel point il est nécessaire que notre société devienne plus responsable et plus attentive aux autres, à leur désarroi, à leur souffrance, à leur vulnérabilité ». Jacques Chirac a en outre promis de nouveaux moyens aux services d'urgence, soulignant que « la crise a constitué un révélateur de l'impact du vieillissement de notre société ». Il a assuré que le gouvernement prévoit de mener « un travail de réflexion mobilisant l'ensemble des collectivités territoriales et des acteurs de l'accompagnement et de l'hébergement des personnes âgées dépendantes ».

Piéral, « le nain du cinéma français », vient de mourir. Enfant, je l'avais vu dans *L'Éternel Retour*, dans le rôle du messager, de Jean Delannoy, avec Michèle Morgan et Jean Marais. Sa présence, son sourire me terrorisaient. Plus tard, dans d'autres films, notamment dans *Lola Montès* de Max Ophuls, je fermais les yeux quand il apparaissait. Je l'ai croisé une fois, chez Lipp, il m'a vaguement souri : j'ai cru que j'allais me mettre à hurler de peur. Je lui en demande pardon ici.

« Si je parle du passé, c'est que je suis inquiet de l'avenir », répond Jean-Marie Rouart à Catherine Pégard qui lui fait remarquer, dans *Le Point*, que son livre, *Adieu à la France qui s'en va*[2], « décrit la nostalgie d'une France qui n'est plus ». L'académicien s'en défend ; mal, à mon avis.

Dimanche 24 août. Il y a quatre cent trente et un ans débutait, dans la nuit de la Saint-Barthélemy, le massacre des protestants, tant à Paris qu'en province. Il y eut, dans toute la France, vingt-cinq mille morts, chiffre généralement admis par les historiens. Il y a cinquante-neuf ans, à la même date, Paris était libéré. Il y a vingt-cinq ans, je rencontrai Pierre et, depuis, nous ne nous sommes pas quittés. Nous avons pris l'habitude, chaque année, de fêter cet anniversaire dans un grand restaurant parisien ouvert au mois d'août, ce qui est rare. Ce soir, nous dînons au Jules Verne, à bord de la Tour Eiffel.

Bertrand Delanoë a reçu Yolanda Pulecio, la mère d'Ingrid Betancourt, et la fille de celle-ci, Mélanie, âgée de dix-sept ans, séparée de sa mère prisonnière des FARC depuis dix-huit mois. Elles ont remercié « les Français dans leur ensemble de soutenir avec autant d'énergie Ingrid » et le maire de Paris de son soutien : « Il a été le premier maire d'une grande ville à faire d'Ingrid sa citoyenne d'honneur », a rappelé Yolanda Pulecio. Mélanie a dit son inquiétude grandissante après l'assassinat, la veille, d'un journaliste colombien qui avait refusé de s'arrêter à un barrage. Elle a insisté auprès du maire de Paris : « Vous êtes un socialiste ; les FARC aussi sont socialistes. Il est bien qu'elles entendent votre message et comprennent qu'à travers le monde les socialistes réprouvent l'enlèvement comme méthode. » Un peu surpris, Bertrand Delanoë n'a pas relevé le propos. Ensuite, suivies d'une petite foule portant des tee-shirts à l'effigie d'Ingrid, une banderole flottant au-dessus d'elles, demandant, en espagnol, au gouvernement colombien de négocier la libération des trois mille otages détenus par les FARC, la grand-mère et la petite-fille ont marché dans les rues de Paris, applaudies par les passants.

Lundi 25 août. Dîner d'hier soir très agréable ; le spectacle du haut de la Tour Eiffel est toujours aussi beau. La salle trop climatisée du Jules Verne était pleine ; d'Américains et de Japonais surtout. J'ai repris la route pour ma campagne. La nuit était douce. Peu d'étoiles. Dans la forêt, à part deux lièvres, je n'ai croisé ni biches ni cerfs.

De nombreux cadavres attendent dans les entrepôts frigorifiques de Bercy d'être réclamés par leurs familles. Selon les Pompes funèbres générales, la canicule aurait fait plus de dix mille morts. Même le gouvernement serait d'accord sur ce chiffre. Les prêtres ne savent plus où donner du goupillon. « J'ai onze convois cette semaine, contre quatre à six d'ordinaire », remarque le père Albert Ewald, curé de la paroisse Sainte-Louise-de-Marillac, à Drancy.

Le drame de Marie Trintignant et de Bertrand Cantat continue à faire la une de la presse. Maintenant, ce sont les avocats qui polémiquent : selon Me Kiejman, défenseur de la famille Trintignant, le chanteur du groupe rock Noir Désir, « sous ses airs de romantique, est un menteur et un pragmatique qui trouve une justification à ses actes dans la mise en cause d'une morte qui n'est plus là pour se défendre ». Georges Kiejman s'est dit « indigné » par les déclarations de Bertrand Cantat faisant porter à l'actrice la responsabilité de la violente dispute à l'origine du drame. « C'est un tissu de mensonges et de contradictions » qui relève du « système de défense de n'importe quel type machiste et violent », a affirmé Me Kiejman. Ce à quoi le défenseur du compagnon de Marie Trintignant, Me Olivier Metzner, répond : « Les indignations de Me Kiejman m'indiffèrent. La vérité, c'est qu'il s'agit d'une histoire à deux. On ne va pas cacher la vérité pour sauvegarder l'image de Marie Trintignant. » On aimerait que Marie repose en paix et que Bertrand Cantat, mis en examen pour « violences volontaires ayant entraîné la mort sans intention de la donner » et « non-assistance à personne en danger », soit jugé sereinement, en Lituanie ou en France. Les associations de femmes battues tentent de faire de la jeune femme leur porte-drapeau. Il y a, dans cette récupération, quelque chose de choquant. Le drame des femmes battues est bien réel mais ce n'est pas de porte-drapeau dont elles ont besoin : elles ont besoin d'énergie et de force pour quitter un compagnon brutal, d'amour et de solidarité auprès de leur famille, d'écoute auprès des services sociaux.

En Inde, dans le centre de Bombay, un double attentat a fait, à quelques minutes d'intervalle, cinquante-deux morts et plus de cent cinquante blessés. Les bombes, de forte puissance, étaient dissimulées dans des taxis.

Mercredi 27 août. Passé la matinée avec Régis Debray ; avec ses livres s'entend. L'œuvre de Régis Debray occupe une place importante dans ma bibliothèque, elle voisine avec celle d'un autre ami, Gilles Perrault. Comme je sais que ces deux-là s'aiment et s'estiment, ce voisinage ne peut leur déplaire. Debout, appuyée sur une pile de livres, j'ai picoré dans une dizaine d'ouvrages, parcourant également les coupures de presse dont je truffe les livres. Durant deux heures, debout, j'ai lu avec bonheur et reconnaissance. Merci Régis d'être ce que tu es : curieux, tendre, et maladroit, doutant des autres et de toi-même, cherchant Dieu sans l'exigence d'un abbé de Rancé, sensible à la gloire mais t'en défiant, revenu de la Révolution, désenchanté, fidèle à tes amis.

Jeudi 28 août. Le gouvernement ne sait plus quoi faire pour agacer les Français, déjà mécontents de rentrer de vacances, se sentant vaguement coupables d'avoir abandonné leurs ancêtres durant la canicule. Pour mieux leur faire remarquer à quel point ils sont responsables de cette dizaine de milliers de morts, par « manque de solidarité » selon Jacques Chirac, l'État envisage de leur retirer un jour férié pour financer l'aide aux personnes âgées dépendantes. « C'est une nouvelle provocation à l'égard du monde du travail », s'est écrié Alain Bocquet, président du groupe communiste à l'Assemblée ; le président du MEDEF, Ernest-Antoine Seillière, lui, d'applaudir, soutenu par huit

Français sur dix si l'on en croit un sondage à paraître dans le magazine *Notre temps*, qui seraient prêts à renoncer à un jour férié pour financer la prise en charge des vieux. Devant tant de bonnes intentions, Jean-Pierre Raffarin, ému, s'est dit favorable à ce « qu'une journée par an, on puisse travailler pour la solidarité avec toutes les personnes vulnérables ».

François Missoffe est mort. C'était un homme de cœur, gaulliste de la première heure, ancien résistant, ambassadeur de France au Japon où il fit don d'un œil à une fillette qui, grâce à lui, recouvra la vue. Quelques années plus tard, son œil unique était plongé dans l'obscurité. Quand j'écrivais *Rue de la Soie* et *La Dernière Colline*, à ma demande il m'avait reçue et accepté de me parler de la guerre d'Indochine, d'Hô Chí Minh, du général Giáp, de Pham Vân Dông, du général Leclerc ou de Jean Sainteny qu'il avait connus pendant cette période. Jamais je n'oublierai la gentillesse avec laquelle il me reçut, les conseils qu'il me prodigua pour retirer le meilleur de ma rencontre avec Giáp ou Pham Vân Dông. Il bougeait et parlait lentement comme, souvent, les aveugles, souriait beaucoup en m'expliquant son amitié pour les ennemis d'autrefois et particulièrement celle qui le liait à Pham Vân Dông, privé de la vue lui aussi, avec lequel il échangeait de longues conversations téléphoniques portant principalement sur la littérature. François Missoffe me dicta une lettre pour son ami, lui expliquant mon travail et lui demandant de me recevoir comme lui-même. Je relus « sa » lettre, il la signa en me disant : « Vous lui remettrez de ma part. Je vais téléphoner pour l'avertir. » Quelques semaines plus tard, je la lisais à Pham Vân Dông qui m'écouta avec émotion. « Quel homme merveilleux », dit-il simplement. Avec Pierre, qui m'avait accompagnée, nous restâmes plus de deux heures avec cet homme lumineux qui aimait la France, son histoire et sa littérature, sans rancune et sans haine envers l'ancien colonisateur. Certaines questions que nous lui posions ravivaient des souvenirs douloureux, il y répondait cependant avec douceur, de cette voix particulière, avec, parfois, un rire discordant qui surprenait. Quand nous lui parlâmes de Pierre Mendès France et des accords qui aboutirent à la scission du Viêtnam, son beau visage se crispa. « Laissons les morts en paix », murmura-t-il sans répondre à la question. Quand nous abordâmes l'avenir de son pays, on le sentit inquiet, il devint virulent. « Les

Américains veulent leur revanche. Ce ne sont pas des hommes ! Nous autres, Français et Vietnamiens, nous sommes des hommes ! N'est-ce pas ? Nous sommes des hommes ! » dit-il en me serrant la main, et sa voix se brisa de trop d'émotion. De ses yeux morts, coulaient des larmes qui nous bouleversèrent. Nous ne trouvions pas les mots qui consolent. Au moment de partir, je lui offris, sur les conseils de François Missoffe, des cassettes dont l'une d'un texte de Georges Duby, enregistré par lui-même : *Guillaume le Maréchal, le meilleur chevalier de France*[3], texte qui m'avait impressionnée et émue. Pham Vân Dông nous embrassa et nous laissa partir avec regret. Les deux amis sont maintenant réunis avec leurs chers poètes.

Quelqu'un « bien de chez nous » a, lui aussi, « remis son âme à Dieu », comme disaient, avec une mine de circonstance, les bigotes de mon enfance : Pierre Poujade. Le « père » du poujadisme devient célèbre au début des années cinquante en bataillant avec les inspecteurs du fisc, les accusant de s'en prendre toujours aux « petits », jamais aux « gros », et en fondant, en 1954, l'Union de défense des commerçants et des artisans qui compta, très vite, plusieurs dizaines de milliers d'adhérents. L'UDCA enleva cinquante-deux sièges à l'Assemblée nationale, en 1956. Parmi les députés nouvellement élus, un allait faire parler de lui et mener la carrière que l'on sait : Jean-Marie Le Pen.

Clochette, la chatte rousse de Lucie et de Simon qui me l'ont confiée le temps des vacances, s'est installée en ronronnant sur les papiers qui encombrent mon bureau... C'est agréable, cette présence.

Samedi 30 août. Mohamed Baqr al-Hakim, chef du Conseil suprême de la Révolution islamique en Irak, n'aura pas profité longtemps de son retour sur sa terre natale, après vingt-trois ans d'exil en Iran. Celui que l'on avait surnommé le « Khomeyni irakien », qui se voulait un « simple soldat de la Révolution islamique », a été tué hier, à Nadjaf, à la sortie du prêche du vendredi, dans un attentat à la voiture piégée. Les chiites pleurent leur chef « mort en martyr » et certains accusent Saddam Hussein d'être son « assassin ». Pour d'autres, l'attentat serait le fait d'étrangers, « dans l'esprit d'Oussama ben

Laden, ces terroristes ont déclaré la guerre aux États-Unis et frappent en Irak ceux qui les soutiennent ».

Selon *Le Monde*, sa mort priverait les Américains d'un « interlocuteur modéré ». D'après François Hollande, ouvrant l'université d'été du Parti socialiste à La Rochelle, les socialistes doivent préparer « l'alternative attendue par les Français ». Tandis qu'Alain Krivine, lui aussi en université d'été du parti trotskiste mais à Gourette, dans les Pyrénées, ne veut pas servir « de béquille à la gauche » et ne cesse de répéter : « La force de la Ligue, c'est de ne pas être sectaire. Si on attaque la gauche, c'est parce qu'elle ne combat pas assez la droite. » Ça sert vraiment à quelque chose les universités d'été des partis politiques ? De gauche comme de droite, évidemment...

Pierre Nora et Gabrielle Van Zuylen sont venus dîner à la maison en compagnie d'Antoine et de Valérie Solvit, de retour de l'île de Ré. Le dîner a été des plus agréables et la tarte aux prunes de Marie-Jeanne, excellente. Pierre Nora et moi avons dit le plus grand bien du livre de Michel Winock, consacré à sa famille, *Jeanne et les Siens*. Nora s'étonnait qu'un historien ait fait œuvre de romancier et qu'il ait réussi. Il pense qu'il a mis en pratique les conseils de Philippe Ariès. La conversation est venue sur le père Laval, dominicain et homosexuel, ami de la famille Mauriac et de la famille Nora, qui avait dit un jour au jeune Pierre : « Vous êtes une île, vous serez abordé de toutes parts » ; ce qui lui valut les plaisanteries que l'on peut deviner...

Dimanche 31 août. Pierre Nora me téléphone pour me dire qu'il y a un grand article, dans *Le Journal du dimanche*, sur le livre de Michel Winock. Comme j'ai oublié d'acheter *Le JDD*, Pierre promet de me le faire parvenir.

Septembre

Mardi 2 septembre. Je suis allée faire un tour à Mantes-la-Jolie. Pourquoi ? Comme ça. Pour rien. Sur le chemin, je me suis arrêtée dans le joli village de Septeuil, à la recherche de Félicia Ducroquet dont je collectionne l'œuvre brodé depuis de nombreuses années. À l'adresse indiquée, les volets étaient clos. J'aurais aimé acquérir quelques nouveaux tableautins et lui dire mon admiration.

La rentrée s'est bien passée pour les enfants de Camille et de Franck ; les plus petits, Théodore et Paloma, se sentent maintenant des grands ! On parle de supprimer la mixité à l'école sous divers prétextes tous plus ineptes les uns que les autres. Si cela devait arriver, ce serait une catastrophe pour les filles des quartiers difficiles, elles qui ont déjà tant de mal à exister comme personne face au machisme des garçons.

Pierre Nora a tenu sa promesse : j'ai reçu l'article consacré à Michel Winock et à son livre d'où il ressort que la journaliste Marie-Laure Delorme, reçue par l'auteur, est de l'avis de l'académicien : « Ce récit est une œuvre d'écrivain », un écrivain qui pense que « la politique, ce n'est pas seulement de la politique, c'est aussi de l'affectif » et qui affirme : « Je ne me suis jamais senti séparé de mes origines populaires. S'il y a eu rupture, elle a été sociologique et non sentimentale. » Comme moi avec mes origines paysannes. Il faudra que nous en parlions.

Mercredi 3 septembre. Les incendies n'en finissent pas de ravager les forêts de Provence et de Corse. Trois pompiers, restés prisonniers dans la cabine de leur véhicule encerclé par les flammes, sont morts brûlés vifs lundi, dans le massif des Maures... Vingt-quatre incendiaires ont été emprisonnés... Vingt-quatre assassins !

Jean-Pierre Raffarin a « déconseillé » vivement à ses ministres de participer à l'émission de politique-réalité de TF1, *36 Heures*, animée par Ruth Elkrief, après avoir regardé les trente-six heures consacrées à Pierre Bédier, secrétaire d'État aux programmes immobiliers de la Justice. Cela consiste en quoi, « les programmes immobiliers de la Justice » ? Vu comme ça, comme qui dirait à vue de nez, ça n'a pas l'air bien excitant ! Alors, une émission sur un monsieur ou une dame qui, que, ce doit être d'un ennui ! Que les hommes politiques continuent à aller chez Fogiel ou Ardisson (plutôt Fogiel : lui, au moins, c'est en direct) et nous fassent rire devant leur désir de se montrer « cool », ayant de l'humour et de la répartie, surtout si le ton de l'émission n'est pas « compatible avec le respect et la dignité de la fonction ministérielle », comme dit notre Premier ministre. Je plaisante... à peine. Je suis comme Jacques Chirac : ça ne me plaît pas que les hommes politiques fassent les guignols à la télé.

Jeudi 4 septembre. Je passe la journée à Paris : enregistrement d'une émission pour France Culture à propos de Malagar. Pourquoi est-ce à moi et non à Pierre ou à Anne que l'on demande d'évoquer la maison si chère à François Mauriac, leur grand-père ? À cette occasion, Jean Mauriac, qui participe à l'émission, me fait transmettre son bon souvenir.

Dans l'après-midi, je suis allée voir *Soy Cuba*. Ce film, fait par un Russe, ressemble aux films de propagande en vogue en Union soviétique après la guerre : grands ciels, paysages tourmentés, travaux des champs, exploitation des paysans, scènes de la misère du peuple... si ce n'est que cela se passe dans l'île de Fidel Castro pendant la guérilla ; ce qui nous donne de belles images des combattants de la Révolution et de la liesse populaire devant le triomphe des « barbus ». Ce film manichéen m'émeut d'une manière disproportionnée. *Soy Cuba !*

Dîner chez Antoine et Valérie Solvit, pour l'anniversaire du maître de maison. Manquant de temps et d'imagination, je lui ai offert une boîte de havanes, bien moins original que le dessin de Pierre représentant notre hôte à la façon de Modigliani. Je repars pour la campagne le soir même.

Dimanche 7 septembre. Les Anglais se sont vengés, hier, de leur défaite de la semaine dernière, à Marseille, en battant les Français par quarante-cinq points contre quinze. Pour Daniel Herrero, « le jeu est d'un classicisme régressif. Plus que le score, c'est la manière qui fait peur. On n'a pas tenu la route, ni individuellement ni dans l'animation collective. Ce qui nous avait sauvés, à Marseille, à savoir le combat et le défi physique, je ne l'ai pas retrouvé à Twickenham. La blessure de ces quarante-cinq points va être difficile à cicatriser. C'est une vraie plaie. Il n'y a pas d'indicateur sécurisant... ». Pierre Albala Dejo, quant à lui, pense : « Je crois que l'impact psychologique n'est que passager. Cette débâcle ternit l'image des Français mais il va falloir se refaire le mental, vite oublier mais aussi tirer les leçons de cet échec. Ce qui est inquiétant, c'est que cela fait cinq mois que les Bleus travaillent la défense et ils encaissent cinq essais samedi. On a payé la note parce qu'on n'a pas joué notre jeu. Or, le salut de l'équipe de France passe par le jeu. Ce n'est pas en défiant physiquement les Anglais qu'on gagnera. Mais je ne suis pas inquiet outre mesure. Les gars vont de nouveau se sentir forts à l'entraînement et cela ira mieux psychologiquement dans quinze jours. Je fais confiance à Bernard car il a toujours fonctionné au psychique. » Berbizier, lui, s'inquiète : « La différence de niveau entre les deux matches va incontestablement créer des rivalités en interne. Les données ne sont pas les mêmes car les joueurs n'ont pas évolué dans des conditions similaires. Attendons de voir les conséquences mais je pense que cela va marquer les esprits. »

Lundi 8 septembre. Le Premier ministre palestinien, Mahmoud Abbas, a remis samedi sa démission à Yasser Arafat, à la suite de l'attentat manqué, le même jour, contre la direction du Hamas à Gaza. Dans sa lettre de démission, le Premier ministre palestinien accuse Israël de ne pas vouloir « vraiment appliquer la “feuille de route” » (il était naïf, cet homme, ou quoi ?) et dénonce les États-Unis et la communauté internationale « qui n'ont pas obligé Israël à mettre fin à ses opérations militaires». C'est un F-16 qui a largué une bombe sur l'appartement de Marwan Abou Ras, maître de conférences à l'université islamique de la ville, où se trouvait le chef spirituel du Hamas, le cheikh Ahmed Yassine qui n'a été que légèrement blessé à l'épaule; ce qui ne l'a pas empêché de réagir violemment en criant vengeance: «Sharon, tu paieras le prix de ton crime!» soutenu aussitôt par ses partisans: «Les portes de l'enfer se sont ouvertes et chaque Juif est désormais une cible!» On a connu les Israéliens plus adroits dans leurs assassinats politiques... Ce n'est pas nouveau que les dirigeants israéliens tentent de décapiter le Hamas qu'ils ont, faut-il le rappeler, soutenu au début des années soixante-dix en favorisant, dans l'espoir de contrecarrer l'OLP, l'émergence des islamistes palestiniens issus des Frères musulmans d'où le Hamas naîtra, à la fin des années quatre-vingt. L'État hébreu ira même jusqu'à aider à son installation dans la bande de Gaza et en Cisjordanie où il se dote d'une charte nationale définissant son engagement à la fois nationaliste et islamique. Tout cela, dans l'espoir d'abattre Arafat; ce qui a failli réussir. En se trompant d'ennemi, Israël a joué avec le feu et devient, de fait, responsable de centaines de morts et de milliers d'infirmes. Face à ce gâchis, il faut saluer le courage et l'intelligence de deux hommes, l'un Palestinien, l'autre Israélien, qui, ensemble, lancent un appel pour la paix. L'Israélien, Ami Ayalon, est un ancien chef des services des renseignements intérieurs israéliens; le Palestinien, Sari Nusseibeh, est directeur de l'Université palestinienne al-Qods. Ils ont lancé, auprès des deux populations et sur des données simples, une campagne de signatures intitulée «la Voix du peuple»: «Deux États pour deux peuples; retour aux frontières de 1967, avec des échanges équivalents de territoires, le cas échéant; Jérusalem, ville ouverte, capitale des deux États, avec sauvegarde pour chacun de ses lieux saints; retour des réfugiés palestiniens dans l'État de Palestine, avec indemnisations internationales et israéliennes; démilitarisation de l'État palestinien sous garantie internationale; fin des revendications respectives et du conflit.» Quatre cent trente mille Israéliens et trente mille Palestiniens ont signé cette pétition. Demain, Ami Ayalon et Sari Nusseibeh, à l'invitation du socialiste François Zimmeray, présenteront leur projet devant le Parlement européen. Que les dieux soient avec eux!

Terrible dossier sur les enfants-soldats, dans *Le Parisien* : ils seraient trois cent mille, à travers le monde, « à être enrôlés de force par les armées, les milices, les guérillas et autres mouvements dits révolutionnaires », titre le quotidien. C'est Hervé Cheuzeville, qui a effectué plusieurs missions humanitaires en Afrique pour le compte de diverses ONG, qui lance un cri d'alarme dans un livre, *Kadogo. Enfants des guerres d'Afrique centrale*[1]. « J'aimerais que ce bouquin soit une bouteille à la mer, que les gens qui liront le récit de ces vies brisées sentent la nécessité de dire que c'est assez », déclare Hervé Cheuzeville qui se veut « le porte-parole de gens qui se sentent oubliés » et lui disent que « les Palestiniens avaient beaucoup de chance parce que, eux, au moins, avaient la chance de mourir devant les caméras de CNN ! ». Cynisme ? Non, réalité : qui parle des millions de morts du continent africain ?

Dix-neuf cas de légionellose ont été diagnostiqués à Poitiers. La plupart des malades hospitalisés vivaient ou travaillaient dans une zone de quatre kilomètres de diamètre, à l'est de la ville, où se dressent des tours aéro-réfrigérantes de locaux administratifs et commerciaux. Que fait le gouvernement de Jean-Pierre Raffarin ? Déjà qu'au moment de la canicule il ne s'est guère montré à la hauteur... Loin de moi de le rendre responsable des quinze mille morts de l'été, mais comment a-t-il ignoré le rapport de Jean-Pierre Besancenot, « Vagues de chaleur et mortalité dans les grandes agglomérations urbaines », publié en octobre 2002, qui recensait les populations à risques et faisait un récapitulatif des catastrophes passées, tant en France qu'à l'étranger ?

Mardi 9 septembre. Cancon, capitale de la noisette, située à une cinquantaine de kilomètres d'Agen, devient le « village planétaire » anti-OMC qui « s'adresse à tous les peuples de la planète ». Près de quatre mille personnes ont rejoint le village où José Bové, interdit de Mexique, les a accueillis : « Grâce à M. Perben, des centaines de paysans mexicains ont pu participer à la marche sur Cancún grâce à l'argent du billet d'avion qui m'avait été réservé et dont le montant leur a été reversé. » Selon lui, « le Lot-et-Garonne est le point de départ d'un vaste mouvement citoyen ». Les discours ont succédé aux discours, avant que Bernard Lubat et ses musiciens fassent danser les antimondialistes.

Je termine la relecture des premières épreuves des *Généraux du crépuscule* qui doit paraître mi-octobre. Comme chaque fois, je reste dubitative. Serai-je, un jour, satisfaite de ce que j'écris ? Une petite voix me dit : « Jamais ! » Je voudrais tant me trouver du génie, à l'instar de certains, et le proclamer sans vergogne, jouer à l'écrivain, discourir sur le style, parader avec assurance dans des émissions télévisées, quitter le plateau devant la moindre critique... Bref, me prendre au sérieux. Mais voilà, je ne le peux pas ! Tout cela me paraît si dérisoire, dans ce monde que je ne comprends pas et où il n'y a pas de place pour la dilettante que je suis, sinon celle qui est faite de malentendus. Bof ! Quelle importance ? Cela ne m'empêchera pas d'écrire des romans ou des articles qui plairont ou qui ne plairont pas, pour la seule raison que cela m'amuse ou m'intéresse le temps que je suis attelée à ma table de travail. Après ? C'est une autre histoire qui n'est plus vraiment la mienne...

En lisant le roman de François Cérésa, *Tant qu'il y aura du rhum* [2], je me faisais la réflexion que Paris avait le visage que chaque génération lui prête ou qu'elle croit voir. Peu d'années me séparent de Cérésa et, cependant, ma nostalgie devant les changements de la capitale n'a pas retenu les mêmes. « À présent, il ne reste plus rien du Vieux Colombier ou du Montana. Même Raoul Vidal [l'un des derniers disquaires de Paris. – RD] a plié bagage, remplacé par Cartier. On irait bien cracher sur ces tombes [...]. Les cafés des rues Guisarde et des Cannettes se sont modernisés. Il n'y a plus de caveau dans la rue de l'Échaudé. L'hôtel Madison ne danse plus le twist. Le cabaret de Long John Silver, rue des Ciseaux, a fini par interdire son accès aux jazzmen ouzbeks et moldaves. Le cabaret lui-même a fermé ses portes [...]. Où sont passés ces bistrots nostalgiques de Breton et de Tzara, avec leurs boiseries noires de suie et leurs lampes aux abat-jour écossais ? [...] Le Twickenham fleurait le cuir et la Guinness. Disparu lui aussi. Comme le Drugstore. » Ce Drugstore que nous avions honni car il remplaçait une vieille brasserie... Autre temps, autre mœurs, comme aurait dit Boileau ou Anatole France qui, eux aussi, regrettaient les transformations de la ville. Paris est comme une femme, elle est changeante : un jour elle séduit, le lendemain elle exaspère...

Paris change, mais rien dans sa mélancolie
N'a bougé ! Palais neufs, échafaudages, blocs,
Vieux faubourgs, tout pour moi devient allégorie,
Et mes chers souvenirs sont plus lourds que des rocs

... écrivait Charles Baudelaire.

Mercredi 10 septembre. « Les Irlandais se préparent à la prohibition du tabac », titre *Le Monde*. Dès le 1er janvier 2004, il sera interdit de fumer sur les lieux de travail, dans les pubs et les restaurants. Les patrons de pubs irlandais se mobilisent pour obtenir l'autorisation d'un coin fumeur dans leurs établissements. Ils craignent en outre la suppression de plus de dix mille emplois et une perte fiscale de 157 millions d'euros. Le *Financial Time* remarque que « cela menace le cœur de la culture irlandaise ! Une cigarette et une pinte font partie de la manière d'être des Irlandais ». Pour le magazine *Hot Press*, « l'interdiction de fumer est la dernière manifestation de la ligue irlandaise contre le bonheur ».

Leni Riefenstahl est morte à l'âge de cent un ans, hier, en Allemagne. Jamais inscrite au parti nazi, elle fut membre du cercle des intimes d'Adolf Hitler. Pour lui, elle réalisa, en 1935, *Le Triomphe de la volonté*, reportage sur le congrès national-socialiste de Nuremberg dont les images firent le tour du monde. Le film reçut la Coupe Mussolini à la Mostra de Venise, en 1938. En 1936, la cinéaste obtint d'énormes moyens pour filmer les jeux Olympiques qui se déroulaient à Berlin. Elle en tira un film, *Dieux du stade et Jeunesse olympique*, qui fut distribué en France en 1938. En 1962, elle découvrit l'Afrique et, plus particulièrement, les Noubas, au sud du Soudan, dont elle fit des milliers de photos. Pendant une dizaine d'années, elle partagea leur vie. En 1973, Leni Riefenstahl s'initia avec passion à la plongée sous-marine, au Kenya. Pendant vingt-cinq ans, elle filma les fonds sous-marins et milita pour leur défense avec l'association Greenpeace.

Deux attentats-suicides ont fait, hier, une quinzaine de morts et une trentaine de blessés en Israël. Ariel Sharon, en visite en Inde, a déclaré : « Nous devons être déterminés à agir contre la terreur. Dans notre région, nous voulons la paix. » Le gouvernement israélien désigne Yasser Arafat comme responsable de ces attentats et réclame son expulsion.

La presse revient sur les circonstances de l'agression dont fut victime le rabbin Farhi, le 3 janvier dernier, et qui, à ce jour, n'ont pas été élucidées. Cette agression avait provoqué l'indignation de nombreuses personnalités politiques, de droite comme de gauche. Ses déclarations et les caractéristiques de sa blessure avaient laissé sceptiques les pompiers et les policiers arrivés les premiers sur les lieux, très vite convaincus d'une mise en scène de la part de la victime elle-même. Pourquoi cette mise en scène ? Pour l'instant, la question reste sans réponse. Dans une interview accordée au *Nouvel Observateur*, Gabriel Farhi se déclare victime de rumeurs et conteste le rapport d'expertise : « Ce rapport n'existe pas ; depuis le début de cette affaire, de fausses informations circulent. Depuis neuf mois, je suis dans une position intenable. Je suis victime, j'ai porté plainte, et c'est moi qu'on traite en coupable. Cette situation est insupportable. Elle a dévasté ma vie [...]. Ce n'est pas parce que les enquêteurs n'ont pas trouvé l'agresseur qu'il n'existe pas ! »

Lu *Cosmopolis* [3], de Don DeLillo, roman qu'il avait presque achevé au moment du 11 septembre. Le roman se déroule à New York en une journée du mois d'avril 2000. Le héros, Eric Packer, jeune multimilliardaire insomniaque, traverse la ville dans sa stretch limousine aux vitres fumées pour aller chez le coiffeur de son enfance, ami de son père. Des gardes du corps courent à côté de la limousine reliée à tous les centres d'images de la planète, équipée d'ordinateurs, de la télévision bien sûr, d'un micro-ondes, d'un tableau d'affichage pour la vision nocturne et d'un moniteur cardiaque. Pour DeLillo, « *Cosmopolis* est un livre sur des gens qui vont vers le futur utopiste d'un marché global et de la technologie et, pourtant, en même temps, un voyage vers le passé et la douleur ». Un beau livre, inquiétant et dérangeant.

Jeudi 11 septembre. À la veille du deuxième anniversaire de l'attentat du World Trade Center, Ben Laden fait sa réapparition dans une vidéo diffusée par la chaîne de télévision al-Jezira. Dans un paysage montagneux, on voit Oussama ben Laden et l'Égyptien Ayman al-Zawahri portant le pakoul, cette coiffure en forme de galette des montagnards du Nouristan, symbole de la résistance afghane à l'occupation soviétique. Les deux hommes sont vêtus d'une longue tunique recouverte d'un gilet sans manches et d'un pantalon bouffant. Ils discutent en marchant comme de vieux amis, l'air détendu, s'appuyant sur des bâtons, leur kalachnikov à la main. « Voici venu le deuxième anniversaire des raids de New York et Washington, deux défis à l'Amérique qui chancelle de ses blessures en Afghanistan et en Irak. Nous saluons nos frères moudjahidin d'Irak, leur serrons la main et demandons à Allah de bénir leurs sacrifices et leur courage dans le combat contre les croisés [...]. Dévorez les Américains comme les lions dévorent leurs proies. Enterrez-les dans les cimetières d'Irak [...]. La blessure de la Palestine fait saigner le cœur de tout musulman et nous ne laisserons pas, avec l'aide de Dieu, l'Amérique jouir de la sécurité jusqu'à ce qu'on en jouisse en Palestine et dans tous les pays d'Islam », dit la voix monocorde, présentée par la chaîne arabophone comme étant celle d'al-Zawahri.

Il y a trente ans, un soulèvement militaire mettait fin à la « voie chilienne vers le socialisme », ouverte depuis trois ans par Salvador Allende. Le président Allende se suicida avec son AK 47, offert par Fidel Castro, lors de l'attaque du palais de la Moneda par des militaires à la solde de Pinochet. Une terrible répression s'ensuivit. L'élection de Salvador Allende à la tête de l'État chilien ne faisait pas l'affaire des États-Unis : onze jours après l'élection, lors d'une réunion à la Maison-Blanche, Nixon ordonna à la CIA d'empêcher l'investiture du leader socialiste, prévue pour le 4 novembre. Selon le directeur de la CIA, Richard Helms, le président Nixon, qui ne voulait pas d'un « second Cuba », « a décidé qu'un régime Allende, au Chili, n'était pas acceptable pour les États-Unis. Il a demandé à l'Agence soit d'empêcher Allende d'accéder au pouvoir, soit de le déposer ». Henry Kissinger, conseiller à la sécurité nationale, est chargé de superviser l'opération. On connaît la suite...

« Nous ferons ce que nous avons à faire », a déclaré Ariel Sharon avant de quitter l'Inde pour Israël. Le Premier ministre israélien envisageait d'expulser Yasser Arafat de Palestine. Pour le président égyptien, Hosni Moubarak, ce serait « une erreur fatale », avis partagé par Yossef Paritzky, ministre israélien de l'Équipement : « Croit-on qu'Arafat ne continuera pas à nous combattre en exil ? N'a-t-il pas régi son peuple depuis Tunis avec des moyens moins sophistiqués qu'aujourd'hui ? » Et d'ajouter : « C'est la guerre, mais, à la guerre, on vainc par la ruse, l'intelligence, par la manœuvre et l'initiative. » Voilà quelqu'un qui mériterait de gouverner.

Selon le *Courrier international*, 22 % des Israéliens seraient trop pauvres pour s'alimenter de façon régulière : « Quantité de familles s'adresseraient régulièrement à des ONG, comme Pitchon Lev et Latet, pour manger et s'habiller. »

On ne parle que de l'affaire Shan Sha au Flore et chez Lipp. Shan Sha est cette jeune romancière chinoise, connue pour son excellent roman, *La Joueuse de go*, qui a obtenu le Goncourt des lycéens. Arrivée en France en 1990, parlant mal le français, elle obtient une bourse de 4 000 francs : « Une pauvre venue d'un pays de pauvres. Je me sentais humiliée. » Elle se débrouille grâce à l'École alsacienne, au peintre Balthus, à l'avocat Paul Lombard et à la famille Lagardère. Elle publie un premier roman aux Éditions du Rocher puis rejoint l'écurie Grasset. Après le succès de *La Joueuse de go*, elle devient un auteur recherché. Elle signe un contrat avec les éditions Grasset et donne le livre aux éditions Albin Michel, ce qui provoque la fureur d'Olivier Nora de Grasset ; on le comprend. D'où la guéguerre entre les deux maisons. Les avocats s'en mêlent, on parle de contrefaçon. Le tribunal donne raison à Grasset, tandis que le livre, *L'Impératrice*, sort chez Albin Michel. « C'est un beau gâchis », constate Emmanuel Pierrat, un jeune avocat spécialiste du droit d'auteur. La suite dans quelques jours...

Vendredi 12 septembre. La ministre suédoise des Affaires étrangères est morte des suites de ses blessures, hier, à l'hôpital Karolinska de Stockholm. Partisan de la monnaie unique, Anna Lindh a été poignardée à plusieurs reprises, dans le grand magasin NK du centre de la capitale, par un homme seul qui a pris la fuite. Le gouvernement suédois a annoncé que le référendum se tiendrait comme prévu. « Nous ne savons pas comment la mort d'Anna Lindh va influencer le référendum. Le camp du "oui" va sans doute bénéficier de sympathie », a déclaré le Premier ministre, Gôran Person. Le pays est en état de choc. Devant le magasin NK, des anonymes viennent déposer des bouquets de fleurs et allumer des bougies. C'est le deuxième assassinat, en Suède, d'une personnalité politique, dix-sept ans après celui d'Olof Palme qui n'a jamais été élucidé. Très populaire, Anna Lindh avait quarante-six ans ; elle était mère de deux enfants. Selon un sondage, elle était la quatrième femme la plus admirée du pays. Surnommée par la presse « la reine du "oui" à l'euro », on parlait d'elle pour succéder au Premier ministre. Toujours souriante, cette petite femme blonde était connue pour son franc parler.

À Cancún, un fermier coréen, Lee Kyung-hae s'est suicidé, sous les yeux de milliers de manifestants, le jour de l'ouverture de la cinquième conférence de l'OMC. Dans une lettre distribuée avant de se tuer, Lee Kyung-hae écrivait : « Je pleure les mots qui bouillonnent en moi depuis si longtemps. Pour qui négociez-vous ? Pour les citoyens ou pour vous-mêmes ? » Puis, il a escaladé une grille et déroulé une banderole sur laquelle était inscrit : « L'OMC tue les paysans. » Il a sorti un couteau et s'est frappé à mort.

Terminé le livre de Colum McCaan, *Danseur*[4], consacré à Noureev. Biographie ? Pas vraiment, plutôt reconstitution romanesque d'une vie. Les lecteurs n'oublieront pas ce petit garçon de six ans, dansant pour les soldats blessés lors du siège de Leningrad. Un très beau livre.

Dimanche 14 septembre. Pas eu le courage de me rendre à la Fête de l'Humanité, cette année, d'autant que je n'avais pas de nouveau livre à présenter. Nous en profitons pour courir les « foires à tout » et autres « vide-greniers » de la région. Je fais la remarque qu'il y a de plus en plus de Noirs ; Pierre me rétorque : « Ce ne sont pas des Noirs, ce sont des pauvres. » La justesse de sa réponse me saute soudain aux yeux. Africains et Maghrébins viennent en famille acheter des vêtements et des jouets à leurs enfants qu'ils ne peuvent leur offrir à l'état neuf.

C'est Patrice de Méritens qui, le premier, au printemps dernier, a ouvert la voie aux romans « célébrant » le 11 septembre avec *Orient-Extrême*. Depuis, plusieurs ouvrages ont suivi : le « goncourable » *Windows on the World*[5], de Frédéric Beigbeider, que j'ai aimé en dépit de « ce galimatias franco-yankee, ce jargon germanopratin manhattanesque, ce sabir de bègue-b.d.-rien. Mais cette langue scélérate et crépusculaire, cet idiome de fin du monde est tout à fait de circonstance pour raconter un cataclysme... », pour parler comme Bernard Pivot. Je suis en train de lire *11 Septembre, mon amour*[6], de Luc Lang, dont les précédents romans m'avaient beaucoup intéressée.

Lundi 15 septembre. *Paris*. La Suède dit « non » à l'euro. Les Suédois auraient-ils voté différemment si Anna Lindh avait pu mener jusqu'au bout la campagne en faveur de l'euro ?

Au sommet de l'OMC, à Cancún, aucun accord n'a pu être trouvé entre les pays riches et les pays en voie de développement ; les pauvres le resteront !

José Bové, le porte-parole de la Confédération paysanne, interdit de se rendre au Mexique, a été la vedette de la Fête de l'Humanité, à l'agacement de Robert Hue, Marie-George Buffet, Jack Lang, Alain Krivine et Olivier Besancenot.

Je suis allée, hier, à l'École des Beaux-Arts pour le lancement de la nouvelle formule des *Échos*. Le quotidien économique a agrandi son format, introduit de la couleur et des photos, engagé vingt nouveaux journalistes et investi 7 millions d'euros sur un an. Malgré cela, le quotidien ne me comptera pas parmi ses nouveaux lecteurs étant par essence incapable de m'intéresser à l'économie. Je sais que j'ai tort, qu'à travers elle on peut comprendre comment va le monde, tant sur le plan économique que politique ; mais là, je fais un véritable blocage.

Déjeuner de rentrée du jury du prix Femina, à l'hôtel Crillon. Chacune parle des livres lus cet été. Aucun titre ne se dégage vraiment...

Croisé, tout bronzés, retour de l'île de Ré, Lionel et Sylviane Jospin à la Comédie-Française où l'on donnait *La Nuit des rois*, de Shakespeare, dans une mise en scène de l'Allemand Andrzej Seweryn.

Mardi 16 septembre. L'ensemble de la presse française titre sur l'échec de Cancún où les pays riches et ceux du Sud n'ont pas réussi à surmonter leurs divergences. Le commissaire européen chargé du Commerce, Pascal Lamy, a déclaré dans un entretien au *Monde* : « On a raté une occasion précieuse de faire un pas supplémentaire contre la loi de la jungle », tandis que de nombreuses ONG, présentes à Cancún, ont accueilli l'échec des négociations comme une « victoire pour la société civile mondiale». Toujours selon Pascal Lamy, «l'OMC reste une organisation médiévale» avec laquelle «il est impossible de mener les discussions avec tous les membres d'une façon consensuelle».

Madonna présentait hier à la presse, dans le salon Vendôme du Ritz, à Paris, le premier volume, publié chez Gallimard-Jeunesse, d'une série de cinq contes pour enfants inspirés de la kabbale, *Les Roses anglaises*, traduit dans une trentaine de langues. Ce premier album est illustré par Jeffrey Fulvimari. «J'ai évolué depuis *SEX.SEX* qui a existé pour questionner la société et briser des tabous. J'étais exhibitionniste et je disais aux lecteurs "regardez-moi". Mes contes doivent apprendre à regarder les autres. Je n'écris pas pour être plus célèbre ou plus riche, mais pour faire passer un message et partager avec les enfants les leçons que j'ai apprises de la vie», a déclaré la chanteuse.

Vendredi 19 septembre. Vu, avec Pierre, au théâtre des Mathurins, *La Parisienne*, de Henry Becque, mis en scène par Bernard Murat, avec Caroline Silhol dans le rôle de la Parisienne, Patrice Kerbrat dans celui de l'amant, Joël Demarty dans celui du mari. La pièce se regarde sans déplaisir, on sourit à quelques répliques, mais le propos a vieilli ; non que les femmes ne trompent plus leur mari avec le meilleur ami de celui-ci : tout simplement, elles font moins de chichis. Je ne suis donc pas de l'avis de Jules Lemaitre qui écrivait : «La pièce est connue ; mais elle est, je crois, de celles qui gagnent en vieillissant et il m'a semblé que je saisissais mieux, l'autre jour, en quoi elle est originale et forte.» En 1885, sans doute, mais en 2003 ? Avant la représentation, nous sommes allés embrasser notre fille, Léa, qui tient le bar du théâtre deux jours par semaine ; «petit boulot» qu'elle fait consciencieusement, avec grâce et gentillesse.

Je reçois *L'Amateur de cigare* auquel j'avais donné une interview au mois de juillet. Je devais faire la couverture mais la rédaction a jugé que les photos n'étaient pas assez bonnes... Deux erreurs de taille on fait de Jean-Jacques Pauvert mon mari et l'éditeur de *La Bicyclette bleue*. Sans doute aurait-il aimé être l'un et l'autre, mais cela n'a pas été le cas : mon mari est Pierre Wiazemsky et mon éditeur était Jean-Pierre Ramsay.

Je reçois également un questionnaire de la Commission européenne, à propos de l'affaire Lagardère/Vivendi Publishing, auquel je dois répondre avant le 26 de ce mois à douze heures. « À l'issue de cette enquête, la Commission doit décider si la concentration entre Lagardère et Vivendi Universal Publishing doit être autorisée, si elle doit être autorisée sous conditions, ou si elle doit être interdite. » De plus, on nous demande d'indiquer dans notre réponse « tout élément que vous estimez constituer des secrets d'affaires ou autres informations confidentielles ». Ça ne ressemblerait pas un peu à de la délation ? Dans la lettre adressée aux auteurs, il est précisé que « la Commission a le pouvoir d'imposer des amendes et des astreintes aux destinataires de ses demandes de renseignements lorsqu'ils refusent de fournir des informations ou lorsque, délibérément ou par négligence, ceux-ci fournissent des informations inexactes » ; amendes pouvant aller de 1 000 à 50 000 euros et des astreintes d'un montant maximal de 25 000 euros par jour de retard, selon les articles 14 et 15 du règlement... Charmant ! Je m'attelle à la tâche avec l'agacement que l'on peut deviner...

Plus joyeux, le mariage de Stéphanie de Monaco avec Adans Lopez Peres, un acrobate portugais de vingt-huit ans, du cirque Knie. La cérémonie a eu lieu dans la plus grande intimité. Le père de la mariée, le prince Rainier, n'y a pas assisté mais a envoyé sa bénédiction...

Samedi 20 septembre. *Montmorillon.* Je me rends à Poitiers pour le premier Salon du livre de Poitiers, invitée d'Isabelle Soulard, vice-présidente de la Société des auteurs du Poitou-Charentes – dont je suis la présidente – et qui se tient dans les Salons de Blossac. Peu de monde, en cette belle journée : je comprends que les Poitevins aient eu envie de profiter des derniers beaux jours de l'été. En fin d'après-midi, je prends la route pour Montmorillon où m'attendent mes parents. Maman est alitée avec une cruelle sciatique qui ne peut être correctement soignée du fait de son état général. Je m'arrête à Chauvigny où une enseigne semble me narguer : « Havana Café ». Je m'arrête et m'installe à la terrasse, de la musique cubaine y est diffusée, il fait chaud. Si je ferme les yeux, je suis à Cuba... Un mojito et un cigarillo complètent cette impression. Un Havana Café à Chauvigny ! On aura tout vu !

Je reprends la route sous une magnifique lumière automnale. En traversant le pont Neuf, à Montmorillon, je remarque que la Gartempe est basse. Arrivée chez mes parents où ma sœur, Chantal, est venue préparer le dîner, je suis agréablement surprise par leur mine. Ils sont incroyables : à quatre-vingt-dix ans, ce teint frais, cette mémoire, cette tendresse l'un envers l'autre ! Après que maman eut pris son repas dans son lit, nous prenons le nôtre avec mon neveu, Éric, et sa fille, Fanny, venus se joindre à nous.

Dimanche 21 septembre. *Poitiers.* Balade, ce matin, dans la Cité de l'écrit et des métiers du livre de Montmorillon. Cette promenade m'a déprimée. Un jour, il faudra que les élus rendent des comptes pour avoir saboté cette idée magnifique : cette Cité, inaugurée en grande pompe par Jean-Pierre Raffarin, René Monory et Guillaume de Russé, le maire, lors du Salon du livre de l'an 2000 et pour laquelle des fonds municipaux, départementaux, régionaux et européens ont été engloutis. Comme chaque fois, je suis partagée entre colère, dégoût et chagrin. Chez les bouquinistes restants, je trouve quand même le moyen d'acheter quelques livres. Dans l'après-midi, l'accueil des lecteurs au Salon de Poitiers met un peu de baume sur mon cœur.

Il a fallu six ans, après un vote à l'unanimité au Sénat, pour créer un monument aux fusillés du mont Valérien, et le voir enfin, hier, inauguré. C'est à Jean-Pierre Raffarin qu'est revenu cet honneur, en compagnie de Robert Badinter qui a prononcé un discours, avec émotion, en présence des familles des fusillés et d'anciens résistants. « À cette heure ultime, ce qu'ils disent tous, c'est un message d'amour ; amour de la France. » Et, ce qui est plus saisissant encore, chez ces hommes qui vont être exécutés et qui ont connu souffrance et parfois tortures, aucun cri de haine, aucun appel à la vengeance... Ainsi, Roger Pironneau, étudiant à l'Institut catholique : « Surtout pas de haine contre ceux qui nous fusillent », ou Fernand Zalnikov, vingt ans, ouvrier fourreur, né à Paris d'une famille juive d'origine russe : « Je suis sûr que ma mort ne sera pas inutile, qu'elle servira à construire un monde où il y aura du pain pour tous et des roses. » Sur une cloche de bronze où sont gravés les noms des mille six fusillés qui sortent ainsi de l'anonymat, on peut lire : « Aux résistants et otages fusillés et à tous ceux qui n'ont pas été identifiés. » Il faudra que j'emmène mes petits-enfants au mont Valérien.

Dans la nuit de vendredi à samedi, la gendarmerie de Propriano, au sud de la Corse, a été mitraillée. Cela ne mériterait que quelques lignes dans la presse tant cela est habituel, si les auteurs des coups de feu n'avaient visé les lieux habités par les gendarmes et leurs familles. « Jusque-là, on ne s'était toujours attaqué qu'aux locaux techniques ou aux bureaux. Pour la première fois, on a tiré dans les fenêtres des chambres à coucher des gendarmes », déplore le maire.

Le Figaro Magazine de cette semaine consacre tout un dossier aux « nouveaux poujadistes », mettant dans le même panier : Arlette Laguiller, Karl Zero, les Inrockuptibles, José Bové, Roger Hanin représentant de « la gauche "navarrin" », Thierry Meyssan, l'animateur du Réseau Voltaire, « le petit libraire de Saint-Maur », Gérard Collard, le journaliste de *Libération*, Pierre Marcelle, Alain Soral, « le pétomane », etc. C'est à propos de ce dernier que je me fais égratigner, dans un style gras qui se veut drôle, pour avoir écrit dans les colonnes de *L'Humanité* le bien que je pensais de *Jusqu'où va-t-on descendre ?* et *Socrate à Saint-Tropez*, « opus publiés aux très chic Éditions Blanche [2002 et 2003] dirigées par Franck Spengler (ce qui valut à Soral un article dithyrambique de Régine Deforges, mère de Spengler : dénoncer le communautarisme n'empêche pas de tolérer le copinage) ». Ce sont les mots « dithyrambique » et « copinage » qui m'agacent. M'accuser d'avoir pris Alain Soral pour Dionysos, c'est un peu fort et plutôt stupide, comme de parler de « copinage » sous prétexte que mon fils est son éditeur ; c'est mal me connaître. Si ces livres ne m'avaient pas semblé intéressants, je n'en aurais pas parlé, tout simplement. L'auteur de l'article doit confondre avec ce qu'il voit chaque jour autour de lui, dans son propre journal et ailleurs, où le renvoi d'ascenseur et les critiques de complaisance sont monnaie courante.

Lundi 22 septembre. *Paris.* Aujourd'hui, journée sans voitures ; cela ne m'arrange pas : j'ai mon service de presse de *L'Agenda 2004 du point de croix* à signer aux éditions Mango, dans le XVIIe, d'où je me rendrais au théâtre Hébertot voir *La Belle Mémoire*. Après la représentation nous soupons avec Michel et José Rotman.

Vincent Humbert, tétraplégique à la suite d'un accident de la route, demande le droit de mourir. Par l'intermédiaire de sa mère, il a fait appel, l'année dernière, à Jacques Chirac pour qu'il autorise son euthanasie. « Je bouge très légèrement la main droite en faisant une pression avec le pouce à chaque bonne lettre de l'alphabet. Ces lettres constituent des mots et ces mots forment des phrases. C'est ma seule méthode de communication [...]. Vous avez le droit de grâce, je vous demande le droit de mourir [...]. Je ne mérite pas un scénario aussi atroce. » Ému, le président de la République a reçu la mère et lui a expliqué que ce n'est pas dans ses prérogatives d'accorder une telle autorisation, d'autant qu'il s'est déjà prononcé pour la non-légalisation de l'euthanasie. Depuis cet entretien, Jacques Chirac a régulièrement pris des nouvelles du jeune homme et lui a téléphoné à plusieurs reprises, sans que cela le fasse changer d'avis. Vincent Humbert désire en finir. Avec l'aide de sa mère, il l'a écrit dans un livre qui sort cette semaine, *Je vous demande le droit de mourir*[7]. Hier sur TF1, la mère, Marie Humbert, a déclare qu'elle était décidée à aider son fils à mourir. « Tu m'as donné la vie, tu me donneras la mort... » Vincent attend cette ultime preuve d'amour.

Le gouvernement prévoit d'augmenter une nouvelle fois le prix du tabac ; on parle de 20 % d'augmentation. Voilà qui va faire rentrer de l'argent dans les caisses de l'État. Si l'on tient compte de ce qui est inscrit sur les paquets de cigarettes : « Fumer peut entraîner une mort lente et douloureuse », « Fumer pendant la grossesse nuit à la santé de votre enfant », « Fumer peut diminuer l'afflux sanguin et provoque l'impuissance », « Fumer tue », l'État serait-il donc complice d'assassinat ? C'est la question que l'on peut se poser. À quand des têtes de mort bien en évidence devant chaque bureau de tabac et, pourquoi pas, à l'entrée des débits de boissons, des boutiques de marchands de vins, devant les rayons de supermarché proposant liqueurs ou apéritifs, l'alcool provocant, comme chacun sait, si l'on en abuse, la mort à plus ou moins brève échéance. Nous voilà prévenus. Chaque fois que nous allumons une cigarette, que nous buvons un verre, nous sommes en danger de mort, quand nous prenons notre voiture aussi. Vivre tue, c'est bien connu. On ne cesse de nous culpabiliser sans pour autant nous responsabiliser ; fini le plaisir. Quant à moi, je continuerai à fumer sans remords mon havane et, comme je suis collectionneuse dans l'âme, je commence une collection de paquets de cigarettes portant ces menaçantes inscriptions.

Le gouvernement de Jean-Pierre Raffarin a accepté de payer la somme faramineuse de cinq cent quatre-vingt-cinq millions de dollars pour « s'assurer que l'affaire Executive Life ne déboucherait pas sur un procès pénal devant la justice californienne ». Il s'agit d'une sombre histoire de rachat, en 1993, d'une compagnie d'assurances américaine en faillite, Executive Life, et de son portefeuille de *junk bonds* (obligations pourries), par une filiale du Crédit Lyonnais, Altus, qui revend à François Pinault une partie de ces obligations pourries et, trois ans plus tard, la totalité de l'activité d'assurances, Aurora. C'est alors que les Américains accusent le Crédit Lyonnais d'avoir organisé la reprise d'Aurora par un système de portage illégal alors que la loi interdit à une banque de détenir plus de 25 % du capital d'une compagnie d'assurances. Voilà en gros, en très gros, l'affaire. Allez savoir pourquoi cette histoire compliquée m'intéresse ; non que j'aime me vautrer dans la boue, mais j'ai envie de voir jusqu'où cela va aller, si le procès tant redouté aura lieu, si le Crédit Lyonnais sera interdit de banque aux États-Unis, si ceux-ci continueront à humilier la France, si des ministres français des Finances, de gauche comme de droite, seront accusés d'avoir eu connaissance de ces activités frauduleuses, qui sera compromis, etc. On comprend mieux pourquoi l'État cherche à faire des économies dans tous les domaines : aide aux chômeurs, aux personnes âgées, aux handicapés... En fait, à tous ceux qui en ont vraiment besoin. Mais, pour payer les conséquences des magouilles de certains, sauver leur « honneur », il est toujours là !

Mardi 23 septembre. Dominique Aury aurait quatre-vingt-seize ans. Malgré sa disparition, en avril 1998, je ne cesse de noter dans mon agenda la date de son anniversaire. Elle me manque. Comme j'aurais voulu lui épargner cette triste fin... La dernière fois que je l'ai vue, c'était peu de temps avant sa mort, dans sa maison de Boissise où elle m'avait dit son chagrin et sa honte de n'être pas présentable, de tout oublier, tout mélanger. On l'avait forcée à se lever pour faire quelques pas dans le jardin ; je la soutenais, détournant la tête pour échapper à l'odeur qui montait de sa chemise souillée. Elle trébuchait, s'accrochait à moi. Je suppliais qu'on la reconduisît dans sa chambre. Elle se coucha épuisée. Je sentais qu'elle voulait que je parte, que c'était pour elle une souffrance supplémentaire que je voie sa déchéance physique et l'état dans lequel on la laissait. Je l'ai embrassée ; nous savions que c'était un adieu. Comme elle m'a regardée... Oh, son regard qui suppliait malgré elle ! J'avais envie de lui demander pardon de l'abandonner ainsi. Avec quel soulagement je repris ma voiture ! Je m'en voulais de ce lâche abandon. La vieillesse et la maladie ont toujours provoqué, chez moi, une profonde répulsion ; c'est pour cela que j'admire tant ceux qui, de par leur métier ou par compassion, ont le courage de les affronter. De la colère aussi. Malgré les larmes que je ne pouvais retenir, j'ai conduit vite, très vite, comme pour échapper à la mort ou la rejoindre. J'ai appris son décès dans la presse après qu'elle eut été inhumée...

Mercredi 24 septembre. Souri plusieurs fois en lisant *Le Canard enchaîné* de ce mercredi qui, chaque semaine, nous renvoie une image de la France qui donne envie de rire ou de pleurer, c'est selon, et fait grincer les dents de plusieurs. Les « révélations » du *Canard* sur l'affaire Alègre sont des plus savoureuses. Les responsables de la qualité de l'eau dans la Région parisienne ont dû lire le roman de Francis Rick, *Paris va mourir*, publié en 1969 dans la « Série noire », et que j'avais intitulé à l'époque, « Petite suite aux événements de mai », où une bande de terroristes tentait d'empoisonner l'eau des réservoirs parisiens, car ils ont triplé la dose de chlore pour prévenir toute tentative d'empoisonnement de l'eau. Le goût et l'odeur sont si forts, depuis le renforcement du plan Vigipirate, qu'il devient difficile de boire l'eau du robinet. C'est sans doute pour cela que le prix de l'eau a augmenté, selon *Le Canard*, « de 123 % de 1990 à 2000 ». Les dessins de Pétillon, Kiro, Kerleroux, Cabu, Wozn ou Potos m'enchantent. Mon père a toujours acheté *Le Canard enchaîné*, j'ai grandi et appris à lire avec lui. Petite, c'était surtout les dessins qui m'intéressaient. Plus tard, vers dix ans, je le lisais attentivement sans toutefois vraiment comprendre. Il m'a fallu quelques années de plus pour en apprécier tout le suc. Je lui ai cependant été infidèle quand a paru *Charlie Hebdo*. L'équipe, autour de Cavanna et de Choron, me semblait plus vive, plus insolente, plus « moderne » que mon vieux *Canard* que j'ai longuement abandonné. Ayant abandonné à son tour *Charlie Hebdo* devenu *Hara-Kiri Hebdo*, je suis revenue vers *Le Canard* qui continuait avec de nouveaux talents et j'ai retrouvé avec plaisir ses calembours : « Sécurité sociale : La nouvelle affaire Dutrou, simple et de bon gouffre », cela m'amuse.

Avec Pierre, nous nous retrouvons chez Alain et Luce Le Ray que nous emmenons dîner dans un restaurant proche de chez eux. Luce est une des filles de François Mauriac et la tante de Pierre. J'ai une grande admiration pour le général Le Ray qui, fait prisonnier par les Allemands après s'être battu à la tête de sa compagnie, en 1940, a été le premier à s'évader de la forteresse de Colditz. Le film, *La Grande Évasion*, avec Steve Mac Queen, s'est inspiré de cet exploit. À son retour en France, il a rejoint la Résistance où il a été le premier chef militaire du Vercors, puis chef des Forces de l'intérieur pour l'Isère. Il a combattu en Allemagne, en Indochine où il fut négociateur à la conférence de Trung-gia, en Algérie de 1956 à 1958. Nommé à Bonn comme attaché militaire et des Forces armées auprès de l'ambassade de France. Promu en 1961 général de brigade, il commande en 1962 la 27ᵉ division alpine en Grande Kabylie. Ayant sous ses ordres de nombreux harkis, il désobéit au ministre des Armées du général de Gaulle, Pierre Messmer, en refusant de fermer les portes de sa caserne à ses hommes dont il connaissait la valeur et le courage ; ils n'ont pas été nombreux, les officiers d'alors, à se comporter avec une telle humanité. C'est pour cela que j'aime Alain Le Ray qui m'a beaucoup aidée dans mes recherches au moment de *La Bicyclette bleue*, évoquant ses souvenirs de captivité, son évasion qu'il a racontée d'une manière passionnante dans *Première à Colditz*[8], les combats dans le maquis du Vercors, répondant avec patience à mes questions à propos des guerres d'Indochine et d'Algérie. Durant le dîner, nous avons reparlé de cela et de l'enfant de quatre ans que sa mère avait réveillé pour qu'il voie passer les taxis de la Marne en route vers le front, image que le général Le Ray n'a jamais oubliée.

Jeudi 25 septembre. Ayant oublié mon carnet de rendez-vous, je pose un lapin à une jeune femme qui veut m'interroger à propos du prix Femina sur lequel elle veut écrire. Acte manqué ? Je n'avais aucune envie de répondre à ses questions.

Hier, Marie Humbert a tenu la promesse qu'elle avait faite à son fils devenu tétraplégique, aveugle et muet à la suite d'un accident de voiture : elle a tenté de le tuer, de mettre fin à « cette vie de merde », comme le disait Vincent. Trois ans, jour pour jour, après l'accident sur une route de Normandie, elle a ajouté des barbituriques dans une de ses perfusions. Une mère, par amour, a eu ce terrible courage, ôter la vie à l'enfant qu'elle avait mis au monde pour que finissent, enfin, les souffrances physiques et morales qu'il endurait au centre héliomarin de Berck-sur-Mer. On ne peut que compatir et se recueillir quelques instants, prières au bord des lèvres et peine au cœur. Passé l'émotion, c'est la colère qui vient contre une société qui n'a pas laissé d'autres choix à une mère que d'exécuter elle-même le geste fatal. Mesure-t-on ce qu'il faut d'amour, d'abnégation, pour en arriver là ? « Je ne veux pas tuer mon fils, je veux l'aider à se suicider », a dit Marie Humbert qui tient à cette nuance. Plongé dans un coma profond, Vincent a été placé en réanimation, sa mère a été interpellée et placée en garde à vue. « Mais, pourquoi on le réanime ?! » ont hurlé le père et le frère de Vincent qui « approuvent totalement » le geste de Marie et la soutiennent. « Parce que c'est notre devoir », a répondu le médecin. Triste devoir que de maintenir en vie quelqu'un qui a fait si clairement savoir qu'il voulait mourir. La mère a été autorisée à se rendre au chevet de son fils...

Vendredi 26 septembre. Vincent Humbert n'est plus... Il avait vingt-deux ans et aurait pu vivre encore très longtemps. « Je ne veux plus vivre comme un légume », disait-il. Son souhait a été exaucé. Le médecin-chef du service de réanimation du centre de Berck-sur-Mer et son équipe ont débranché le respirateur artificiel qui le maintenait en vie : Vincent est mort quelques minutes plus tard. « Nous avons tenu compte de l'état antérieur de Vincent, de sa pathologie et des souhaits qu'il avait formulés à plusieurs reprises. Revenir à son état antérieur aurait été une épreuve supplémentaire pour lui. Il avait dit d'une façon très claire que ce jour était pour lui un paradis. Je me voyais mal poursuivre », a déclaré le docteur Frédéric Chaussoy, le responsable du service de réanimation. Si ce geste avait été accompli plus tôt, il eût évité bien des souffrances. Tout cela est d'une grande tristesse. On pense au chagrin de la famille, à son soulagement aussi, mais pense-t-on assez au désarroi, aux doutes qui s'emparent des équipes médicales chargées de « soigner » des malades qu'elles savent incurables, d'accompagner des personnes en fin de vie, d'être à chaque instant confrontées aux souffrances physiques et morales de leurs patients sans pouvoir y porter remède ? J'ai le plus grand respect pour ceux qui tentent, avec peu de moyens et de temps, de les soulager et de leur apporter un peu de réconfort.

Dans ce désastre, j'ai été touchée par les mots très humains des journalistes du *Parisien*, Corinne Thébault et Philippe Duley : « Marie Humbert, quand on la rencontre, est une femme que l'on a envie d'embrasser. » Comme ils ont raison. Sur la photo d'elle que j'ai sous les yeux, c'est son regard d'enfant perdue qui touche et donne envie de la protéger, de la consoler. Vincent a dû le sentir. « Entre la mère et le fils, se sont nouées des relations très fusionnelles, presque œdipiennes. Je crois que Vincent ressent très fort la douleur, l'épuisement de sa mère, au point de vouloir y mettre fin », a dit un médecin qui les connaît bien, rapportent les deux journalistes.

Le vieux débat sur l'euthanasie ressort : faut-il dépénaliser l'euthanasie ? La légaliser ? Seuls les Pays-Bas ont adopté une législation libéralisant l'euthanasie, la Belgique partiellement, et la Suisse, si elle n'autorise pas l'euthanasie, autorise « le suicide assisté » ; nuance que chacun appréciera. Partout ailleurs, c'est un crime.

Je n'aurai pas la cruauté d'accuser Michel Lafon, l'éditeur du livre voulu par le fils et la mère et écrit avec l'aide du journaliste Frédéric Veille, d'avoir profité du drame pour lancer *Je vous demande le droit de mourir*. Je préfère croire qu'il n'a fait que respecter l'ultime volonté du jeune homme. Le livre de Vincent ne se termine-t-il pas par ces mots : « J'ai voulu ce livre-testament, je dis bien "testament" car je vais mourir. Je vais partir à une date que seuls ma mère et moi connaissons et avons choisie. » L'ouvrage est en rupture de stock.

Comme chez beaucoup de mes compatriotes, ce drame provoque chez moi un profond malaise. Suis-je pour une loi autorisant l'euthanasie ? Tantôt je réponds oui, tantôt je réponds non. « L'autoriser, avait déclaré en décembre dernier le ministre de la Santé, Jean-François

Mattei, ouvrirait la voie à des dérives et des abus qui mettraient en danger les fondements de notre société. J'y suis farouchement opposé. » Une chose est sûre, c'est qu'il ne faut pas en débattre sous le coup de l'émotion ni sous le poids de la médiatisation de ce drame, mais dans le calme et la réflexion, en ayant toujours présente à l'esprit la dignité humaine, tant celle de la personne souffrante que celle de sa famille.

Depuis sa création, je fais partie du comité de parrainage de l'Association pour le droit de mourir dans la dignité et, bien que n'y participant pas, je suis ses travaux avec intérêt. Les réunions, les débats, les colloques m'ennuient et je ne me sens aucune compétence pour les faire avancer. Mais, en cas d'action ponctuelle, je répondrai présente !

Jacques Chirac n'est pas content, il est même très en colère contre ses ministres. « Je tiens à rappeler que le Conseil des ministres est secret, que ses délibérations sont secrètes. Je suis scandalisé que les propos qui y sont tenus se retrouvent dans la presse. Je voudrais que chaque ministre se concentre sur la tâche qui est la sienne. Je souhaite que le jeu des petites phrases et des interprétations personnelles s'arrête. » Vous avez bien compris, Michèle Alliot-Marie, Nicolas Sarkozy et François Fillon, puisqu'il paraîtrait que ce discours s'adresse surtout à vous qui ne cachez pas votre désir de succéder à Jean-Pierre Raffarin ?

La Nigérienne Amina Lawal, condamnée en vertu de la loi coranique à la lapidation, pour adultère et pour avoir eu un enfant trois ans après son divorce, a été acquittée par la cour d'appel de Katsina qui a admis la notion d'« embryon dormant » par laquelle la loi islamique prétend qu'« une grossesse peut résulter d'un embryon resté jusqu'à cinq ans dans l'utérus de la femme » !..

Samedi 27 septembre. Je devais me rendre, ce week-end, à Merlieux, ce Village du livre dont je suis la marraine et où la bibliothèque municipale porte mon nom. Mais hier, dans un restaurant, j'ai été prise d'un malaise. Reconduite à la maison, Pierre a appelé SOS-Médecins. Rien de grave selon le médecin qui me conseille de me reposer. Ce que je fais. Au réveil, j'espérais me sentir mieux, mais mes jambes flageolantes et des vertiges m'interdisaient tout déplacement. J'appelai les organisateurs pour m'excuser. Dommage, j'aurais bien aimé faire la connaissance de Dai Sijie, l'auteur de *Balzac et la Petite Tailleuse chinoise*[9], à qui je devais remettre le prix Yves-Gibeau.

Le premier paragraphe du roman de Richard Millet, *Ma vie parmi les ombres*[10], est beau. Il me parle familièrement de choses que je connais et dans lesquelles je me retrouve : « Après moi, la langue ne sera plus tout à fait la même. Elle entrera dans une nuit remuante. Elle se confondra avec le bruit d'une terre désormais sans légendes. Les langues s'oublient plus vite que les morts. Elles tombent, comme le jour, le vent, ou le silence, sur le monde où je suis né et qui était peuplé de gens rudes, peu loquaces, le visage tourné vers le couchant, et qui auraient souri de me voir, moi, le dernier des Bugeaud, seul de ma race à écrire le français à peu près comme ils ont rêvé de le parler ou, pour quelques-uns, l'ont parlé, quand ils ne s'exprimaient pas en patois, dans ce parler limousin où s'entendaient encore, entre les souffles des animaux et ceux des grands bois, tous les temps du subjonctif, tandis que le français y renonçait et qu'ils parlaient, eux, avec ce respect de la syntaxe française qui était la véritable armature de l'homme, pour les Bugeaud comme pour les autres Siomois, y compris ceux qui parlaient mal mais qui considéraient que s'exprimer correctement était, ici-bas, le vrai, le seul vêtement de gloire. » Quel bel hommage à la langue française. Je pourrais remplacer « parler limousin » par « parler poitevin », tant ma grand-mère Lucie avait ce souci du « bien parler », même si quelques mots de patois lui échappaient parfois. Ma « liseuse », comme disait Dominique Aury, aimait à « feurlasser » (« froisser du papier », dans mon Poitou) des heures durant, me communiquant le virus de la lecture.

Vingt-sept pilotes israéliens ont adressé une lettre au chef d'état-major de l'armée de l'air israélienne, disant leur refus de participer à des attaques mettant en danger la vie des civils.

Dimanche 28 septembre. Les cloches des églises du quartier se répondent à travers le ciel gris de ce dimanche automnal : Saint-Séverin, Notre-Dame, Saint-Germain-des-Prés ou Saint-Sulpice appellent les fidèles à se rendre à l'office dominical. N'étant pas à Paris le dimanche, je n'ai plus l'habitude de les entendre. Je suis saisie d'une vague envie de répondre à leur appel, tout en sachant que je n'irai pas, tant je ressens fortement l'absence de Dieu durant les offices consacrés à Sa gloire.

Comme chaque jour depuis son hospitalisation, j'appelle maman et me réjouis quand j'entends dans sa voix qu'elle ne souffre pas. Quoique, avec elle, je devrais me méfier tant elle est dure au mal. Petite mère, je déteste ta souffrance, comme je déteste la peur qui étreint papa à l'idée de te perdre. « C'est que je l'aime, ma petite femme », me dit-il. Je hais le grand âge. Comme Dieu est méchant de nous condamner à assister à notre déchéance et à celle de ceux que nous aimons ! Sa seule excuse est de ne pas exister. En écrivant cela, je me sens comme la gamine qui tapait du pied quand on la contrariait. Comme nous sommes démunis face à tous ces « pourquoi », ces « comment » ! Le plus agaçant, c'est de savoir que nous mourrons sans connaître la réponse. Bienheureux ceux qui croient en la vie éternelle !

Lundi 29 septembre. Je feuillette le magnifique catalogue de livres rares de la librairie Henner d'Alain Sinibaldi. L'édition originale du *Diable amoureux*, de Cazotte, me tente beaucoup, comme celle de *Jacques le fataliste*, de Diderot, dont « le titre porte la faute "Jacques *la* fataliste" qui signalerait les premiers exemplaires tirés, ce que conteste, sans en avoir jamais vu un exemplaire, Tchemerzine » ; explication donnée par le libraire qui nous signale, en outre, que l'exemplaire est bien conservé, sa reliure d'époque, c'est-à-dire de la fin du XVIIIe siècle, et qu'il « ne peut s'agir en tout cas de contrefaçon ». J'aime le vocabulaire de la bibliophilie, les précisions minutieuses, les descriptions de l'état des reliures, de la fraîcheur des exemplaires. Je rêve devant « les Œuvres francoises de Joachim du Bellay, Gentilhomme Angevin, & Poëte excellent de ce temps, publiées chez Abel l'Angelier en 1584 », dédiées « Av Roy tres-chrestien Henry III ». Cet exemplaire ayant, entre autres, appartenu à Paul Éluard. Je pourrais continuer sans me lasser à énumérer tous ces trésors.

Octobre

Mercredi 1er octobre. Françoise Seligmann nous a reçus chez elle, hier, rue de Constantine. Il y a longtemps que je n'avais eu autant de plaisir à dîner en ville. J'avais lu *Liberté, quand tu nous tiens*[1]..., le premier volume de ses Mémoires, avec plaisir et émotion ; le deuxième, *L'Espoir et la Honte*[2], m'a passionnée. Elle y parle de Pierre Mendès France, de la guerre d'Algérie, de Cuba, de Mai 68, de François Mitterrand et du Parti socialiste, de Pierre Joxe, de sa rencontre avec « le patron » des Éditions Fayard, Claude Durand, qui écrivait à propos de son premier livre, *Le Plat du jour*[3], publié en 1959 : « Écrire, c'est être debout dans chacun de ses livres. Écrire à vingt ans, quand on refuse de sacrifier aux modes, c'est s'astreindre à ne vouloir être connu qu'après s'être fait reconnaître. Écrire à vingt ans, à notre époque, c'est fuir les fausses révoltes contre un monde qui n'est plus à détruire, mais qui était détruit avant que nous y entrions. C'est donc ne jamais accepter. Écrire maintenant, à vingt ans, à notre époque de guerre, c'est aussi laisser son message, sinon son testament pour le cas où... » Pas mal, pour un garçon de vingt et un ans. Voici un texte qui devrait être remis à tout jeune auteur qui se lance sur le chemin encombré de la littérature, chemin bordé de précipices, de faux amis, d'éditeurs ne visant que les gros tirages, de critiques imbéciles, de confrères jaloux. Cher Claude Durand, écririez-vous aujourd'hui le même texte exigeant ?

Lecture des secondes épreuves des *Généraux du crépuscule*. Lecture éprouvante tant je mesure la distance entre ce que j'ai voulu faire et ce que j'ai fait. Ce roman ne me satisfait pas, il y reste trop d'incohérences, de zones d'ombre. L'époque de la guerre d'Algérie ne se laisse pas approcher facilement. Malgré l'abondance d'ouvrages, de journaux, de documents que j'ai lus, tenté d'analyser pour essayer de comprendre les motivations politiques et autres des protagonistes de ce temps, je crains de n'avoir réussi à rendre qu'une petite partie de sa complexité ; je redoute que les lecteurs ne soient de cet avis. Il est maintenant trop tard pour moi d'y remédier. L'insistance de l'éditeur et ma fatigue m'en dissuadent. La plupart du temps, mes livres m'échappent, celui-ci plus que les autres. J'ai tenté de savoir pourquoi : manque d'intérêt pour les protagonistes des événements d'alors, à part de Gaulle évidemment ? Difficulté de me concentrer sur ce seul travail ? Incompétence de ma part ? Ou encore lassitude de vivre avec les mêmes personnages depuis maintenant plus de vingt ans ? Sans doute un peu de tout cela...

Jeudi 2 octobre. Déjeuner au Paris avec Claude Durand où je déguste mon premier perdreau de l'année. Nous parlons de la prochaine sortie des *Généraux du crépuscule* et du lancement du roman. Nous ne disons que quelques mots du livre de Nadine Trintignant, *Ma fille, Marie*[4]. Pas plus que lui, mais pour des raisons différentes, je ne souhaite en parler avant de l'avoir lu. Claude Durand sait que je réprouve ces publications tapageuses, sans la distance nécessaire à la réflexion, produit des médias, du voyeurisme de chacun et, dans ce cas, de l'ambiance obscène qui entoure le drame des deux amants. Là où il faudrait du silence, du recueillement, nous n'avons que déclarations des protagonistes, de l'avocat, des « amis » qui viennent « témoigner », à charge pour la plupart. Les charges qui accablent Bertrand Cantat sont assez graves et évidentes sans en ajouter. Il ne nie pas avoir donné les coups qui ont causé la mort de la femme qu'il aimait ; cela suffit à le condamner. Je comprends la douleur et la haine d'une mère dont on a tué l'enfant et je compatis très sincèrement à la souffrance de la famille Trintignant. J'aurais compris que le frère, le fils, la mère, présents sur les lieux du drame, aient tenté d'abattre le meurtrier en voyant le visage meurtri de Marie. Mais là, ressasser à longueur de pages, d'interviews, d'entretiens, l'horreur des derniers jours d'un être aimé me semble pervers et indécent. S'acharner sur le présumé coupable ne rendra pas la vie à la jeune femme et risque même de susciter des sympathies envers Cantat.

Réunion du jury Femina. Je pense que le choix final sera entre *Les Âmes grises*[5], de Philippe Claudel, et *Ma vie parmi les ombres*, de

Richard Millet, quoique *Univers, univers*[6], de Régis Jauffrey, ait des chances. Côté « étranger », nous avons l'embarras du choix. Je souhaiterais qu'un « petit éditeur » obtienne le prix ; par exemple, Viviane Hamy avec *La Porte*, de la Hongroise Magda Szabo. Pour les essais, là aussi, le choix est très grand et va de *Passage de l'Odéon*[7], de Laure Murat, à *Jeanne et les Siens*, de Michel Winock, en passant *Une saison de machettes*[8] de Jean Hatzfeld.

En Israël, un mouvement soutient les militaires de l'armée israélienne qui refusent les missions de « liquidation » en Palestine. Dans le même temps, Sharon donne son accord pour la construction d'un nouveau tronçon du mur d'une longueur de quarante-cinq kilomètres, prolongeant les cent quarante kilomètres achevés en juillet dernier. Cette « ligne de sécurité » déborde largement « la ligne verte » séparant Israël de la Cisjordanie depuis 1967.

Vendredi 3 octobre. Pierre Laurent, le rédacteur en chef de *L'Humanité*, me convie à déjeuner au siège du journal, à Saint-Denis, pour me présenter quelques membres de l'équipe éditoriale et discuter de la date de reprise de ma chronique. Je ne résiste pas à l'envie de me balader dans le marché qui ressemble plus à un marché africain qu'à un marché d'Île-de-France, tant par les produits proposés que par la population. À l'ombre de la basilique, c'est parfumé, c'est coloré, animé sur fond de musique arabe. Je me retiens d'acheter des cassettes. Dans la salle à manger du journal, voulue par Roland Leroy, située au dernier étage, on a une vue magnifique sur la nécropole des rois de France : raccourci de l'histoire... Comme d'habitude, le repas préparé par Pierre-Étienne Véron qui tient par ailleurs la chronique gastronomique du journal, auquel il donne également de savoureuses recettes, est excellent. Charles Silvestre, retenu par des obligations familiales, nous rejoint au café. Nous sommes convenus de reprendre mon « Pêle-mêle » pour le 15 octobre prochain.

L'écrivain sud-africain, J.M. Coetzee, reçoit le prix Nobel de littérature. On a reproché à Coetzee de n'avoir pas pris parti contre l'apartheid à l'instar de Nadine Gordimer et d'Andre Brink. Sans doute pensait-il que ses livres parlaient pour lui. Je ressors de ma bibliothèque *Disgrâce*[9] que j'ai lu, *Michael K, sa vie, son temps*[10] et *En attendant les barbares*[11] que je lirai après l'attribution du Femina.

Lundi 6 octobre. Interview pour RFO à propos de Cuba et de la politique de Fidel Castro. Encore une fois, je redis mon amour pour ce pays et le peuple cubain et ma colère devant le manque de liberté, la misère de ce peuple admirable à qui la Révolution a apporté un niveau d'instruction inconnu dans la plupart des pays de l'Amérique latine ; ce qui n'est pas rien. On me dira qu'ils n'ont pas la possibilité de se cultiver davantage tant la presse cubaine est sous contrôle de l'État, donc d'un intérêt limité, et que les livres sont chers et vendus en dollars, monnaie que bien peu d'entre eux possèdent ; d'où les trafics en tout genre pour obtenir le fameux billet vert, à la fois honni et indispensable pour se procurer les produits de première nécessité. Je condamne avec fermeté les arrestations d'intellectuels, de journalistes, d'écrivains, les emprisonnements pour délit d'opinion et, bien sûr, les exécutions de ces jeunes gens au mois d'avril. Quant à l'avenir de Cuba après la disparition de Castro, je n'en sais rien et je me garde bien de le pronostiquer. Comme mes amis de La Havane, parmi les plus critiques de leur gouvernement, je redoute l'après-Fidel qui, selon eux, peut donner lieu à un bain de sang si les exilés de la première heure ou leurs héritiers reviennent en réclamant la restitution de leurs biens confisqués par la Révolution ou avec des idées de vengeance. Parmi leurs craintes, le retour des Américains de la mafia qui avait fait de Cuba « le bordel de l'Amérique ». Autre sujet d'inquiétude, les promoteurs étrangers qui guignent d'un œil avide ces plages désertes que seuls de rares pêcheurs arpentent. Ces promoteurs qui rêvent de transformer l'île en un enfer pour touristes, avec voyages organisés, complexes hôteliers luxueux comme à Varadero. Ils sont déjà sur place, les Américains, mais aussi les Canadiens, les Espagnols, les Italiens, les Allemands ; les Français sont plus rares. Ils attendent la mort de la Bête pour procéder au partages des marchés. On les croise dans les rues de La Havane parlant fort, cigare au bec, arborant un tee-shirt à l'effigie du Che, demandant aux musiciens de jouer *Hasta siempre*, cet air auquel on ne peut pas échapper quand on est à Cuba. L'auteur des paroles de la trop célèbre chanson écrite en hommage à

Guevara, Carlos Puebla, n'imaginait pas que son œuvre allait devenir « l'hymne » des touristes se bronzant sur les plages cubaines. L'hebdomadaire *Voici* consacre quatre pages au « Che Guevara, superstar », relevant les utilisations les plus incongrues de l'image du Che, surtout celles de la photo de Korda prise au cimetière Colón, le 5 mars 1960, lors des funérailles des victimes de l'explosion, dans le port de La Havane, d'un bateau français, *La Coubre*, chargé de soixante-dix tonnes d'armes belges, qui fit sept morts et près de deux cents blessés. Renaud le chanteur, Maradona le footballeur, Madonna l'auteur de livres pour enfants, les acteurs comme Rosanna Arquette, Liz Hurley et tant d'autres n'hésitent pas à arborer le visage du compagnon de Fidel sur leur poitrine ou à se le faire tatouer sur le corps comme Mike Tyson ou Maradona.

Mardi 7 octobre. On ne devrait pas lire les journaux en prenant son petit déjeuner : c'est à la fois mauvais pour le moral et pour la digestion. J'ai l'impression que la presse française perd la tête à propos de la candidature d'Arnold Schwarzenegger. En quoi cette élection du gouverneur d'un État américain nous concerne-t-elle ? Pourquoi les quotidiens, toutes tendances confondues, lui consacrent-ils chaque jour plusieurs pages ? Serions-nous devenus une colonie des États-Unis ? On pourrait le croire.

Déjeuner très agréable à L'Alcazar avec Françoise Seligmann à qui je demande quand elle écrira la suite de ses Mémoires. « Je n'en ai pas le courage », m'a-t-elle répondu. Le peu de succès des précédents volumes l'a découragée.

Mercredi 8 octobre. Je reçois un long fax de New York de Pola Rapaport qui prépare un film documentaire sur Dominique Aury, *Écrivain d'O*, pour lequel elle souhaite ma participation et donner des extraits de mes entretiens avec Pauline Réage, *O m'a dit*[12]. Comme elle me le demande « respectueusement » et surtout en mémoire de ma chère Dominique, j'ai dit « oui ».

Déjeuner au Flore avec Léa.

Spectacle de cabaret au Théâtre de Paris avec Shirley et Dino.

Depuis quinze ans, Gilles et Corinne Benizio enchantent les petits et les grands avec un spectacle tout d'humour et de tendresse. Vêtue d'une robe de vichy à carreaux blancs et roses, Shirley joue les nunuches sans jamais tomber dans la vulgarité. Son rire fait merveille devant une salle conquise. « Un fantaisiste, dit-elle, c'est quelqu'un qui ne fait rien d'extraordinaire, mais il n'y a que lui qui peut le faire. » Quant à Dino, le macho, ridicule comme tous les machos, il se donne à fond pour la plus grande joie du public, mettant en pratique sa définition de l'artiste de music-hall : « Au music-hall, on donne tout ce qu'on a, même quand on n'en a pas beaucoup. » C'est peu de dire que ces deux-là donnent beaucoup en jouant avec leur cœur. Avec Pierre nous allons, à leur demande, les saluer dans leur loge. La rencontre ne nous déçoit pas, au contraire.

Jeudi 9 octobre. Trente-sixième anniversaire de la mort d'Ernesto Guevara. Ne rien en dire : se recueillir.

Présentation de la nouvelle collection de Sonia Rykiel au Carreau du Temple. De jolies robes imprimées sont très applaudies. Dîner au Crillon. Sonia a demandé à Christine Angot de présenter son nouveau parfum, Rykiel Woman. Je trouve cela surprenant. Qui de moins féminine que l'auteur de *L'Inceste* [13] ? Enfin, si ce parfum lui fait découvrir la « lionne qui est en elle, perdue dans la forêt, qu'elle ne soupçonnait pas », on est content.

Vendredi 10 octobre. Le prix Nobel de la paix a été attribué à une Iranienne, Shirin Ebadi, « pour ses efforts en faveur de la démocratie et des droits de l'homme », plus particulièrement ceux des femmes et des enfants dans un pays musulman et fondamentaliste, comme l'a souligné le comité Nobel. Shirin Ebadi, qui se trouvait à Paris au moment de l'annonce, a déclaré : « Je suis très honorée par cette récompense. À travers moi, c'est le peuple iranien et son combat pour les droits de l'homme qui sont salués. Cela va nous encourager à poursuivre dans la même voie. » Shirin Ebadi a été, en 1974, la première femme à devenir juge en Iran. Poste qu'elle a dû quitter après la révolution islamique de 1979. Elle est avocate et enseignante à l'Université de Téhéran.

J'invite Jacques Hébert, mon secrétaire, à déjeuner à L'Alcazar. Il me reproche de ne pas assez me reposer sur lui. Il a raison, mais j'ai beaucoup de mal à déléguer, plus par paresse que par manque de confiance. Je lui parle de Françoise Seligmann.

Visite à mon ostéopathe, Philippe Bostnavaron, qui me plante des aiguilles partout ; je ne crois cependant guère en l'efficacité de son traitement.

Départ pour la campagne.

Samedi 11 octobre. *Boutigny.* Elle disait d'elle : « J'étais un curieux échantillon d'humanité. » La petite femme vêtue de noir dont la voix a bouleversé le monde était née sur un trottoir de Belleville, le 15 décembre 1915, d'un acrobate contorsionniste et d'une chanteuse des rues d'origine italienne. Sa voix a bercé l'enfance des garçons et des filles de ma génération. La sensualité de son timbre nous procurait un trouble que nous ne comprenions pas. Nous frémissions en écoutant *Mon homme*, *L'Accordéoniste*, *Mon légionnaire* ou *La Vie en rose*. J'ai eu le bonheur d'assister à trois récitals d'Édith Piaf : sous le chapiteau du cirque Pinder, dans une ville de province avec les Compagnons de la chanson et à l'Olympia avec Théo Sarapo, lors de son dernier passage, où ils interprétèrent *À quoi ça sert, l'amour ?* Le public écoutait, subjugué, des femmes pleuraient devant ce couple si dissemblable, ce beau jeune homme, cette petite femme vêtue de noir, tenant à peine sur ses jambes gonflées. Et la voix vertigineuse sortant, incongrue, de ce corps souffrant, qui disait avec impudeur son amour. « Mais toi, t'es le premier, mais toi, t'es le dernier, avant toi y'avait rien, avec toi, je suis bien. C'est toi que j'attendais... » Auparavant, elle avait chanté ce qui était devenu l'hymne des putschistes d'Alger, *Non, je ne regrette rien.* Quand cette voix familière s'est tue, le 11 octobre 1963, nous avons été des millions dans le monde à nous sentir orphelins. Disparue le même jour que son ami Jean Cocteau qui, pour elle, avait écrit *Le Bel Indifférent*, pièce inspirée des amours de la chanteuse avec le comédien Paul Meurisse. Ensemble, ils l'avaient créée aux Bouffes-Parisiens. Quelle force il a fallu à l'enfant des rues, ballottée entre ses deux grands-mères, Aïcha, dresseuse de puces qui calmait ses cris avec des biberons de vin rouge, et la tenancière de maison close de Bernay. C'est dans ce bordel qu'elle perdit la vue à l'âge de six ans. « On se décide pour le pèlerinage à Lisieux, ces demoiselles sont du voyage, on ferme boutique, on se rhabille en hâte, les volets claquent... Du Maupassant... Recueillement du pensionnat, ferveur et vœux de guérison, on prie pour Édith, on supplie la sainte, on y croit : Édith est guérie ! » écrit Isabelle Sobelman dans *Vivante*[14]. Édith Piaf s'est produite sur les grandes scènes du monde entier avec un succès jamais démenti. Quoique... En février 1957, Mario Garcia, directeur du cabaret Le Montmartre, à La Havane, l'avait invitée à donner une série de récitals. Les Cubains, habitués aux paillettes et aux plumes des artistes du célèbre cabaret havanais, Le Tropicana, furent interloqués en voyant cette petite femme vêtue de noir se présenter devant eux et l'accueillirent froidement. Sa voix s'éleva dans un brouhaha déçu. À mesure que la voix emplissait la salle, ils se taisaient. À la fin de *L'Hymne à l'amour*, il y eut un long silence suivi d'une ovation par une salle debout. La revue *Bohemia* rendit compte, photos à l'appui, de cette soirée.

« Regardez cette petite personne dont les mains sont celles du lézard des ruines. Regardez ce front de Bonaparte, ses yeux d'aveugle qui vient de retrouver la vue. Comment chantera-t-elle ? [...] Et voici qu'une voix qui sort des entrailles, une voix qui l'habite des pieds à la tête, déroule une haute vague de velours noir. Comment sortira-t-elle, de sa poitrine étroite, les plaintes de la nuit ? Il n'y aura plus jamais d'Édith Piaf », écrivait Jean Cocteau dans son message d'adieu, cinq heures avant d'aller la rejoindre.

L'Hôtel de Ville de Paris présente, jusqu'au 31 janvier 2004, une exposition, « Piaf, la môme de Paris », où l'on peut se promener de loge en loge, de celle du music-hall de L'ABC à celle de New York, regarder ces centaines de photos, s'émouvoir devant la vitrine abritant la petite robe noire, l'écouter à *Cinq Colonnes à la une*, de Pierre Desgraupes : un moment de nostalgie plein de poésie.

Dimanche 12 octobre. Antoine et Valérie Solvit, Marie Lavarini et Gérard Cicurel viennent passer la journée à Boutigny. Comme Marie-

Jeanne est en vacances, je fais la cuisine : des harengs grillés dans la cheminée et des pommes de terre cuites au diable que chacun déguste avec gourmandise.

Je bouscule une pile de livres de la rentrée que je dois lire pour le Femina. Comme chaque année, je peste contre la quantité de romans publiés par les éditeurs. Pensent-ils, sérieusement, que les membres des jurys des prix de l'automne les liront ? Même s'ils le voulaient, cela leur serait impossible : plus de six cents romans ! C'est à devenir fou ! Je ne peux m'empêcher de trouver injuste le sort qui leur est réservé ; une dizaine tout au plus rencontrera ses lecteurs ; les autres iront grossir le tas des invendus. Quand je pense à la somme de travail, d'espoir, de talent que cela représente, j'ai honte de ne pouvoir rien faire. Dans le désordre de mon bureau, je tombe sur un numéro de *Libération* du 29 août 1985 ! avec en gros titre : « Les romans de la rentrée ». En le feuilletant, je comprends pourquoi je l'avais gardé : sur une pleine page, j'annonce mon retour à l'édition avec un dessin de Wiaz me représentant enlevée par des ballons portant les titres des livres que je publie. Parmi ces auteurs, Hippolyte Romain et Gilles Laurendon ont fait leur chemin. Quels étaient les écrivains en lice, en 1985 ? Hector Bianciotti avec *Sans la miséricorde du Christ*, Pierre Bourgeade, *Mémoires de Judas*, Gérard de Cortanze, *Les enfants s'ennuient le dimanche*, Andrée Chedid, *La Maison sans racines*, Yann Queffélec, *Les Noces barbares*, Michel Rio, *Les Jungles pensives*, Raphaële Billetdoux, *Mes nuits sont plus belles que vos jours*, Françoise Mallet-Joris, *Le Rire de Laura*, Sylvie Germain, *Le Livre des nuits*, Lucien Bodard, *La Chasse à l'ours*, Catherine Hermary-Vieille, *L'Infidèle*, François-Marie Banier, *Balthazar, fils de famille*, Viviane Forrester, *Le Jeu des poignards*, Anne Pons, *La Villa irlandaise*, Marie Nimier, *Sirène*, Jacques Lanzmann, *Fou de la marche*, Patrick Besson, *Dara*, Jeanne Champion, *Le Bunker*, etc. Je crois que c'est Yann Queffélec qui a obtenu le Goncourt cette année-là.

Lundi 13 octobre. *Paris.* « Il serait temps que nous comprenions qu'il n'y a pas de moyen terme. Il nous faut quitter les Territoires, avec ou sans accord avec les Palestiniens. Plier bagage et démanteler les implantations. Il y va tout simplement de la survie de l'État d'Israël sous les deux espèces sans lesquelles l'aventure sioniste n'aurait plus aucun sens : État du peuple juif, État démocratique. Nous sommes le dos au mur », a déclaré l'ancien ambassadeur d'Israël en France, Élie Barnavi, au *Figaro*. Cet avis étant partagé par de nombreux Palestiniens, on ne comprend pas qu'ils n'arrivent pas à peser sur leurs gouvernements.

Lila et Alma Lévy, les deux lycéennes qui s'obstinent à porter le voile à l'intérieur de l'établissement scolaire, ont été exclues par le conseil de discipline du lycée Henri-Wallon d'Aubervilliers. Elles ont reçu le soutien du Conseil français du culte musulman, du MRAP, de la Ligue des droits de l'homme et du mouvement Intégration Banlieue. Ces organisations estiment qu'elles ont choisi en toute indépendance, sans pression parentale, de porter le voile à l'école. Leur père, Laurent Lévy, a fait savoir qu'il comptait faire appel.

Lionel Jospin a choisi *Libération* pour son « retour » sur la scène médiatique en dénonçant « le temps des mystificateurs ». Sur deux pleines pages, il dresse le bilan du gouvernement Raffarin tant dans le domaine économique que social. « La situation économique et financière de notre pays s'est profondément dégradée : la croissance sera nulle en 2003, le chômage augmente fortement, nos déficits sont les plus élevés de l'Union européenne. » « Ce n'est pas en relançant une campagne de diversion contre les trente-cinq heures que le gouvernement se dotera d'une politique pour l'emploi. » « La Droite parle beaucoup de "réhabiliter le travail". Mais, la meilleure façon de le réhabiliter est d'accroître le nombre de ceux qui en ont un ! » « Le président impose mais n'assume pas ; le Premier ministre exécute mais ne pèse pas. Une dissociation s'opère entre le pouvoir et la responsabilité, ce qui est toujours délétère en démocratie. » Pour finir, Lionel Jospin met en garde la gauche contre la tentation de s'écarter du pouvoir ct de laisser une droite « défaillante ou dangereuse » seule à l'exercer. « Contre ce risque, la gauche tout entière doit savoir prendre ses responsabilités pour l'avenir. » Les commentaires, à droite comme à gauche, vont bon train.

Je revois encore une fois Marie Pendanx, toujours à propos de Lise Deharme. Elle a rencontré deux fois Julien Gracq qui lui a parlé de l'auteur d'*O violette*. Les cassettes que je lui ai remises lui sont, dit-elle, très utiles.

Dîner seule de châtaignes, de pommes du jardin et de fromages, en regardant la télévision.

Mardi 14 octobre. Accusé par des avocats d'avoir influencé les témoignages des prostituées Fanny et Patricia, l'adjudant Michel Roussel, âge de quarante-trois ans, qui a joué un rôle important dans l'enquête sur les crimes de Patrice Alègre, a fait valoir ses droits à une retraite anticipée.

Déjeuner au Bistrot d'Alex avec Gérard Bourgadier à qui je donne les *Généraux du crépuscule*. Le soir, je vais au théâtre voir *Signé Dumas*, pièce qui réhabilite Auguste Maquet, le coauteur des *Trois Mousquetaires* et du *Comte de Monte-Cristo*. Thierry Fremont, qui interprète le rôle de Maquet, est excellent. Francis Perrin, dans celui de Dumas, également ; mais le rôle est plus facile, plus aimable. Nous soupons ensuite avec Stéphane chez Lipp.

Mercredi 15 octobre. Je passe l'après-midi à signer une partie de mon service de presse : fastidieux.

Vernissage, à Artcurial, de l'exposition de photos de Frédéric Brenner et présentation de son ouvrage, *Diaspora* [15]. Dîner ensuite avec Alain et Luce Le Ray, Pierre, Anne et Léa, au Bistrot d'Alex. Agréable moment où nous évoquons Claire Mauriac jeune fille. « Elle avait un de ces pétroles », souligne Alain Le Ray.

Jeudi 16 octobre. *Toulouse*. Quarante-deux ans après le Russe Iouri Gagarine, un Chinois, Yang Liwei, a tourné quatorze fois autour de la Terre. C'est la première fois que la Chine lance un vaisseau spatial habité et devient, ainsi, la troisième puissance mondiale, après l'Union soviétique et les États-Unis, à envoyer un homme dans l'espace.

L'ex-adjudant Pierre Chanal s'est suicidé au deuxième jour de son procès pour meurtre, dans la nuit de mardi à mercredi, dans sa chambre d'hôpital en se coupant l'artère fémorale à l'aide d'une lame de rasoir jetable. Accusé de meurtres et de séquestration, Pierre Chanal a toujours nié en être l'auteur.

Léon Schwartzenberg est mort d'un cancer, à soixante-dix-neuf ans, dans son service de l'Institut Gustave-Roussy, à Villejuif. J'aimais beaucoup Léon Schwartzenberg. Son humour, sa gentillesse, sa disponibilité en faisaient un merveilleux compagnon. Il formait, avec Marina Vlady, un couple harmonieux malgré leurs physiques si différents. Professeur renommé en cancérologie, il avait écrit avec Pierre Viansson-Ponté, du *Monde*, *Changer la mort*[16].

Je prends l'avion pour Toulouse où je présente, à la FNAC, *L'Agenda 2004 du point de croix* et inaugure le cinquième Salon des loisirs créatifs. Une foule d'amateurs se presse entre les stands. Le soir, dîner en compagnie d'une quinzaine de brodeuses et d'un brodeur, dans un bouchon toulousain sympathique où la cuisine est excellente et où les dames reçoivent une bouteille de champagne en échange de leur... culotte ! Aucune d'entre nous n'accepte le don de ce linge intime...

Vendredi 17 octobre. *Boutigny.* Je traverse la place du Capitole et fais un tour dans le quartier Saint-Sernin. La Bible d'or, rue du Taur, librairie de livres anciens où j'allais à chacun de mes voyages, est fermée. Il reste, dans la rue, trois ou quatre librairies où je n'ai pas le courage d'entrer. Déjeuner d'huîtres dans une brasserie, face au Capitole, avant d'aller signer *L'Agenda* au Salon des loisirs créatifs au stand d'Isabelle Faidy-Contreau, la mercière de Montmorillon.

Après Arnold Schwarzenegger, c'est au tour de Jean-Paul II d'encombrer la une des journaux. Toutes les occasions sont bonnes, pour la presse occidentale, de parler de Karol Wojtyla, ses voyages, son état de santé et, maintenant, son jubilé. En quoi Jean-Paul II a-t-il été un des « acteurs majeurs » de l'effondrement du communisme ? Faut-il rappeler que la Russie et la plupart des États qui composèrent l'Union soviétique ne sont pas catholiques, mais orthodoxes ou musulmans ? Depuis quand les orthodoxes reconnaissent-ils le pape de Rome comme étant leur chef spirituel ? Qui dira sa responsabilité envers les malades atteints du sida, notamment en Afrique, où il a dénoncé l'emploi des préservatifs et prône la chasteté « comme unique manière, sûre et vertueuse, de mettre fin à la plaie du sida » ?

Opération « No Smoking » dans vingt-deux lycées de France, l'interdiction de fumer à l'intérieur des établissements scolaires étant déjà en vigueur dans la plupart d'entre eux, ce qui donne un spectacle amusant ou désolant, selon le parti pris de chacun face au tabac, comme celui dont j'ai été témoin hier en passant devant le lycée Fénelon, dans le VIe arrondissement : tous les élèves fumeurs du lycée se retrouvent dans l'étroite rue Galande pour pétuner à leur aise ; ce qui a pour résultat que ce bout de rue est aussi enfumé qu'un pub anglais en fin d'après-midi. Dès lundi prochain, le prix de vente des cigarettes va augmenter de 20 %, ce qui mettra le paquet de Marlboro à 4,60 euros au lieu de 3,90, avant qu'il ne passe, en janvier 2004, à 5,30 euros. Les buralistes craignent pour l'avenir de leur profession et appellent à une journée de grève. Jamais le marché noir du tabac n'a été aussi florissant en France. Des petits malins n'hésitent pas à franchir les frontières belge ou espagnole, à bord de camionnettes louées, pour faire leur marché chez nos voisins et revendre des cartouches entières de cigarettes en prenant un léger bénéfice. Ce trafic est en forte augmentation, sans compter celui de cigarettes de mauvaise qualité vendues parfois à l'unité aux abords des lycées et des collèges. « FUMER TUE », lit-on en grosses lettres sur les paquets ; ce qui a donné l'idée à des fabricants rusés de mettre dans le commerce des caches dont certains s'ornent du visage du Che. Pauvre Guevara, on n'en finit pas de se servir de son image...

Retour sur Paris par la Navette et départ pour Boutigny.

Demain, nous sommes invités à dîner chez Jean Frydman en compagnie du nouvel ambassadeur d'Israël. D'un commun accord, nous avons décliné l'invitation de crainte d'un éclat entre l'ambassadeur et nous.

Mardi 21 octobre. *Paris.* Pas moins de cinq raids de l'armée israélienne dans la bande de Gaza pour venger la mort de trois de ses soldats, faisant dix morts et une centaine de blessés chez les Palestiniens.

Hier, ces messieurs-dames du Goncourt nous ont encore joué un tour à leur façon : ils ont annoncé l'attribution de leur prix quinze jours avant la date prévue, tout ça pour être avant nous, le Femina ; à moins qu'ils n'aient voulu griller la politesse à l'Académie française. Ce serait drôle si ce n'était minable. Ils ont voté pour le roman de Jacques-Pierre

Amette, *La Maîtresse de Brecht*[17], qui n'était pas sur nos listes. Quoi qu'il en soit, ils font parler d'eux et de nous.

Depuis hier, je suis assaillie de demandes d'interviews auxquelles je ne peux faire part que de ma surprise attristée devant tant de puérilité et un tel manque de courtoisie ; mais, à cela, nous sommes habituées.

Déjeuner avec Michèle Blondel dans son nouvel atelier de Belleville et fin de mon service de presse chez Fayard.

Dîner de travail, à la Maison de l'Amérique latine, à l'invitation de l'Association des femmes d'Europe pour le test HPV de dépistage du cancer du col de l'utérus. Une dizaine de femmes étaient présentes, Gisèle Printz, sénatrice, Roxanne Decorte, conseillère de Paris, Françoise Grossetête, députée européenne, Claire-Lise Campion, sénatrice, Sonia Rykiel et Laurence Bourdouleix, journaliste à TF1.

Mercredi 22 octobre. Jacques-Pierre Amette fait la une des quotidiens français. Le centième prix Goncourt a d'abord cru à une farce : « Écoute, arrête de déconner, il y a toujours des gens qui s'amusent à faire des blagues, ça doit en être une », a-t-il répondu à sa documentaliste qui lui annonçait qu'il était le lauréat du prix Goncourt. Interrogé, le critique littéraire du *Point* a déclaré : « Parfois, le milieu littéraire ressemble à un de ces garages douteux de Chicago, quand les gangsters jouent aux cartes en attendant l'heure du casse. » Que rapporte ce « casse » aux Goncourt ? Pas grand-chose, si ce n'est qu'ils ont grillé la politesse aux autres jurys. Selon Edmonde Charles-Roux, présidente du Goncourt : « Nous avons voulu être les premiers à choisir, étant donné l'intérêt que témoignent quantité de grandes entreprises françaises à ce prix. Nous avons souhaité ne pas être les derniers, ce qui aurait été le cas si nous ne l'avions pas avancé. Nous voulions être libres de choisir parmi les très nombreux livres de la rentrée. » Comme on le sait, la liberté n'a pas de prix...

Le 24 octobre 1941, cinquante Français étaient fusillés par les Allemands dans la sablière du camp de Souges, près de Bordeaux. J'avais travaillé, pour *La Bicyclette bleue*, sur l'exécution de soixante-dix otages, le 21 septembre 1942, fusillés eux aussi au camp de Souges. À la suite d'un attentat commis à Paris contre un officier allemand, Karl Oberg, chef de la SS et de la police, et Helmuth Knochen avaient exigé du gouvernement de Vichy une liste de cent vingt otages. Quarante-six prisonniers des camps de Compiègne et de Romainville remplissaient les conditions requises. Wilhelm Dhose, de la Gestapo de Bordeaux, avait complété la liste. J'avais fait des recherches sur une trentaine d'otages, je savais tout de leur vie, de leurs opinions politiques ou religieuses et les circonstances de leur arrestation. Ils étaient ouvriers, étudiants ou paysans ; ils avaient moins de vingt ans ou plus de soixante : beaucoup étaient communistes. Je savais le temps qu'il faisait ce matin-là. C'est important le temps : je m'imagine que la mort n'est pas la même si le soleil est éclatant ou s'il pleut. J'ai longtemps cherché dans la presse, les journaux intimes, auprès des maîtres de chais, pour connaître le temps de ce 21 septembre 1942. Je sais que, ce matin-là, ils ont frissonné et relevé le col de leur veste... Ils s'appelaient Prosper Guillou et son fils Jean qui s'inquiétait pour sa femme internée à la caserne Boudet, Georges Fleureau, René Antoine qui ne cessait d'entendre le cri de son fils, Michel, au moment de son arrestation et celle de la mère du petit, Hélène : « Papa ! » Albert Dupeyron qui, pour ne pas penser à sa femme Élisabeth, arrêtée en même temps que lui, réconfortait Camille Perdriau qui n'avait pas vingt ans, Alexandre Pateau, Raymond Bierge, Lucien Valina, Gabriel Castéra, Jean Lapeyrade, Franc Sanson et ce jeune garçon dont personne ne connaissait le nom, qui jouait de l'harmonica pour cacher sa peur... C'est dans la nuit du 20 au 21 septembre 1942 que le temps, jusque-là sec et beau, se mit à la pluie et qu'un vent froid, froid pour la saison, souffla sur l'estuaire de la Gironde et remonta le long de la Garonne. Cette phrase, je l'ai retrouvée mot pour mot dans le carnet d'un maître de chais et dans celui d'un vieil archiviste. Il était sept heures du matin. Les camions, partis de la caserne Boudet, du fort du Ha et du camp de Mérignac, roulaient sur la route de Souges. Au passage du convoi, des femmes se signaient, des hommes se découvraient. À l'intérieur, les prisonniers étaient perdus dans leurs pensées, indifférents aux quatre soldats qui pointaient leurs armes sur eux. Les cahots du chemin défoncé les jetaient les uns contre les autres. Les camions s'arrêtèrent. L'harmonica se tut. Les soldats écartèrent les bâches, baissèrent les hayons et sautèrent dans le sable. « Schnell... Schnell... Aussteigen... » Les otages, regroupés dans un coin, se regardaient et, machinalement, se comptaient : soixante-dix. Ils étaient soixante-dix... Soixante-dix hommes qui, depuis la veille, savaient qu'ils allaient mourir. On les attacha à des poteaux. Un vieux prêtre tremblant les bénit. La voix de l'officier allemand cracha un ordre... Une voix très jeune s'élève... « Allons enfants de la Patrie... », puis une autre, puis une autre encore. Bientôt, soixante-dix voix montent vers le ciel... L'officier gesticule, devient rouge... Les soldats du peloton d'exécution détournent la tête... Un ordre claque... Une à une, les voix se sont tues... Aux armes, citoyens !

Je ne peux écrire ou lire, sur ce matin-là, sans émotion. Longtemps, je me suis demandé si un écrivain avait le droit, dans un roman, de donner le nom des otages, celui de leur femme, de leurs enfants, de rappeler les circonstances de leur arrestation. Des dizaines de lettres reçues des familles des martyrs sont venues m'apporter la réponse qui était « oui ». Dans beaucoup, on me demandait comment j'avais connu les circonstances de l'arrestation d'un époux, d'un père ou d'un fils. Ce sont les seules auxquelles j'ai répondu.

Remise, à l'hôtel Lutétia, du prix Jean-Giono à Yasmina Reza, pour *Adam Haberberg*[18], et à Robert Merle pour l'ensemble de son œuvre. La foule se pressant autour des buffets m'importune ; je vais déjeuner au Paris en compagnie d'un bon livre.

Samedi 25 octobre. Aujourd'hui, Camille, ma fille bien-aimée, a trente-huit ans ! Il me semble que c'était hier que je contemplais son joli visage avec ce sentiment de fierté incrédule qu'éprouve toute jeune mère devant son nouveau-né.

Je n'ai pas réussi à convaincre Gilles et Thérèse Perrault de m'accompagner à Cuba où j'ai décidé de me rendre la première quinzaine de décembre. Gilles qui avait publié, il y a une trentaine d'années, un mauvais petit roman d'espionnage, *Si tu vas à Cuba*, aurait pu, peut-être, lui donner une suite plus sérieusement documentée. Tant pis, j'irai seule. J'imagine les commentaires des anticastristes de service ; qu'ils aillent se faire foutre !

Dimanche 26 octobre. *Boutigny*. Journée d'hiver. Pas eu le courage de rentrer à Paris pour l'inauguration du quai François-Mitterrand.

Hier, le XV de France a gagné, à Sydney, par 51 à 9, prenant place pour les quarts de finale de la Coupe du monde de rugby, en dominant largement l'Écosse.

Jean-Noël Pancrazi a obtenu le prix de l'Académie française pour son roman, *Tout est passé si vite* [19] ; un excellent choix pour un excellent livre.

Lu avec plaisir le livre de Laure Murat, *Passage de l'Odéon*, consacré à deux libraires de la rue de l'Odéon, Adrienne Monnier et Sylvia Beach. Je leur ai consacré mon « Pêle-mêle » de la semaine. Je n'ai évidemment pas connu La Maison des livres que fréquentèrent André Gide, Paul Valéry, Léautaud, Aragon, André Breton, François Mauriac, Blaise Cendrars, Claudel, Léon-Paul Fargue, mais aussi Ernest Hemingway, Ezra Pound et, bien sûr, James Joyce, dont elles devinrent les éditrices en publiant, l'une en français, l'autre en anglais, *Ulysse*. Unies par la passion des livres, elles l'étaient aussi par l'amour. La librairie de Sylvia Beach, sise au 12 de la rue de l'Odéon, en face de La Maison des amis des livres qui, elle, était au 7, s'appelait Shakespeare and Company. Les deux établissements ne se faisaient pas concurrence, soutenaient les jeunes auteurs, organisaient des séances de lecture et des rencontres entre les écrivains et leurs lecteurs. Dans sa librairie, Adrienne Monnier tenait également un cabinet de lecture où elle prêtait des livres soigneusement choisis. Pendant la guerre, leurs librairies servirent de lieu d'approvisionnement pour les écrivains en difficulté grâce aux dons des amis américains et argentins de Sylvia Beach. À La Maison des livres, on pouvait rencontrer la sœur d'Adrienne Monnier, Marie, habile brodeuse dont on peut admirer le travail au musée de Beauvais.

Lundi 27 octobre. Aujourd'hui, attribution du prix Femina à Dai Sijie pour son roman, *Le Complexe de Di* [20], par sept voix contre quatre pour *Les Âmes grises* de Philippe Claudel. Je suis très déçue. Je ne suis pas loin de croire qu'il y a eu « complot Gallimard ». C'est *La Porte*, de la Hongroise Magda Szabo, qui a obtenu le Femina étranger et *Une saison de machettes*, de Jean Hatzfeld, celui de l'essai ; deux éminents ouvrages. Le Médicis est allé à Hubert Mingarelli pour *Quatre Soldats* [21].

Tournage de l'émission *Campus* pour présenter *Les Généraux du crépuscule*. Sur le plateau, la chanteuse de rap Diams, la photographe, Bettina Rheims avec un livre de photos[22] – à mon avis très laides – sur la Chine d'aujourd'hui, le nouveau Goncourt, Jacques-Pierre Amette, des critiques littéraires, Josyane Savigneau, Marc Weissman et Philippe Reynaert. Après l'émission, je me fais conduire à l'École des Beaux-Arts à l'exposition de Geluck, le père du Chat. Une foule amusée se pressait devant les tableaux monumentaux de l'aimable bête, les sculptures, les planches dessinées. Bertrand Delanoë, bien que pressé, a commenté certaines œuvres en connaisseur, approuvé par Wiaz, Wolinski, Siné, Teule et Giraud.

Mardi 28 octobre. Le 28 octobre 1959, disparaissait, dans le ciel cubain, Camilo Cienfuegos, commandant de la Révolution, âgé de vingt-sept ans. Avec sa disparition, le rêve révolutionnaire commençait son long déclin. Ce fils d'immigrés espagnols avait rejoint Fidel Castro au Mexique et débarqué du *Granma* avec Ernesto Guevara dans les marais de la Sierra Maestra. Remarqué pour son courage et sa témérité, le jeune homme, à la tête de la colonne Antonio-Maceo, participa à la libération de Santa Clara et entra en vainqueur, aux côtés de Fidel Castro, à La Havane. Nommé chef de l'Armée révolutionnaire, il se rendit, sur ordre de Castro, à Camagüey pour arrêter le commandant Huber Matos, suspecté de trahison et de fomenter une rébellion au sein de l'armée. Matos n'acceptant pas l'orientation communiste de la Révolution, avait fait part à Castro de son opposition et présenté sa démission ; ce que le *lider maximo* ne pouvait pas supporter. La rencontre entre Matos et Cienfuegos ne convainquit pas celui-ci de la trahison de son ami. Néanmoins, il procéda à son arrestation et retourna à La Havane à bord de son Cessna-310, piloté par le lieutenant Luciano Farinas. Le petit appareil n'arriva jamais à la caserne Colombia dont Camilo Cienfuegos était le commandant. Dans les jours qui suivirent, des recherches furent organisées sur terre et en mer ; sans succès. On ne retrouva aucune trace de l'appareil et de ses occupants. On suspecta l'appareil d'avoir atterri au Mexique, d'avoir rejoint les dissidents de Miami, de s'être posé à Colombia où Camilo aurait été abattu à sa descente d'avion sur ordre de Raul Castro. Selon Serge

Raffy, auteur d'une biographie de Fidel Castro[23], « la tour de contrôle de Camagüey prévient l'avion de Camilo Cienfuegos qu'un officier est "perdu" à bord d'un appareil au large de la baie de Masio, au sud de la ville de Sancti Spiritus. Alors que son plan de vol prévoit de filer à travers les terres, l'engin de Camilo Cienfuegos dévie sa trajectoire et part secourir l'avion en perdition. Quand le Cessna, avion civil relativement lent – il ne dépasse guère les 240 km/h – atteint la zone indiquée, il subit le feu nourri du Sea Fury. Quarante balles de 20 mm sont tirées. Sans défense, le monomoteur s'enflamme et sombre dans l'océan. Sa radio étant curieusement déficiente, Camilo Cienfuegos n'a pu lancer aucun appel de détresse. Alors que le pilote de chasse rentre à la base, un bateau de garde-côtes venu du poste Casilda, au sud de Trinidad, se dirige vers le lieu du "naufrage" et fait disparaître toutes traces de l'avion, jusqu'aux moindres taches d'huile. À son bord, le capitaine Torres, militant communiste proche de Raul Castro, dirige la manœuvre. Il est accompagné d'Osvaldo Sanchez, le numéro deux du G2, l'homme du KGB au sein des services de renseignements cubains ». Tout ce qui précède n'est que pure fantaisie et rien ne permet à Serge Raffy d'affirmer ces faits sans en apporter la preuve. Certes, la disparition du plus cubain des commandants, du plus aimé du peuple, le très populaire *chicharon*, arrangeait les frères Castro. Mais, de là à les traiter d'assassins, il y a un pas qu'il faut hésiter à franchir. J'ai enquêté, à La Havane et à Camagüey, sur les jours qui ont précédé le drame. J'ai interrogé des témoins, des proches de Camilo : le doute est dans leur cœur, mais la thèse de l'accident leur semble la plus vraisemblable. Comment ne pas rapprocher cet « accident » de celui survenu dans le Sahara à l'appareil transportant le général Leclerc ? Là aussi, on avait parlé d'un attentat, fomenté par le général de Gaulle. Quoi qu'il en soit, Camilo vit toujours dans le cœur des Cubains qui, chaque année, viennent en nombre jeter des fleurs dans la mer. « Souvenons-nous seulement qu'il n'y eut pas, dans cette guerre de libération, un soldat comparable à Camilo », a écrit son meilleur ami dans la guérilla, le Che. Et puis, au vu de ce que deviennent les vieux révolutionnaires, mieux vaut qu'ils disparaissent dans la fleur de l'âge, ne laissant d'eux que l'image de leur jeunesse...

Mercredi 29 octobre. Vu hier le spectacle de Dany Boon, *La Vie de chantier*, au théâtre du Gymnase où « seuls ceux qui n'ont jamais fait de travaux chez eux seront capables d'en rire ». L'on rit beaucoup et cela fait du bien.

Jeanne Champion a fait don, au Comité national pour l'éducation artistique, d'une cinquantaine de ses œuvres, peintes entre 1975 et 1988, qui seront vendues aux enchères par maître Pierre Cornette de Saint-Cyr. Au cours d'une conférence de presse, l'artiste expliqua les raisons de ce don : « Je souhaiterais que ce travail apporte du bonheur à certains et serve la jeunesse qu'il serait dommage d'abandonner à la médiocrité du "people" en vogue et à la Star Academy à laquelle bien peu échappent. » Ensuite, dans l'atelier où Picasso peignit *Guernica*, Jean Lacouture rendit hommage à Jeanne : « Quand on a écrit les *Jardins d'Esther*[24] et *Les Frères Montaurian*[25], fait revivre et mourir Suzanne Valadon[26], buriné de formidables trognes policières et fait hurler un monde de réfugiés hirsutes à force de rejets et de malédictions, de quel bûcher peut-on être encore victime ? Sinon ceux qu'on allume soi-même, y jetant ses amours et quelques monstres, démons et merveilles ? »

Tournage, à la maison, d'une séquence à propos de l'auteur d'*Histoire d'O*.

Déjeuner au Bar à Huîtres avec Jean-Jacques Pauvert. Nous parlons de ses Mémoires pour lesquelles il aimerait avoir mon avis, de notre fille Camille.

Jacques Mazel vient me présenter la campagne de publicité pour *Les Généraux du crépuscule* ; je fais semblant de m'y intéresser.

Une voiture vient me chercher pour me conduire à Bry-sur-Marne pour le tournage de l'émission de Patrick Sébastien, *Le Plus Grand Cabaret du monde*. Je me sentais déplacée dans ce genre d'émissions et j'appréhendais le tournage ; j'avais tort. Tout s'est remarquablement bien passé grâce à la gentillesse de Sébastien et de son équipe, mais également celle des autres invités, Carlos, Charlebois ou Geluck. J'ai passé une très agréable soirée, les numéros de cabaret étant tous excellents, notamment celui du Québécois Martin Fontaine interprétant une chanson d'Elvis Presley tirée de son spectacle du théâtre Mogador, *Elvis' Story*. La ressemblance entre le King et lui est troublante, jusqu'à la voix et aux gestes de son idole qui redonnent vie au célèbre rocker. J'y ai retrouvé avec plaisir Shirley et Dino qui ont mis les spectateurs en joie.

Je viens de terminer un livre publié par René Julliard, en 1948, et préfacé par Joseph Kessel, *Jours francs*, de Jean Bradley. Le roman, mais peut-on appeler ce récit halluciné roman, raconte la libération d'un jeune Français d'un camp de concentration. Dans sa préface, Kessel écrit : « J'avais souvent songé à la somme incalculable de haine, aux terribles trésors de vengeance qu'avaient pu amasser, dans leurs entrailles soumises à la torture, les squelettes chancelants des camps de concentration. J'avais essayé de me figurer la fureur qui les avait lancés, une fois libres, contre leurs bourreaux. Je croyais en avoir composé une notion valable. Mais le livre de Bradley dépassa mon attente, de la même manière que le hurlement d'un fou, que la plainte du délire se distingue de tout son humain. Il y avait là un lyrisme égaré, volcanique, fangeux et saisissant. Une éruption de sang corrompu, de douleur et de férocité barbares. Un charnier hérissé de massacres et de supplices. Un sadisme dément. Un rut à l'état de spasme. Un chant macabre, triomphant, affreux, désespéré [...]. J'ai toujours pensé – et je pense encore – qu'il n'y a pas de limite à l'expression littéraire et que toute vérité sur l'homme a droit au jour [...]. Je n'oublie pas un instant que, pour se payer sans frein, comme l'ont fait Bradley et ses compagnons, ils ont d'abord eu à souffrir sans mesure. Ces damnés, ces gargouilles insatiables du sang et de la chair des Allemands, ce sont les Allemands eux-mêmes qui les avaient pétris et sculptés et tirés du fond des âges dont l'homme croyait avoir perdu la mémoire. » Alors, commence le récit de ces jours francs : « Oui, j'ai tué avec rage, avec haine, avec foi, avec une lucidité terrible. J'ai tué parce que j'avais mal, dans mes yeux, dans ma poitrine, et dans mon ventre et dans mon âme. J'ai tué pendant deux semaines avec toute ma violence et tout mon mépris pour recouvrer le droit de vivre. Et cependant, moi et mes camarades n'étions rien, n'étions que des loques et des squelettes nauséabonds et ridicules, n'étions que du vent, des ombres, des plaies et des pleurs, n'étions que la peau sur l'os et la bure rayée sur la peau. »

Quand on referme le livre, c'est le silence qui s'impose. Un silence peuplé de fureur, de cris, de haine et de sang. Mais ce qui est peut-être le plus atroce, après cette lecture, c'est que l'on comprend, que l'on approuve les actes des rescapés des camps que « les Allemands eux-mêmes avaient sculptés et tirés du fond des âges ». Remonte alors, en nous, une mémoire enfouie, celle des temps obscurs et effrayants où la vie naissait de la mort. Revient aussi la peur de perdre cette vie quand tombe la nuit, quand le soleil s'efface à l'horizon. Nous portons en nous la peur de nos ancêtres qui craignaient de voir disparaître à jamais l'astre de feu auquel ils offraient des sacrifices pour qu'il revienne. Et comme il revenait, ils en firent un dieu.

On ne sait rien de Jean Bradley. Peut-être n'a-t-il existé que dans l'imaginaire de Joseph Kessel qui lui a prêté sa voix n'osant, peut-être, élever la sienne de peur de n'être pas cru. Certains spécialistes de l'auteur de *L'Armée des ombres*[27] et des *Cavaliers*[28] pensent qu'il peut être celui de *Jours francs*. Qui le sait ?

Jeudi 30 octobre. Déjeuner à L'Alcazar avec Léa qui lutte contre l'envie de reprendre la cigarette. En fin d'après-midi, je rejoins Michèle Kahn à La Rhumerie. Le très beau roman de Michèle, *Cacao*, qui a reçu le prix Cœur-de-la-France, n'a pas eu le succès qu'il méritait. Sans se décourager, l'auteur de *Shanghai la Juive* s'est remise au travail.

J'avais applaudi au kidnapping, en 2001 et 2002, des nains de jardin par le FLNJ (Front de libération des nains de jardin) que l'on avait retrouvés, quelques semaines plus tard, sur le parvis de la cathédrale de Saint-Dié. Les malheureux propriétaires avaient, bien sûr, porté plainte ; sans résultat. On ne sait pas qui est à l'origine de ce canular. En attendant, la plupart des nains n'ont pas retrouvé leurs maîtres et le procureur du tribunal de Saint-Dié se demande ce qu'il va bien pouvoir faire de ces charmants gnomes.

J'ai du mal à me faire à la nouvelle mise en pages de *Libération*. La typographie se veut, sans doute, moderne ; elle n'est que molle. Les rubriques semblent flotter sans trouver leur place. Tout cela manque de rigueur et le contenu, lui aussi, semble en pâtir. Malgré tout, j'ai lu avec intérêt les deux pages consacrées au familistère de Godin à Guise, dans l'Aisne, que j'ai eu le plaisir de visiter il y a un an ou deux. Jean-Baptiste Godin, inventeur du poêle du même nom, résolut de mettre en pratique la doctrine de Charles Fourier et fit construire un familistère, sur le modèle du phalanstère du philosophe, pour y loger ses ouvriers et leur famille. Tout ce qui était nécessaire à la vie se trouvait sur place : lavoir, piscine, bibliothèque, économat, école, infirmerie et théâtre. Les appartements étaient éclairés au gaz, possédaient tous une cuisine et des cabinets à la turque. On appelait les habitants de ce palais « les Fiers Culs du tas de briques ».

Vendredi 31 octobre. Rendez-vous avec Chantal Chawaf à propos de notre livre d'entretiens sur lequel je n'ai pas eu le temps de travailler.

Franck, mon fils, a publié, en co-édition avec les éditions Balland, un livre d'Israël Shamir, *L'Autre Visage d'Israël*. Le livre vient d'être retiré de la vente sous le prétexte qu'il contiendrait des passages antisémites. « C'est Denis Bourgois, le patron de Balland, dont il convient de saluer la célérité et la fermeté intellectuelle qui, sans hésiter, a pris cette décision. Le co-éditeur de *L'Autre Visage d'Israël*, Franck Spengler, des éditions Blanche, a voulu l'en dissuader. En témoignage, la lettre édifiante qu'il lui a adressée et dont il a fait parvenir copie à Johan Weisz, auteur d'un article dans *Proche-Orient Info*. De son côté, l'AFP a jugé l'affaire suffisamment sérieuse et grave, pour publier une longue dépêche. » Que dit cette dépêche ? « Paris, 23 octobre (AFP) : Le journal en ligne thématique sur le Proche-Orient, *Proche-Orient Info*, "s'étonne", jeudi, que le livre *L'Autre Visage d'Israël*, comportant des passages antisémites à l'origine de l'arrêt de sa commercialisation par son éditeur, ait pu être publié "par une grande maison d'édition française". Cet ouvrage, signé Israël Shamir, a été publié début octobre par les Éditions Balland, en co-édition avec les Éditions Blanche, plutôt spécialisées dans la littérature érotique. "Des passages de la traduction française de ce livre, lu trop hâtivement, présentent un caractère antisémite. Ainsi, Balland a-t-il décidé d'interrompre immédiatement la commercialisation de l'ouvrage", a annoncé mercredi le patron de cette maison, Denis Bourgois, qui fut notamment PDG de Calmann-Lévy. Selon l'éditeur, l'auteur de ce livre, traduit de l'anglais, "citoyen israélien d'origine russe, s'en prend à la politique actuelle du gouvernement Sharon et prône la création pacifique d'un État israélo-palestinien". M. Bourgois a affirmé “tomber des nues” lorsque nous lui avons signalé certains extraits de l’ouvrage “qu’il n’avait pas lu dans sa totalité”, selon *Proche-Orient Info*. Toujours selon cette source, *Libération* et *Le Monde* auraient révélé, en avril dernier, qu’un bulletin d’information propalestinien avait diffusé un texte d’Israël Shamir sur le thème du complot de la juiverie. L’AFP, sous le titre, “Ce que nous savons de Franck Spengler”, rappelle qu’Act-Up signale que Spengler édite “des livres appelant à la haine des séropositifs, des homosexuels et des femmes”. Le 21 avril dernier, dans une tribune publiée dans *L’Humanité*, Act-Up dénonçait la parution chez cet éditeur d’un ouvrage d’Éric Rémes qui, toujours selon Act-Up, lance un appel à la contamination des militants d’Act-Up. Rappelons également que Spengler est également l’éditeur d’un certain Alain Soral, qui qualifie l’État d’Israël de “champion contemporain du fascisme colonial”. Enfin, tout comme Israël Shamir, Spengler a participé à l’émission de Tawfik Mathlouti sur Radio-Méditerranée. » On rirait de tant d’amalgames, de bêtise, si ce n’était à pleurer.

Dans sa lettre à Denis Bourgois, disant son entier désaccord avec le retrait de la vente du livre de Shamir, Franck Spengler rappelle que « *Proche-Orient Info* est un organisme totalement acquis à la cause sioniste et qu’en mars dernier il avait lancé une campagne anti-Shamir auprès des médias pour dénigrer et salir un homme qui ne pense pas comme eux et qui dénonce tout refus de la critique de l’État d’Israël et l’interdiction de dire telle ou telle chose sur la communauté juive tant en France qu’en Israël ». « Le rêve de rassembler les Juifs s’est brisé contre le réel. Nous devons en finir avec nos illusions. Laisser les fils et filles de Palestine rentrer chez eux et reconstruire Suba et Kaku, Jaffa et Akka. Au lieu de consacrer une ligne verte, démolissons-la et vivons ensemble, enfants de Palestine ou colons de la première heure ou de Marocains et de Russes. Nous devrions vivre dans un seul pays et pas seulement à cause de l’échec patent d’Oslo. C’est l’idée même de partition qui est erronée », écrit Israël Shamir dans sa préface.

Je n’ai fait que parcourir le livre incriminé et je n’y ai rien trouvé de ce dont on l’accuse, mais, au contraire, une grande humanité, une lucidité qui fait cruellement défaut à nos intellectuels prosionistes et autres, et une honnêteté rare. Dès lundi, j’en ferai une lecture attentive et je verrai ainsi, par moi-même, ce qu’il en est.

Novembre

Dimanche 2 novembre. Hier soir, des dizaines de milliers de personnes se sont réunies, à Tel-Aviv, en souvenir d'Itzhak Rabin, assassiné il y a huit ans par un Juif extrémiste. Beaucoup portaient des banderoles sur lesquelles on pouvait lire : « Sortez des territoires occupés, sauvez le pays ! », « Plus jamais cela ! ». Pour la première fois, depuis le début de la seconde Intifada, une cinquantaine d'Israéliens et de Palestiniens se réclament du « camp de la paix » et applaudissent au projet du plan de paix surnommé « Initiative de Genève ». Par ailleurs, d'autres groupes font signer des pétitions en faveur de la paix dans les deux camps et demandent l'organisation d'un référendum.

La presse revient une nouvelle fois sur la mort de la princesse Diana, à l'occasion de la publication des Mémoires de Paul Burrell, un ancien majordome, *A Royal Duty* [1]. Ce déballage, qui rapporte gros à certains, est à vomir. Ne pense-t-on jamais aux deux fils de la princesse, Harry et William, qui doivent vivre avec l'image sans cesse salie de leur mère sans pouvoir répliquer ?

Lundi 3 novembre. « Nouvel Attentat contre de Gaulle », titre *Marianne* de ce jour, à propos du livre de Georges-Marc Benamou, *Un mensonge français. Retour sur la guerre d'Algérie* [2]. « Quand un petit marquis de la gauche-caviar publie un livre truffé de contre-vérités sur la tragédie algérienne et tente d'assassiner la mémoire de De Gaulle, on est sûr que ça marchera. Et cela, grâce à des médias qui veulent en finir avec l'exception française. Le Général est bien mort... », écrit Jean-François Kahn dans son éditorial. Ce matin, sur Europe 1, le directeur de *Marianne* dénonçait le glissement à droite de l'auteur qui « ne s'arrête pas au centre ». Georges-Marc Benamou rejoint les tenants de *La France qui tombe* de Nicolas Baverez [3], celle qui est « moisie » selon Philippe Sollers, et les antigaullistes pour qui de Gaulle était « un incapable, une épouvantable crapule, sans projet, sans idées, sans perspective, sans volonté, sans principes, totalement dépassé par les événements ». « Comment admettre que ce chantre de la grandeur nationale n'ait été, en vérité, qu'un vulgaire partisan du repli hexagonal, face à un monde qu'il ne connaissait pas ; un perdant dans ce défi méditerranéen ; un frileux, un Français banalement raciste, craignant qu'il n'y ait trop d'Arabes en France ? Comment l'avouer ? De Gaulle ne pouvait pas être tombé si bas. Il fallait masquer cela. » De Gaulle n'est pas tombé si bas. Benamou, si. Tout cela est lamentable mais risque de trouver audience auprès de ceux pour qui la France n'est que la caricature d'elle-même. Ce petit marquis parle à propos du malheur des populations pieds-noirs, de l'abandon des harkis, de crimes contre l'humanité. C'est aller un peu vite en besogne et méconnaître l'état d'esprit de l'époque, tant des Français que des Algériens. Comme le rappelle Pierre Messmer, alors ministre des Armées, « beaucoup de harkis ont refusé de venir en France. En restant en Algérie, ils percevaient une forte prime de démobilisation [...]. De plus, à cette époque, les chefs du FLN usaient de tact et de souplesse, affirmant aux supplétifs qu'il n'y aurait aucunes représailles à leur encontre après la guerre. En réalité, le FLN tenait à jour une liste noire afin de les juger après l'indépendance. Durant quelques semaines, Louis Joxe a cru en la bonne foi du FLN ; mais lorsque, quelques semaines plus tard, il a "jeté le masque", le repliement des harkis a tout de suite été mis en place. Il faut savoir que la France en a sauvé cent mille ». Pierre Messmer est probablement sincère en écrivant cela. Il n'empêche qu'une circulaire de son ministère fut envoyée aux commandants ayant des harkis sous leurs ordres, les enjoignant de les désarmer et de leur interdire l'entrée des casernes. C'était là les condamner à mort. Quelques officiers désobéirent aux ordres et ouvrirent les portes des casernes. C'est ainsi que le général Le Ray sauva des milliers de ses hommes. D'autres officiers, puisant dans leur bourse, payèrent le voyage aux harkis et à leur famille. Cela, on ne le dit pas assez. Pour Pierre Vidal-Naquet, l'ardent défenseur de Maurice Audin, assassiné par l'Armée française, le livre de Benamou « est une merde, truffée d'erreurs grossières ».

Le XVe Congrès de la Ligue communiste ouvrière révolutionnaire s'est clôturé, hier, par un vote à 71 % en faveur de l'accord électoral conclu avec Lutte ouvrière pour les régionales et les européennes de 2004. La Ligue abandonne sa référence à « la dictature du prolétariat » qui, selon un des délégués, était devenue « trop lourde à porter ». Nos révolutionnaires, soucieux de leur ligne, préfèrent l'allégé. Le PS, le PCF et les Verts font grise mine et déplorent : « Cette fuite en avant dans la prétendue construction d'une troisième voie révolutionnaire est une impasse et, surtout, l'affirmation du sectarisme. »

Déjeuner au Flore avec Sonia qui se dit écœurée de la tournure que prennent les événements en Israël.

Jean-Marc Roberts me téléphone pour m'annoncer que Philippe Claudel vient de recevoir le prix Renaudot et me convie à dîner chez Lipp, avec l'auteur, pour le fêter. Les jurés du Renaudot rachètent, un peu, ceux du Goncourt et du Femina qui ont ignoré *Les Âmes grises*.

Mardi 4 novembre. Fin du tournage ce matin, à la maison, du documentaire sur *Histoire d'O*.

Chez Albin Michel, Luc Turlan et moi signons le service de presse de *La Sorcière de Bouquinville*, dont il a fait les illustrations, et moi, le texte. Le livre nous plaît beaucoup : l'éditeur nous réclame la suite...

Exposition *Démocratiquement croqués* à la mairie du VIe, avec Wiaz, Wolinski, Plantu, Wilhem, Cabu et Jacques Faizant qui sont assaillis de demandes de dessins pour le catalogue de l'exposition.

Sortie d'un ouvrage de dessins consacrés à Reiser[4], mort il y a vingt ans, en 1983. Plusieurs dessinateurs ont apporté leur contribution à cet hommage : Alex Barbier, Jean-Philippe Delhomme, Fred, Got, Nicoulaud, Siné, Tignous, Wiaz, Mandryka, Pétillon, Nicoulaud, Gotlib ou Cabu... Quelques mois avant sa disparition, Jean-Marc Reiser était venu passer quelques jours à Malagar où il avait attrapé des puces... Avec Pierre, ils s'étaient rendus en riant sur la célèbre terrasse, appuyés sur des béquilles. Plus tard, étendu sur son lit de mort, il avait l'air de nous en vouloir, à nous, les vivants. Il aimait les femmes et les craignait. Il s'en tirait en décrétant : « Toutes des salopes ! » Pour lui, elles étaient bien supérieures aux hommes. Il ne comprenait pas : « Les femmes qui veulent être les égales des hommes manquent sérieusement d'ambition. » C'est aussi mon avis. Il était le parrain de notre fille, Léa, et lui avait offert, pour sa naissance, un brillant.

Jeudi 6 novembre. Dîner hier, à La Mansouria, pour fêter la sortie des *Généraux du crépuscule*. Les amis étaient venus nombreux. Le repas marocain étant, comme toujours, excellent, les conversations roulèrent sur divers sujets dans un climat de confiance. Des mots très durs furent prononcés à l'encontre de Georges-Marc Benamou, « cette petite pute qui mériterait un coup de pied au cul ». Lionel Jospin parla librement de l'avant-21 avril, de la Corse, de Jean-Pierre Chevènement et de Raffarin, attentivement écouté par Claude Cabanne et Jean-Noël Jeanneney. À une table voisine, Jacqueline de Guitaut et Anne-Marie Descotch faisaient honneur au vin, Sonia Rykiel parlait de sa collection et Antoine Solvit fumait son cigare.

Rendez-vous avec Élise Fleicher qui prépare un livre sur le Femina ; je n'ai pas grand-chose à lui dire, si ce n'est que, chaque année, je pense à donner ma démission.

Samedi 8 novembre. *Brive*. Départ pour le Salon du livre de Brive où j'arrive sous un soleil qui fait flamboyer la nature corrézienne. Après avoir déposé mes bagages à La Truffe noire, je me dirige vers la place Georges-Brassens où se tient le salon. Il y a foule. J'arrive difficilement à mon stand où, à peine assisse, les lecteurs se précipitent en me tendant leur livre à dédicacer ; ce que je fais trois heures durant avant de devoir sortir au bord de l'évanouissement, les doigts gourds et tachés d'encre. Aimable, la libraire me dit : « Vous avez une de ces têtes ! Voulez-vous que l'on vous accompagne ? » Assise à la terrasse d'un café, je reprends vie. À mon retour, il y a toujours autant de monde : je me remets à la tâche.

Dîner avec Emmanuel de Waresquiel auteur d'un *Talleyrand*[5], Julien Cendres dont j'avais publié le premier livre[6], Chloé Radiguet et Pierre Mazel, au Chapon fin où nous faisons un exécrable repas.

Dimanche 9 novembre. Dans le hall de l'hôtel, je croise Richard Millet qui ressemble plus à un bouvier du plateau de Millevaches qu'à un écrivain ; ce qui me le rend très sympathique. Après un petit tour en ville, je vais au Salon où j'achète le dernier roman de Richard Millet, *Ma vie parmi les ombres*, à qui je demande une dédicace pour Pierre. Combien y a-t-il d'écrivains cette année ? Beaucoup. Beaucoup trop ? Trop peu de grands écrivains ; ceux qu'on aimerait y rencontrer sont absents. Je rejoins mon stand où de nombreux lecteurs m'attendent avec le même enthousiasme que ceux de la veille. J'ai dormi durant presque tout le voyage de retour.

Lundi 10 novembre. « Je suis venu apporter le salut au président élu du peuple palestinien car nous sommes très éprouvés et très peinés par les souffrances du peuple palestinien », a déclaré le maire de Paris, Bertrand Delanoë, lors de sa visite à Yasser Arafat, visite que n'ont guère appréciée les dirigeants israéliens. « Nous déplorons toute rencontre de ce type et elle ne contribuera certainement pas à la paix », a affirmé Hadass Wittenberg, porte-parole du ministère des Affaires étrangères d'Israël. Delanoë avait tenu, par sa présence lors de la commémoration du huitième anniversaire de la mort d'Itzhak Rabin, à rendre hommage à l'ancien Premier ministre assassiné. « Je suis aussi ici pour dire que Paris est aux côtés de tous ceux qui, en Israël et en Palestine, cherchent et veulent la paix et qui ont le courage de la chercher. Je soutiens l'esprit, la philosophie et le comportement de tous ceux qui cherchent un chemin pour la vie car la vie d'un enfant palestinien, d'un enfant israélien est au-dessus de tout. Les efforts que tous font pour faire reculer cette violence et les forces de mort sont des efforts qui doivent être soutenus et, pour ma part, mon soutien n'est pas timide, ni faible. »

Croisé dans l'escalier une de mes voisines, Roumaine n'ayant pas une sensibilité de gauche ; elle m'interpelle en me disant : « Vous avez vu ce qu'il a fait, votre maire ? Je ne l'aime pourtant pas, mais c'est bien de sa part et courageux d'être allé en Israël et d'avoir rendu visite à Yasser Arafat ! » Je ne suis pas sûre que nos « bonnes âmes » pensent la même chose.

Mardi 11 novembre. À la demande de Simon et Lucie, mes deux petits-enfants, je les accompagne au cimetière du Père-Lachaise pour les cérémonies commémorant l'Armistice, et à la mairie du XXe où Lucie doit déposer une gerbe au monument aux Morts, au nom de tous les élèves de sa classe, entraînés par leur instituteur, Jean-Michel Lefèvre, républicain convaincu. Il fait un temps magnifique, les chrysanthèmes, les décorations, les clairons et les trombones à coulisse étincellent sous le soleil. De nombreux enfants se mêlent à la foule, admirant les uniformes et les écharpes tricolores des élus. Hommage est rendu aux soldats étrangers qui combattirent aux côtés de la France. Tour à tour, le maire et ses adjoints déposent une gerbe devant le monument aux Morts des combattants italiens, grecs et tchécoslovaques. Chaque fois, la musique de la Garde républicaine joue les hymnes nationaux et la sonnerie aux Morts retentit. Cette sonnerie qui force le silence, oblige au recueillement et au souvenir. Comme ils sont sérieux ces petits enfants dont bien peu seraient à même de dire ce que tout cela représente.

Les antimondialistes ou altermondialistes – ce dernier terme étant le plus politiquement correct – se réunissent à Paris, Saint-Denis, Bobigny et Ivry, à l'occasion du deuxième forum social européen qui se déroule sur quatre jours. Plus d'un millier d'organisations sont attendues, aussi diverses qu'Attac, Greenpeace, Amnesty International, Médecins du monde, le MRAP, la Confédération paysanne de Jose Bové, la Fondation Copernic, les Compagnons d'Emmaüs, la Ligue des droits de l'homme, des syndicats (CGT, FO, SUD, FSU, UNSA) ou le Comité catholique contre la faim... Soixante mille personnes, plus peut-être, sont attendues durant ces quatre journées, pendant lesquelles se tiendront cinquante-cinq conférences plénières, deux cent soixante et onze séminaires et autant d'ateliers où interviendront un millier d'orateurs associatifs et syndicaux. Devant ce déploiement, je suis dubitative ! Comment choisir le bon séminaire, l'atelier le plus novateur, l'orateur le plus convaincant ? Cela donnerait le tournis à l'altermondialiste le plus convaincu. De là à rester scotché à la buvette devant un écran retransmettant le débat de Tariq Ramadan...

Une attaque à la voiture piégée a fait dix-sept morts et cent vingt-deux blessés, hier, en Arabie Saoudite, attribuée à l'organisation terroriste al-Qaïda.

En Irak, il ne se passe pas de jour où des attentats ne causent la mort de soldats américains. Les forces d'occupation ne savent comment se sortir du piège irakien sans perdre la face. La mise en place d'un gouvernement irakien s'avère difficile du fait de la mésentente des parties en présence. Sur le terrain, l'armée américaine se comporterait avec les civils irakiens avec une grande brutalité ; des milliers d'entre eux ont été tués, comme la famille de Daham Kassin, directeur d'une centrale électrique, qui a vu ses cinq enfants, tapis au fond de la voiture paternelle, tomber les uns après les autres sous les balles, sans qu'aucune sommation n'ait été faite ; sa femme et lui-même ont été atteints de plusieurs balles. Mal soigné, il a perdu une jambe.

La famille royale d'Angleterre fait encore parler d'elle : l'héritier du trône, le prince Charles, aurait eu des relations sexuelles avec un de ses domestiques, Michaël Fawcett. Celui-ci dément, le prince aussi. *Le Monde* qui avait consacré sa manchette de une et plusieurs articles à l'affaire, ainsi que *Libération*, *Le Figaro*, *El País* et *El Mundo*, n'ont pas été distribués en Grande-Bretagne. Selon l'AFP, « ce n'est pas de la censure. C'est une précaution qui [...] est tout a fait justifiée, parce que les sommes en jeu sont énormes ».

Hier soir, en plein milieu du journal de vingt heures, David Pujadas a vu le plateau de France 2 envahi par une trentaine d'intermittents du spectacle, portant des pancartes, pour protester contre la réforme de leur régime d'assurance-chômage.

Jeudi 13 novembre. Le Premier ministre palestinien, Ahmed Qorei, a lancé hier, devant le Conseil législatif palestinien, lors de la présentation de son gouvernement, un appel à « un cessez-le-feu total et réciproque ». « Nous tenons à la paix comme choix stratégique et nous tenons à la "feuille de route" et aux accords signés avec Israël. » De son côté, Yasser Arafat a déclaré : « Il est temps d'instaurer un dialogue à la place d'une confrontation militaire, de la violence, des assassinats et des destructions [...]. Il est temps pour vous, Israéliens, de sortir du cycle destructif qui ne nous apportera, ni à vous ni à nous, la paix et la sécurité. »

Les intermittents du spectacle remettent ça et interrompent la séance des questions à l'Assemblée nationale, du haut de la tribune du public et face à un Jean-Louis Debré furieux.

Pas le temps de me rendre à la remise de décoration, par Jean-Pierre Raffarin, à Joël Robuchon, avant d'aller au Zénith écouter Bob Dylan. C'est la troisième fois que j'assistais à un concert de Dylan. J'y allai en traînant les pieds ; j'avais tort : le chanteur américain était au mieux de sa forme et de sa voix. Un regret, cependant, une musique trop métallique et trop forte à mon goût, qui agresse les oreilles.

Dans *Le Figaro littéraire*, Angelo Rinaldi, de l'Académie française, s'en prend à Jean Daniel, directeur du *Nouvel Observateur*, à propos de son livre, *La Prison juive*[7], que je n'ai pas encore lu. Mais là n'est pas la question. Était-il nécessaire à Rinaldi de comparer Daniel à « un dindon échappé de la basse-cour des Verdurin » ? Que gagne une critique littéraire de ce tonneau ? Sûrement pas l'adhésion des lecteurs. Est-ce pour se venger du surnom qu'on lui donne dans *La République des lettres* que Rinaldi fait allusion aux Verdurin ? Et puis, ce n'est pas très joli de cracher ainsi à la figure de son ancien patron, patron longuement courtisé quand notre académicien avait envie d'entrer au *Nouvel Observateur*. « Après m'avoir encombré de lettres exprimant une admiration que je ne mérite pas, voilà M. Rinaldi qui se réfugie dans l'injure. Il est bien triste de voir un académicien troquer si piteusement l'habit vert contre la livrée du laquais qu'on aurait congédié », rétorque Jean Daniel dans son éditorial.

J'ai décidé de me rendre à Cuba les deux premières semaines de décembre : ce pays me manque trop. Quel climat vais-je y trouver ? Comment mes amis cubains ont-ils pris les condamnations et les exécutions du printemps dernier ? Certains ne m'en diront rien, d'autres, avec pudeur et chagrin, diront leur détresse de voir leur pays s'enfoncer un peu plus, leur liberté de parler, de circuler de plus en plus réduite... Pas question de forcer leurs confidences ; j'ai appris à respecter leurs silences : je connais leur peur de la délation. Combien de fois m'ont-ils dit qu'après une de nos rencontres la police était venue les interroger ? J'ai bénéficié, à chacun de mes séjours, de leur aide ; je pense aux bouquinistes de la plaza des Armas qui me dénichèrent des journaux et des documents de la Révolution dont quelques-uns étaient interdits, aux amis d'enfance, aux compagnons de Camilo Cienfuegos qui ne pouvaient me parler de lui sans que leurs yeux s'emplissent de larmes plus de quarante ans après la disparition du plus aimé des *comandantes*. Ils avaient compris que j'essayais de faire mon travail le plus honnêtement possible et que, pour cela, j'avais besoin de m'appuyer sur une documentation et des témoignages sérieux. Je leur en suis très reconnaissante.

Dans le deuxième volume de ses Mémoires, *L'Espoir et la Honte*[8], Françoise Seligmann revient sur la Révolution cubaine et l'espoir qu'elle avait suscité chez la plupart des intellectuels de gauche. « Castro est alors, pour nous, une sorte de Robin des Bois, le héros d'un roman épique, un bourgeois aisé et cultivé qui a renoncé à une vie confortable pour se mettre au service des pauvres gens. En outre, nous l'avons admiré pour l'opération originale et spectaculaire qui a rendu populaire, dans le monde, son combat contre Batista [...]. Nous avons donc de bonnes raisons de saluer la victoire de Castro. » Françoise Seligmann rappelle l'enthousiasme de Simone de Beauvoir : « Singulière, unique, la Révolution cubaine est aussi un modèle : elle a fait naître dans le monde entier, pour des millions d'hommes qui ne mangent pas à leur faim, une même et immense espérance. » Pour Gisèle Halimi, la Révolution cubaine « sera, à mon sens, une des plus progressistes du monde ». C'est dans le numéro d'avril 1960 du mensuel *Après-demain*, créé par Françoise Seligmann et les étudiants du Centre d'éducation politique des futurs électeurs, qu'est publié un dossier sur Cuba auquel collaborent, entre autres, Claude Jullien, spécialiste de l'Amérique latine et envoyé spécial du *Monde* à Cuba au moment de la Révolution. Dans ce numéro, Françoise Seligmann s'interrogeait : « Fidel Castro va-t-il réussir ? Se conformera-t-il toujours à ses premiers principes ? Nous ne le savons pas. Cela dépendra des appuis et des difficultés, extérieurs et intérieurs, qu'il rencontrera. D'ailleurs, l'Histoire nous montre que le pouvoir et l'action sont souvent les corrupteurs de la pensée la plus sage et la plus sincère. Personne ne peut prédire l'avenir d'une révolution. Mais, quoi qu'il advienne, il reste à juger la portée de ce qui est déjà accompli. » Quarante ans après, elle ne regrette pas d'avoir écrit ces lignes. « Avons-nous trompé nos lecteurs en leur offrant cet hymne à la gloire du chef de la

Résistance qui avait renversé le dictateur Batista ? Pouvions-nous prévoir que l'homme qui avait gagé notre sympathie et notre admiration, allait devenir un dictateur communiste ? [...] Sans doute, cette libération nous rappela-t-elle, alors, les moments de bonheur que nous avions vécus en 1944, et nous consolait-elle des heures noires que nous vivions en pleine guerre d'Algérie. Peut-être Castro n'avait-il pas la stature d'un homme d'État capable de faire face à des événements qui le dépassent, et ceux-ci eurent tôt fait de le déborder et de le transformer. À cet égard, le long boycott américain fut, sans doute, le meilleur allié de Castro dans sa volonté de s'accrocher à tout prix au pouvoir. » Ils sont nombreux, comme Françoise Seligmann, à avoir rêvé d'un avenir meilleur pour le peuple cubain, qui y ont cru, qui ne pouvaient pas ne pas y croire quand ils entendaient ou lisaient les déclarations de Fidel Castro : « Notre Révolution est démocratique et humaniste. L'homme, pour satisfaire ses besoins matériels, n'a pas à sacrifier sa liberté qui est sa plus chère aspiration [...]. Nous voulons la justice sociale avec la liberté et nous défendons tous les droits de l'Homme [...]. Ni pain sans liberté ni liberté sans pain. Ni dictature d'un homme, ni dictature d'une classe, ni dictature d'un groupe ou d'une caste. Nous voulons le gouvernement du peuple sans dictature et sans oligarchie. Liberté avec pain et sans terreur. Voilà l'humanisme. » Ou encore, dans un autre discours : « Les minutes les plus difficiles d'une révolution ne sont pas celles du combat héroïque où l'homme est en face de la mort, mais celles où il faut envisager de construire. N'importe qui peut mourir, mais seuls peuvent construire ceux qui ont la ténacité, l'intelligence et le courage nécessaires. » Comment, après cet échantillon de la pensée castriste, ne pas applaudir un tel programme ? N'est-ce pas, Régis Debray, François Maspero, Erik Orsenna et tant d'autres ? Comment tous ceux qui s'enthousiasmèrent pour la Révolution cubaine ne se sentiraient-ils pas trahis ? Ils l'ont été. Mais, avant eux, c'est le peuple cubain et la Révolution qui ont été trahis. Tant d'espoirs envolés !

Vendredi 14 novembre. Déjeuner chez Françoise Seligmann avec Henri Leclerc, le célèbre avocat, ancien président de la Ligue des droits de l'homme, et Jean-Marcel Bichat que Françoise présente comme « la mémoire du Parti socialiste ». L'ex-sénatrice de Paris a reparlé de son projet d'un prix couronnant les efforts de paix dans le mode. Elle aimerait que les Palestiniens et les Israéliens qui œuvrent dans ce sens soient les premiers à le recevoir.

Départ pour Montmorillon où je signe, demain, à la Maison de la presse, *Les Généraux du crépuscule* et *La Sorcière de Bouquinville*. Léa m'accompagne pour voir ses grands-parents que nous trouvons plutôt en forme.

Frédéric Beigbeder a obtenu le prix Interallié pour son roman, *Windows On The World*[9], ce dont je me réjouis. Avec *Les Âmes grises*, de Philippe Claudel, il fait partie des livres d'écrivains français que j'emporterai à Cuba pour les offrir à mes amis cubains.

« Record battu de mévente pour le Goncourt 2003 ? Le roman de Jacques-Pierre Amette, *La Maîtresse de Brecht*, n'emballe guère les lecteurs. Après les mauvais résultats de Pascal Quignard, lauréat de l'année dernière, les libraires ne masquent pas leur dépit », peut-on lire dans la rubrique « Téléphone rouge » du *Nouvel Observateur*. Heureusement qu'il y a le succès des *Âmes grises* pour leur mettre un peu de baume au cœur et des euros dans leur tiroir-caisse. Quant à mes *Généraux*, ils se retrouvent à la dix-septième place, deux semaines après leur sortie...

Samedi 15 novembre. *Montmorillon.* Beaucoup de monde à la séance de dédicaces à la Maison de la presse ; un peu moins à Châtellerault où je me rends dans l'après-midi. Des journalistes de *La Nouvelle République* et de *Centre Presse* viennent me poser des questions sur le roman qu'ils n'ont visiblement pas lu ; j'ai l'habitude et je me débrouille comme je peux...

En lisant, dans *Le Monde*, un article d'Erich Inciyan sur Angkor, au moment où le Comité international pour la sauvegarde et le développement du site cambodgien organise, ces jours-ci, une conférence intergouvernementale, je repense à la visite que je fis au temple d'Angkor Vat à l'occasion d'un voyage de François Mitterrand au Cambodge et au Viêtnam, voyage où il avait accepté, à ma demande, de m'emmener, sachant que, grâce à lui, je trouverais plus facilement des appuis auprès des autorités vietnamiennes, si elles m'avaient vue parmi ses invités, pour mes recherches sur la guerre d'Indochine. Mon calcul devait s'avérer juste ; deux mois plus tard, je revins et je rencontrai différents acteurs de la guerre d'indépendance du Viêtnam et circulai, sans problèmes, à travers le pays.

Dimanche 16 novembre. L'élection de Valéry Giscard d'Estaing à l'Académie française semble de plus en plus improbable. En effet, Maurice Druon, de son état secrétaire perpétuel honoraire de l'Académie française et auteur des *Rois maudits*, part en guerre contre la candidature de l'ex-président de la République, arguant qu'il n'a commis que des ouvrages qui « ne l'imposent pas dans l'histoire de la littérature française », contrairement au général de Gaulle et à François Mitterrand « qui avait incontestablement une œuvre ». Mais ce n'est pas là la vraie raison de l'opposition de Maurice Druon ; sinon, c'est toute une partie des actuels académiciens qui n'auraient pas leur place sous la coupole de l'Académie fondée par le cardinal de Richelieu en 1634. La vraie raison en est que Giscard d'Estaing fit perdre au général de Gaulle le référendum de 1969, causant son départ, un an avant sa mort. Affaire à suivre...

C'est la guerre entre le gouvernement et les buralistes qui voient leurs bureaux de tabac désertés par les fumeurs, mais également par les joueurs de loto et autres jeux à gratter. La vente de cigarettes de contrebande augmente et ce malgré les interventions de la police contre les vendeurs à la sauvette.

Le *Clemenceau*, après une errance de plusieurs semaines en Méditerranée, rentre au port. Parti de Toulon le 13 octobre dernier, le porte-avions devait rejoindre les chantiers navals de Gijón, en Espagne, pour être « désamianté » et démoli comme le prévoyait l'accord signé entre la société Gijonesa de Desquaces et le ministère des Finances. Le *Clemenceau* n'a jamais fait route vers Gibraltar. La France résilie son contrat et signe avec la firme allemande Ship-Decommissioning-Industrie. Auparavant, le navire doit être désamianté dans le port du Pirée, en Grèce, avant d'être découpé et vendu au poids, en Inde. Mais la Grèce refuse de recevoir cette « bombe toxique ». Les Espagnols sont furieux de l'attitude de la France et se considèrent toujours

« maîtres de la conduite du navire et de sa destination ». Triste fin pour ce fleuron de la marine française, lancé le 22 novembre 1961.

Lundi 17 novembre. *Paris*. Michel Winock m'accueille à une réunion avec les représentants du Seuil, pour leur présenter ce journal dont le titre retenu, *Ce siècle avait trois ans* – titre trouvé par Pierre –, a l'assentiment de tous.

Un terrible accident a eu lieu, hier, à Saint-Nazaire : une passerelle, sur laquelle se pressaient les familles des ouvriers, venues visiter le *Queen Mary II*, s'est effondrée, provoquant la mort de quinze personnes et faisant plusieurs blessés. Jacques Chirac, Jean-Pierre Raffarin, Nicolas Sarkozy et Gilles de Robien sont venus s'incliner sur les dépouilles des victimes. Une information judiciaire est ouverte pour déterminer les causes de la catastrophe. Quand on connaît la superstition des marins, je doute fort qu'il s'en trouve un très grand nombre pour accepter de monter à bord d'un « navire maudit »...

Samedi matin, deux attentats-suicides, visant deux synagogues d'Istanbul, ont fait vingt-trois morts et plus de trois cents blessés. Ces attentats ont été revendiqués par al-Qaïda. Les victimes sont, pour la plupart, des Turcs musulmans qui se trouvaient à l'extérieur des synagogues. Le gouvernement d'Ariel Sharon a apporté son soutien « au peuple turc et au gouvernement ». Le ministre israélien des Affaires étrangères a déclaré que les attentats d'Istanbul « s'inscrivent dans le cadre de récentes incitations à la haine contre Israël et les Juifs, dans le monde arabe, et les propos anti-israéliens et antisémites constatés, ces derniers mois, dans certaines capitales européennes ». Jean-Paul II a condamné fermement « l'œuvre néfaste, encore une fois accomplie, du terrorisme » et appelé les peuples « à se mobiliser en faveur de la paix et contre le terrorisme, dans le respect de la liberté des croyances et des convictions personnelles, pour que plus jamais l'appartenance religieuse ne soit source de conflits ». À la veille de la visite d'Ariel Sharon en Italie, le pape a dénoncé la construction du mur, le qualifiant de « nouvel obstacle sur la voie d'une cohabitation pacifique [...]. Personne ne peut s'abandonner à la tentation du découragement et de la rétorsion : le respect de la vie, de la solidarité internationale et l'observance de la loi doivent prévaloir sur la haine et sur la violence ».

Le maire de Bordeaux, Alain Juppé, président de l'UMP, qui fête son premier anniversaire, répond dans *Le Parisien* aux questions de Myriam Lévy et de Dominique de Montvalon. Il se dit favorable à une loi pour défendre la laïcité. Pour lui, « la situation est extrêmement préoccupante ».

Les États-Unis fixent, au 30 juin, la fin de l'occupation de l'Irak, tout en précisant que les forces américaines et leurs alliés y resteront déployés jusqu'à ce que la sécurité règne dans le pays... Pour Dominique de Villepin, ce délai est trop long. « Il faut aller plus vite. Nous sommes dans une situation de très grande urgence », a déclaré le ministre des Affaires étrangères qui souhaite la création d' « une assemblée représentative qui élirait un gouvernement de transition d'une quinzaine de membres ». Paul Bremer, l'administrateur américain de l'Irak, a présenté le nouveau plan de la Maison-Blanche qui comporte six phases, la première étant la « rédaction d'un embryon de loi constitutionnelle, simplement pour jeter les bases de la future démocratie irakienne » qui « affirmera le principe de la séparation du politique et du religieux dans la conduite des affaires de l'État », le tout inspiré des principes constitutionnels américains... Quel peuple aimerait que lui soit dicté le choix de son gouvernement ?

Mardi 18 novembre. En sortant de la maison, j'ai traversé la rue avec Pierre pour me rendre chez Jean-Jacques Magis, libraire de livres anciens et collectionneur de bustes, de médailles à l'effigie des révolutionnaires de 1789 et amateur, comme moi, du *Dictionnaire du XIXe siècle de Pierre Larousse* qui vient de sortir en CDrom. Je possède trois exemplaire de ce dictionnaire ; cependant, je vais faire l'acquisition des deux CD.

C'est aujourd'hui l'anniversaire de la mort de Claire Mauriac, princesse Wiazemsky. Il ne se passe pas de jour sans que je ne pense à elle. En face de moi, sur mon bureau, une photo d'elle en première communiante. Sous le voile blanc, le regard de la petite fille est sombre ; on y décèle comme un reproche. J'ai déjeuné avec Anne, sa fille, qui a terminé son livre, prévu pour janvier, sous le titre, *Je m'appelle Élisabeth*[10]. Je suis agacée : Anne, non plus, n'a pas reçu *Les Généraux du crépuscule*. De plus en plus de livres, envoyés en service de presse, n'arrivent pas à leur destinataire et il n'est pas rare d'envoyer trois fois le même livre à la même personne... Ces livres ne doivent pas disparaître pour tout le monde ; mais, là, cela prend des proportions alarmantes. Elle m'offre un album pour enfants, joliment illustré, qu'elle vient de publier [11].

L'Italie enterre ses dix-neuf soldats morts en Irak dans un attentat à la voiture piégée. Une foule émue se presse dans la basilique Saint-Paul-Hors-les-Murs de Rome. Chaque jour, de jeunes hommes meurent en Irak, loin de leur pays. George Bush est arrivé en Grande-Bretagne pour une visite d'État ; il a été accueilli, à sa descente d'avion, par le prince Charles. C'est la première visite d'État d'un président américain depuis Woodrow Wilson, en 1918.

Mercredi 19 novembre. Déjeuner, au Flore, avec Sonia et Claire Bretécher pour parler de notre projet de livre qui n'avance guère ; ce dont je suis la seule responsable. Le roman, ce Journal, ma chronique à *L'Huma* ne m'ont guère laissé de temps pour penser à autre chose. Le temps... ? N'est-ce pas mentir un peu que d'écrire cela ? Moi qui aime à dire : « On prendra bien le temps de mourir... »

Est-ce l'approche de mon départ pour Cuba qui me rend si nerveuse, si tendue ? J'ai appelé mon ami cubain qui vit en France où il s'est exilé depuis vingt-deux ans, pour lui demander s'il avait des messages à faire parvenir là-bas. Il m'a reparlé de Wladimiro Roca, le « secrétaire » du Parti social démocrate cubain, lequel est inscrit à l'Internationale socialiste à titre d'observateur. Il a été condamné à cinq ans de prison pour avoir signé le manifeste, *La Patria es de todos* [12]. Malgré ses demandes réitérées, mon ami cubain n'a jamais pu obtenir l'autorisation de retourner dans son pays. Bien qu'il soit devenu français, il continue à se sentir concerné par son pays natal où vit sa mère et à souffrir de ne pouvoir y revenir.

Jeudi 20 novembre. « Des soldats allemands exécutés par des maquisards, en 1944, ont été inhumés, dimanche, dans un cimetière allemand. Pour crever l'abcès », titre *Libération.* Le quotidien nous rappelle que, dans les camps français, « les conditions de vie des prisonniers de guerre y étaient très pénibles ». On ne va pas pleurer ! Il s'agirait, selon Fabien Théofilakis, chercheur préparant une thèse, à Paris-X, sur les prisonniers de guerre allemands, « de la première expérience concentrationnaire massive de l'histoire française ». Soixante-dix mille prisonniers allemands auraient disparu en France, entre 1944 et 1948, dont près de soixante mille dans les cent vingt camps répartis sur l'ensemble du territoire. C'est triste mais, enfin, c'était la guerre... De là à dire qu'« ayant eu des parents fusillés, ils n'ont pu résister à la tentation d'appliquer à des prisonniers allemands les méthodes apprises à Dachau », il ne faut pas exagérer. Et puis, qui les avait envoyés à Dachau ?

Doit-on rappeler les quatre-vingt-six personnes massacrées à Ascq, village proche de Lille, dans la nuit du 1er au 2 avril 1944, à la suite d'un déraillement de quelques wagons qui ne fit pas de victimes ? Les six cent quarante-deux martyrisés à Oradour-sur-Glane par un détachement de la division SS « Das Reich » ? Lisez ce témoignage d'un rescapé : « Ils ont demandé aux hommes de se rassembler en quatre ou cinq groupes. Chacun des groupes est ensuite emmené dans une grange dont les Allemands bouclent les portes. Les femmes et les enfants sont conduits dans l'église qui est verrouillée. Il était à peu près deux heures de l'après-midi. À ce moment-là, on entend, depuis les villages voisins, des rafales de mitraillette et l'on voit de la fumée monter du village et des fermes proches. Les maisons ont été incendiées l'une après l'autre, après avoir été fouillées de fond en comble, ce qui a pris plusieurs heures. Vers dix-sept heures, les SS sont revenus dans l'église ; ils ont posé une espèce de caisse sur le prie-Dieu de communion, il en sortait des mèches qui brûlaient. L'air est devenu irrespirable, quelqu'un a réussi à s'échapper en arrachant la porte de la sacristie. Et puis les Allemands ont commencé à tirer par les fenêtres de l'église, ils sont entrés pour achever les derniers survivants à la mitraillette, et puis ils ont jeté quelque chose par terre et l'église s'est mise à brûler... Vers dix-huit heures, les Allemands ont arrêté, en bout de ligne, le train qui passait au même moment, ils en ont fait descendre tous ceux qui se rendaient à Oradour-sur-Glane, ils les ont criblés de balles et puis ils ont jeté les cadavres dans l'incendie. »

Une semaine après ce crime, mes parents nous ont conduites, ma petite sœur et moi, à Oradour. Les corps carbonisés avaient disparu, mais demeurait l'odeur de viande grillée et de bois brûlé. Je revois le landau abandonné, les traces de mains sur les murs de l'église, les chaises et les tables du café tordues sous l'effet de la chaleur, les charrettes et les outils calcinés dans les granges, les débris divers dans les rues, l'école, la mairie, la suie qui noircissait mes doigts... J'avais l'impression d'être dans un cauchemar... Maman pleurait, Papa baissait la tête. Je serrais fort sa main... Je n'ai jamais oublié cette visite, sous le ciel bleu de l'été 44. J'ai tenu à ce que mes enfants connaissent cette terrible histoire. Quand on se souvient de ce massacre d'innocents, on peut comprendre que des maquisards aient fusillé des soldats allemands, eux qui n'hésitèrent pas à abattre six cent cinquante jeunes du maquis dans le Vercors. Parmi eux, il y avait un poète, Jean Prévost.

Sous ma fenêtre, on fête le beaujolais nouveau avec la musique des Beaux-Arts... La vie continue, mais je refuse l'oubli.

Aujourd'hui, mon père a quatre-vingt-douze ans : Bon anniversaire, Papa !

Après les impôts divers, c'est l'avalanche des demandes de dons de la part de l'UNICEF, des Restos du cœur, de Médecins sans frontières, de l'Armée du Salut, de l'Orphelinat mutualiste de la Police nationale, de la Fondation de France, de la Recherche médicale, des Compagnons d'Emmaüs, de la Croix-rouge, de Handicap international, de Médecins du monde, de SOS troisième âge et j'en oublie... Chacun de ces envois culpabilise celui qui les reçoit, s'il ne répond pas favorablement à ces demandes en envoyant son obole ; je sors mon carnet de chèques...

La visite de George Bush, en Grande-Bretagne, ne fait pas l'unanimité chez nos amis Anglais. Les manifestations antiguerre se multiplient. Et le dollar qui chute...

Hier au soir, moment de détente « en compagnie » d'Elvis Presley au théâtre Mogador où le Québécois Martin Fontaine remporte un succès mérité dans son spectacle, Elvis' Story, succès mondial qui ne se dément pas depuis 1995, et qui retrace les grands moments de la carrière de ce petit Blanc du Sud qui chantait « comme un Nègre ». Bien que, dans la salle, les cheveux grisonnants soient en majorité, l'ambiance est follement jeune. Les rangées de fauteuils de velours rouge vibrent des mouvements des spectateurs qui ont, tous, retrouvé leurs vingt ans et leur amour du rock'n roll ; certains ont des larmes dans les yeux, des femmes envoient des baisers à leur cher fantôme sous le regard attendri de leurs compagnons. Force est de constater que Martin Fontaine est un formidable comédien-chanteur et que son interprétation des chansons du « King » est magistrale. « J'ai toujours admiré Elvis. Je ne l'imite pas, je vis le personnage et j'interprète sa musique, ce qui me permet de mieux communiquer la magie, les sentiments profonds et la frénésie inoubliable du seul et unique Elvis Presley », a-t-il déclaré. Il le vit tellement, son personnage, qu'il arrive à lui ressembler vraiment, surtout quand il retrousse le coin de sa lèvre supérieure. « Ce n'est que du maquillage », dit-il avec modestie. Et, quand on lui demande s'il n'a pas peur d'être « vampirisé » par le personnage, Martin Fontaine répond : « Je prends encore mon pied en le faisant, pourtant je vis avec lui depuis neuf ans. Mais, c'est vrai que, lorsque l'on m'a confié le rôle, je me suis pris de passion pour ce qu'il représentait. » C'est surtout dans les premières chansons que la magie opère. Quand Martin Fontaine chante « Love me tender, love me sweet, never let me go... », c'est toute la salle qui communie dans le souvenir d'Elvis. Et, quand il descend dans la salle et serre les mains des spectateurs des premiers rangs, je remarque la déception d'une dame qui connaissait chacune des chansons de son idole, bougeait en suivant le rythme et applaudissait à tout rompre, quand il passe devant elle sans lui tendre la main, à elle qui, l'espace d'une soirée, avait cru au retour de la star.

Vendredi 21 novembre. Vu, avec Pierre et des amis, Michel Piccoli aux Bouffes du Nord dans *Ta main dans la mienne*, de Carol Rocamora, d'après les lettres de Tchekhov et d'Olga Knipper, dans une mise en scène de Peter Brook. « Cette correspondance pleine d'abandon et d'enjouement où se déploie une âme sensible, douloureuse, qui échappe au sourire... Jamais lettres ne furent plus aimantes, plus délicates, plus badines, plus désolées, ce sont de petites merveilles d'amour, de détresse, de pudeur », écrit justement Pierre Marcabru dans *Le Figaro*. Le cœur se serre devant la solitude de l'auteur de *La Cerisaie* qui se meurt de tuberculose, à Yalta, tandis que sa femme, Olga Knipper, triomphe à Moscou dans ses pièces. Dans ses carnets, Tchekhov écrivait : « Si vous craignez la solitude, ne vous mariez pas. » Michel Piccoli est excellent dans le rôle de l'écrivain russe qui sent que la vie lui échappe, face à Natasha Parry dans celui d'Olga qui ne vit que pour la scène. Après le spectacle, nous avons retrouvé Michel et Ludivine Piccoli pour dîner dans le restaurant du théâtre. Un Michel Piccoli rieur et taquin, comme à son habitude, s'énervant cependant à propos de Laurent Fabius et de son acceptation à participer à la Star Academy...

Samedi 22 novembre. Aller et retour Paris/Nantes, pour une séance de dédicaces à l'Espace culturel du Centre Leclerc de Saint-Herblain où de nombreux lecteurs m'attendent et me demandent la suite des aventures de Léa et de François. C'est à la fois agréable et énervant, cette demande, alors que je viens juste de publier mon roman. *La Sorcière de Bouquinville* est très bien accueilli : « Vous faites aussi des livres pour enfants ! » Il est vrai qu'à côté de textes érotiques et de *L'Agenda au point de croix*, cela fait désordre...

Dans le train du retour, je relis *On l'appelait Rainer* [13], de Madeleine Riffaud, souvenirs de la Résistance, pour les besoins d'une émission télévisée qui sera prochainement consacrée à ceux qui avaient vingt ans à ce moment-là et à Madeleine Riffaud en particulier. C'est elle qui a suggéré mon nom au réalisateur. J'ai accepté afin de dire mon admiration pour son engagement et son courage.

Lundi 24 novembre. Mon voyage en Suisse est annulé ; je vais pouvoir terminer tranquillement mon « Pêle-mêle » que je n'ai pas réussi à écrire hier. J'en profite pour déjeuner avec Camille, un moment de douceur et de tendresse avant de retourner à ma table de travail. Hélas, entre le désir et la réalité, il y a un abîme ! Je me suis retrouvée devant un mur. Pourquoi ai-je voulu parler de « l'Affaire Michael Jackson », soupçonné de pédophilie, en faisant un parallèle entre le roi de la pop et Mike Tyson, le boxeur noir, champion du monde des poids lourds, accusé de viol ? Cinq heures plus tard, j'en étais encore à me prendre la tête, plongée dans *L'Encyclopédie de la boxe* [14] et le livre de Patrick Besson, *Le Viol de Mike Tyson* [15]. J'ai dû renoncer à assister au vernissage de l'exposition de Jeanne Champion.

Jusqu'à dix heures du soir, j'ai forcé la bête à achever ce qui était devenu un pensum. J'y suis arrivée, avec un résultat médiocre.

Mercredi 26 novembre. « Le Petit Train » qui relie la porte Maillot au Jardin d'acclimatation risque-t-il de disparaître ? On peut se poser la question devant les difficultés qu'éprouve Jean-Pierre Bardery, président du Jardin, qui vient de faire réaliser une copie de la vieille locomotive, baptisée « Eugénie » et dont le moteur était à bout de souffle, pour « obtenir l'installation d'un signal indiquant la traversée de l'avenue des Sablons », malgré l'avis favorable de la préfecture et de la mairie, « ce petit train ne figurant pas dans les catégories répertoriées par l'administration ».

Jeudi 27 novembre. Sursauté en lisant dans *Le Monde*, si soucieux de son image de journal de grande culture, dans la rubrique « Aujourd'hui Voyages », ce gros titre : « En bicyclette dans l'Entre-deux-Mers »...

Le sida continue à faire des ravages : quarante millions de personnes seraient infectées dans le monde, dont plus de la moitié en Afrique subsaharienne... Déjà vingt-cinq ans que sont apparus les premiers cas !... Dans nos pays, il semblerait que l'on se soit habitué à vivre avec le sida, à s'en protéger si on est conscient des risques ou à croire que « ça n'arrive qu'aux autres » et que « baiser avec une capote » retire tout plaisir ou, encore, par goût du risque. Cette année, le sida a tué plus de trois millions de malades. Les associations se mobilisent, les États aussi... sans grand résultat. Dans un taxi, sur une radio africaine, j'ai entendu une chanson « au rythme dansant », comme le disait l'animateur, écrite pour inciter les jeunes à se protéger et dont le refrain était « Sida, sida, sida... », sur un tempo entre reggae, rumba et rock, bref un mélange absurde. J'ai du mal à comprendre le plaisir que l'on pourrait trouver à danser sur cet air-là, à moins d'imaginer une danse macabre avec squelettes et têtes de mort, comme au Mexique lors de certaines processions, et à jouer à se faire peur.

Il paraît, selon le supplément de l'*Observateur*, *Paris-Obs'*, que l'on assisterait au « retour des garçonnières », « chez certains messieurs très aisés ». Pourquoi seulement les messieurs ? J'ai le privilège d'en posséder une – il n'y a pas de masculin pour ce genre d'endroit – qui me sert surtout de lieu de travail et que je n'abandonnerai qu'à la dernière extrémité, tant cela me donne de l'air. C'est ma « chambre à moi », mon « retiro », ma « guerencia », à la façon dont l'entendait, pour ce dernier terme, François Mauriac. Quelques lignes, à la fin de l'article, précisent quand même que « les garçonnières se conjuguent désormais au féminin ». Ainsi Maryse, « quand elle s'est décidée à assumer son homosexualité », citée comme exemple, cadre supérieure et mère de jumeaux de seize ans, a-t-elle loué un duplex qui « lui permet de recevoir ses maîtresses en toute discrétion, sans les imposer à ses fils ». C'est pas mignon, ça ?

En France, on aime bien les lois ou, du moins, les hommes politiques de tous bords le croient : loi contre le port du voile, loi interdisant de fumer dans les lieux publics (bientôt dans la rue ?), contre les discriminations envers « le sexe, les mœurs, le handicap, l'état de santé ou l'orientation sexuelle ». Plus question de traiter quelqu'un de « malade mental », de « pédé », de « tordu », de « dégénéré », même affectueusement, sous peine de se faire traiter de « raciste ». Et si l'on vous dit « sale raciste, antisémite ou castriste » et que vous estimez que cela est faux, que c'est une injure, quel recours vous reste-t-il ? Faire voter une loi ! Maintenant que l'on veut tout interdire, que l'on nous prend pour des débiles mentaux – oh, pardon ! –, des irresponsables, des assassins de la route et autres amabilités, je sens la grogne monter en moi. Fini le beau slogan de Mai 68, « Il est interdit d'interdire » ! Un peu utopique, naïf, j'en conviens, mais qui fait plaisir à entendre en ces temps de consensus imbécile. Pardon à mes amis socialistes promoteurs de cette proposition de loi contre les discriminations ; mais, l'amitié n'est-elle pas de dire à ses amis quand on n'est pas d'accord avec eux ?

L'écrivain Pa Kin, « monstre sacré de la littérature chinoise contemporaine, espoir toujours déçu d'un prix Nobel », selon *Le Monde*, cloué sur son lit d'hôpital depuis de nombreuses années, fête son centième anniversaire à Shanghai, en dépit de ses nombreuses demandes – la première date de 1994 – d'être euthanasié. « La longévité est un châtiment », aurait-il dit. Je partage tout à fait cet avis et le général de Gaulle, avant moi, disait que « la vieillesse est un naufrage ».

Déjeuner avec Richard Ducousset à qui j'annonce mon prochain départ pour Cuba. Il me dit qu'il aimerait m'accompagner ; je lui réponds : « Viens. » « Chiche », me dit-il. Lui comme moi, nous savons bien qu'il n'en fera rien. C'est ainsi, à Paris, où les gens disent des choses auxquelles ils ne croient pas. Tant pis pour eux ! Moi, je pars. Qu'importe qu'on me traite encore de « castriste » ? J'aime ce pays et ses habitants : c'est eux que je vais voir, pas Fidel Castro dont j'ai dénoncé les abus de pouvoir maintes fois dans les colonnes de *L'Humanité*. Mais, qui lit encore *L'Humanité* ?

Rendez-vous avec Pierre Joxe, chez Françoise Seligmann, pour lui parler de « mon » île et, surtout, des socialistes cubains qui réclament le soutien de leurs homologues français. Mes propos n'ont pas l'air de l'intéresser, contrairement à Lionel Jospin, Laurent Fabius ou François Hollande qui m'a dit : « Soyez notre ambassadrice auprès d'eux. »

Dans la soirée, je vais à la galerie 13-Sévigné au vernissage de l'exposition de Véronique Vial, une jeune photographe qui travaille surtout aux États-Unis. Malgré la foule, j'ai le temps de regarder les photos présentées, mélange d'humour, de dérision et de tendresse.

Vendredi 28 novembre. J'enregistre une émission sur le thème « Avoir vingt ans à la Libération », à la demande de Madeleine Riffaud.

J'appelle Xavier d'Arthuys, conseiller culturel auprès de l'ambassade de France à La Havane, pour lui annoncer mon arrivée.

Dimanche 30 novembre. Je passe le week-end à préparer mes bagages, à vérifier que je n'oublie rien.

Décembre

Lundi 1er décembre. *La Havane*. Le voyage m'a paru court. Durant le trajet, j'ai vu un excellent film, *Les Invasions barbares*, du cinéaste canadien Denys Arcand, à qui l'on doit *Le Déclin de l'empire américain*. Cette histoire d'un amour filial et d'amitié m'a bouleversée. Pourquoi ne s'en est-on pas servi, au moment du débat sur l'euthanasie, débat relancé à l'occasion de la mort de Vincent Humbert ? Ce film montre avec tendresse, humour et humanité que l'euthanasie est l'affaire de tous et peut être pratiquée dans le respect de la personne.

Xavier d'Arthuys est venu nous chercher, Jean Cazenave et moi, à l'aéroport José-Martí. Jean Cazenave, qui s'occupe du Festival de cinéma latino-américain de Biarritz, est venu pour celui de La Havane qui commence demain et auquel je suis invitée. Ils me déposent au Santa Isabel où je suis accueillie avec chaleur par les employés. C'est agréable et rassurant de retrouver, d'une année sur l'autre, les mêmes visages. Sans prendre le temps de défaire mes bagages, je ressors pour aller manger quelque chose et me replonger dans l'ambiance havanaise. Je vais au Paris qui est près de l'hôtel ; c'est un établissement fréquenté par les touristes et les Cubains amateurs de jazz. La salle est pleine mais je trouve une place à la table d'un Allemand qui lit, malgré le bruit, un livre de Noam Chomsky avec un sérieux qui me fait sourire. Je bois mon mojito en mangeant un sandwich au fromage. Quand je quitte le Paris, il pleut et les passants ont l'air frigorifié. Les pavés inégaux de la place d'Armes luisent sous la pluie.

Mardi 2 décembre. Le chant du coq me tire de mon sommeil et me rappelle cette histoire malicieuse racontée par mes amis cubains :

dans un hôtel de La Havane, les clients ne peuvent pas dormir ; chaque nuit, un coq lance son cocorico. Croyant trouver une solution, un client achète le coq un bon prix. Mais, le lendemain, un nouveau coq le réveille. Il le rachète, toujours à un bon prix, et cela dure plusieurs jours. Les habitants, voisins de l'hôtel, s'étaient passé le mot ; un touriste achetait les coqs à prix d'or. Bientôt, tout le quartier ne fut plus qu'une basse-cour peuplée de gallinacés mâles. L'histoire ne dit pas si le touriste, se rendant compte de la supercherie, changea d'hôtel...

La place d'Armes est déserte ; pas le moindre bouquiniste. Je m'installe à la terrasse de l'hôtel pour prendre mon petit déjeuner qui ne s'est pas amélioré depuis mon dernier séjour. Une silhouette familière traverse la place : c'est Orlando, dit « Sammy », le bouquiniste adepte de la santéria qui parle plusieurs langues dont le russe, le hongrois et le français, bien sûr. Il m'a aidée dans mes recherches sur la Révolution cubaine et Camilo Cienfuegos. Nous nous embrassons à la cubaine, c'est-à-dire une fois. Je lui demande s'il veut prendre quelque chose ; ce sera un thé. Il me demande des nouvelles de mes enfants, de mes amis ; je lui en demande des siens : sa fille vit en Allemagne où elle s'est mariée ; son fils, lors d'un voyage, a refusé de revenir à Cuba. « Je vais partir, moi aussi, me dit le libraire : ce n'est plus possible de vivre ici. » Je suis surprise : c'est la première fois, depuis que je le connais – et cela, depuis plusieurs années –, qu'il tient ce genre de propos. « Je ne suis pas d'accord avec la politique du gouvernement : j'ai rendu ma carte du Parti. Je leur ai dit que je restais fidèle à la Révolution mais que je n'étais plus d'accord. » J'ai du mal à cacher mon étonnement : mais, pourquoi ? « Trop de taxes, de tracasseries, de contrôles. On trouve que nous gagnons trop d'argent ; nous ne travaillons plus que quatre jours par semaine. Les gens n'en peuvent plus. » Songeuse, je le quitte pour aller chercher ma voiture de location à l'hôtel Sevilla. Je prends la rue Obispo dans laquelle on peut maintenant marcher sans risquer de tomber dans un trou. Toujours autant de monde dans cette rue qui fut, avant la Révolution, le Faubourg-Saint-Honoré de La Havane. De nouveaux magasins et restaurants se sont ouverts où s'engouffrent les Havanais. Après la longue attente, habituelle, pour remplir les papiers de location, je repars au volant d'une voiture pas trop décatie. Les vagues éclaboussent le Malecón ;

le ciel et l'océan ont des couleurs d'orage. Je roule au hasard des rues. Place de la Révolution, la statue de José Martí se détache sur le ciel sombre ; il commence à pleuvoir. Place du Capitole, la pluie cesse d'un coup et le ciel s'éclaircit. Bientôt, le soleil réapparaît. Au parking de l'hôtel, je retrouve les mêmes gardiens qui ont l'air content de me revoir. J'ai faim ; je vais jusqu'à la Bodeguita del Médio et m'installe tout en haut, sur la terrasse, où seule une table est occupée. La Bodeguita est certainement l'établissement le plus connu des touristes qui se prennent pour Hemingway en commandant leur mojito. À certaines heures, selon les arrivages, on ne peut y pénétrer ; mais, à la terrasse, il est rare qu'on ne trouve pas une table. La nourriture, typiquement cubaine, y est correcte et les musiciens excellents. Installée avec un bon livre, le roi n'est pas mon cousin !

Je suis attendue au théâtre Karl-Marx pour l'inauguration du festival. En fait, c'est moi qui ai attendu plus d'une demi-heure, sur le trottoir du théâtre noir de monde, que quelqu'un de l'ambassade de France vienne me chercher, comme cela était prévu. Sur le trottoir, ne restaient que deux ou trois policiers et toujours aucun visage connu... J'ai dit à un des contrôleurs qu'Alfredo Guevara m'attendait : ce fut comme un sésame ! Il me remit un carton en me désignant un escalier en haut duquel j'aperçus Xavier d'Arthuys qui me présenta au nouvel ambassadeur de France à Cuba, Marie-France Pagnier, quand les lumières s'éteignirent. Je m'assis à la première place libre et me retrouvai dans la partie réservée aux officiels... Discours d'ouverture d'Alfredo Guevara, chants, danses et projections d'un film argentin sans grand intérêt. À la sortie, bavardages avec Alfredo Guevara et Marie-France Pagnier, suivis d'un dîner dans un paladar, Le Châtaignier, où la particularité est que tout le personnel et la plupart des clients sont homosexuels. À part cela, la cuisine était acceptable.

Mercredi 3 décembre. Temps gris et pluie sur La Havane, ce qui n'empêche pas une longue promenade dans les rues de la vieille ville. Je retrouve, pour déjeuner, la Bodeguita.

Dîner très agréable chez Xavier d'Arthuys.

Jeudi 4 décembre. Un des pneus de ma voiture est crevé. Gentiment, les gardiens du parking me la changent...

Je vais manger un sandwich à l'hôtel Nacional où se pressent les participants du festival. Par chance, une table se libère et je déjeune en lisant le roman d'un Cubain, Justo E. Vasco, *L'Œil aux aguets*, publié dans la « Série noire ».

Le soir, projection, au cinéma la Rampa, du premier film de Jean Renoir, *Nana*, dans une copie restaurée. C'est un film muet et le jeu outré des comédiens fait rire le public cubain.

Vendredi 5 décembre. Au petit déjeuner, un couple de Français me reconnaît et engage la conversation. Comme je les trouve sympathiques, je leur propose de m'accompagner du côté du parc zoologique où se trouve la résidence de Wladimiro Roca, le leader socialiste auquel je dois remettre des lettres de ses homologues français. Ensuite, nous irons à Regla, un de mes lieux de prédilection.

À la demande des services culturels de l'ambassade de France, une jeune élève de l'Alliance française, Marisel, se présente à mon hôtel pour me servir de traductrice. Elle est charmante et nous partons tous les quatre vers la rivière Almendares où vont se baigner les adeptes de la santéria au cours de certaines cérémonies de purification. L'endroit est magique. À Regla, nous brûlons des cierges dans la basilique. Nous déjeunons de l'autre côté de la baie, à la Divina Pastora, sous la Cabaña ; j'y viens souvent, lors de mes séjours, car l'endroit est calme.

Remise de la croix de grand officier dans l'ordre de la Légion d'honneur à Alfredo Guevara, par Marie-France Pagnier, en présence de Gabriel García Márquez, de Costa-Gavras et de l'évêque de La Havane. Alfredo a l'air d'un enfant extasié par le cadeau rêvé et ne parvient pas à cacher son émotion. « Ému, reconnaissant, bouleversé, je reçois de vos mains la distinction extrêmement haute et appréciée que le président Jacques Chirac m'a décernée. C'est une joie intense que me cause votre Patrie, la France, qui est aussi la mienne, Madame l'Ambassadrice, car j'ai deux patries : Cuba et la France, et deux amours : La Havane et Paris. [...] Mais, voilà que cette immense joie qui inonde mon être me trouble et me déchire aussi, comble de tristesse, en constatant que mes deux patries s'éloignent et que, bien que se cherchant aujourd'hui – et je suis sûr de la rencontre –, au moment où je remercie l'honneur dont je suis l'objet, elles ne sont pas ensemble, comme le voudraient avec moi l'Histoire et l'avenir immédiat, alliées, complices à regarder et à construire notre avenir commun. »

Présentée à García Márquez, je lui dis mon admiration pour son œuvre, particulièrement *Chronique d'une mort annoncée* [1]. « Parce que c'est le plus petit de mes romans... », me dit-il avec ironie. Je lui fais remarquer que « ce sont les "petits romans" les plus difficiles à écrire ». Nous bavardons quelques instants. Il me promet de me faire parvenir le premier tome de ses Mémoires...

Je retrouve mes nouveaux amis français, Laure et Michel Semertzidis, qui m'emmènent dîner dans un restaurant que je ne connaissais pas, le Tocorora, excellent et très cher.

Samedi 6 décembre. Déjeuner, seule, dans un nouveau restaurant, Los Mujales, de la plaza Vieja, maintenant entièrement restaurée.

Dîner à l'hôtel Valencia avec la traditionnelle paella.

Dimanche 7 décembre. Avec Marisel, ma jeune et jolie traductrice, je vais à l'église Santa-Rita située dans l'élégant quartier de Miramar, à la rencontre des épouses des journalistes incarcérés en avril dernier. L'église est pleine, les femmes de prisonniers, vêtues de noir et de blanc, se tiennent au milieu de l'assemblée. La messe est dite par le père José Felix Perez. Dans son homélie, le prêtre demande de « prier pour ceux qui sont opprimés par le système et la société, société guidée par une idéologie incorrecte ». C'est plutôt sibyllin mais, peut-être, les personnes présentes y ont-elles trouvé un réconfort. À la sortie de la messe, je me suis présentée et nous sommes convenues, après avoir fait des photos sur le parvis de l'église, de nous rencontrer le lendemain chez l'une d'entre elles.

Un message de Ketty Angel m'attend à l'hôtel. Ketty Angel était l'animatrice de la Casa del Tango. Comment a-t-elle su que j'étais à La Havane ? J'avais oublié que tout se sait, ici... J'appelle en vain le numéro de téléphone qu'elle m'a laissé ; je recommencerai demain.

Lundi 8 décembre. Déjeuner, à l'ambassade de France, en l'honneur de la délégation française venue pour le festival. Costa-Gavras arrive avec près d'une heure de retard, ayant été retenu par les étudiants de l'université du cinéma où il débattait avec García Márquez.

Ne voulant pas mettre la jeune traductrice en danger, je suis allée seule, dans le Vedado, à l'adresse indiquée. Par chance, Miriam Leiva, l'épouse d'Oscar Espinosa Chepe, socialiste condamné à vingt ans de prison, parle français. Elles étaient huit dont les maris purgeaient des peines allant de quinze à vingt-huit ans d'emprisonnement, dans les différents établissements pénitenciers de Cuba. Quand on connaît les difficultés de transport de l'île, on devine que leurs visites sont rares. Elles endurent cela avec dignité et un humour qui leur permet de supporter les diverses brimades de l'administration avec une bonne humeur qui force l'admiration. Aucune des huit femmes présentes n'a tenu de propos haineux envers Fidel Castro, toutes se bornant à dire que ces sanctions sont injustes et que les conditions de détentions de leurs maris sont insupportables : courrier censuré et, quelquefois, non distribué, denrées alimentaires confisquées, livres et journaux interdits, port obligatoire de la tenue des prisonniers de droit commun avec lesquels certains sont enfermés, soins médicaux refusés s'ils s'opposent au port de cette infamante défroque, visites différées et chantage psychologique quotidien... Blanca Reyes confirme que Raül Rivero, son mari, condamné à vingt ans de prison, souffre d'hypertension et qu'après avoir perdu trente-trois kilos au cours de cinq mois d'isolement passés dans un cachot où il régnait une température de 35°, a contracté une infection à l'oreille qui n'est toujours pas soignée en raison de son refus de porter l'uniforme requis. En dépit de leurs inquiétudes, de leurs soucis matériels, de la surveillance dont elles font l'objet, Gisela Delgado Sablon, épouse d'Hector Palacios Ruiz, Nancy Alfayas Hernandez, épouse de Jorge Olivera Castillo, et les autres femmes se rencontrent régulièrement, s'entraident avec les moyens du bord. Quand je les ai quittées, au bout de deux heures, elles ont tenu à faire des photos avec des rires de gamines. « Comment trouvez-vous la force de rire encore ? » leur ai-je demandé. « C'est pour cacher les larmes qui sont dans notre cœur et que nous laissons couler dans la solitude de nos chambres. » Belle leçon de courage et de fierté !

Je vais à l'aéroport José-Martí chercher Léa et Stéphane. Ne les voyant pas parmi les voyageurs, j'appelle Léa sur son portable : ils ont pris un taxi et sont proches de leur hôtel où je leur demande de m'attendre. À l'hôtel Los Frailes, la réceptionniste m'accueille comme une vieille connaissance : elle était précédemment employée au Santa Isabel... Malgré le voyage, « les enfants » ont l'air en forme. Sous une pluie fine, nous allons dîner à la Bodeguita.

Mardi 9 décembre. La sirène d'un bateau qui rentre au port me tire de ma rêverie. Avec le jour, les nuages lourds de pluie semblent vouloir s'enfuir. Dans ce nouveau matin, l'air, presque piquant, sent « le propre ». J'aperçois Léa et Stéphane, traversant la place. Vite, je finis de m'habiller. Pendant le petit déjeuner, Sammy, le libraire, vient nous rejoindre, apportant à chacune d'entre nous une fleur.

J'ai invité Marie-France Pagnier à déjeuner ; elle me rejoint à l'hôtel d'où je l'emmène à la Divina Pastora qu'elle ne connaît pas. Comme elle n'est arrivée à Cuba que depuis quelques jours, je n'ai pas osé, pour cette première rencontre, lui faire découvrir le modeste paladar de Cojimar, isolé dans une sorte de terrain vague, face à l'océan. La Divina Pastora me semble plus adapté pour un ambassadeur. Je ne me suis pas trompée : nous sommes seules dans cet endroit ravissant avec La Havane se déployant sous nos yeux. Très vite, nous bavardons comme deux vieilles amies et découvrons que nous sommes presque « payses », elle du Limousin, moi du Poitou, nous parfumant de *Shalimar* et aimant les crocodiles et autres nounours Haribo ; quelqu'un qui aime ces friandises gluantes, au goût synthétique, ne peut être une personne inintéressante... De plus, cette femme paraissant presque frêle est venue en poste avec ses puissantes motos ; ce qui ne va pas manquer de faire jaser la petite colonie française. Mais, je la sens sereine et forte, pour faire face aux critiques, et j'ai la certitude que la France ne pouvait pas rêver meilleur ambassadeur pour la représenter. Je la quitte à regret, lui souhaitant de réussir dans ce poste difficile, dans un pays passionnant.

Mercredi 10 décembre. J'emmène Léa et Stéphane à Regla, en compagnie de Marisel, puis à Guanabacoa, visiter le musée de la Santéria, enfin rénové et ouvert. Marisel, née dans cette ville toute proche de La Havane, nous sert de guide. Nous déjeunons à Coimar, à la Barca, le paladar que j'aime bien et dont nous sommes les seuls clients avant l'arrivée de quatre filles péruviennes ou chiliennes.

Dîner au Nacional, dans la suite qu'occupe Alfredo Guevara pendant la durée du festival et où il règne un froid glacial, la climatisation étant poussée à fond ; connaissant le goût de mon hôte pour le froid, je m'étais couverte en conséquence... Je lui ai offert mon dernier livre et les chroniques de *L'Humanité*, *Les Âmes grises*, de Philippe Claudel, *Windows On The World*, de Frédéric Beigbeder, et le Goncourt de Jacques-Pierre Amette. Pendant quatre heures, nous avons parlé de « nos » deux villes, La Havane et Paris, des prix littéraires, du festival, de cette Légion d'honneur qui lui fait tant plaisir, des journalistes arrêtés et des pirates fusillés : « Je suis contre la peine de mort ; leur exécution est une lamentable erreur », me dit-il. Il évoque sa rencontre avec Fidel Castro, à l'université, lui étant en fac de philosophie, Castro en fac de droit : « Je l'ai remarqué tout de suite ; il était entouré d'une bande d'étudiants qui buvaient chacune de ses paroles ; il leur parlait de liberté, de changement de société, de droits de l'homme... Je l'écoutais, fasciné, j'avais envie de faire sa connaissance. Je m'avançai et, depuis, nous ne nous sommes plus quittés. En l'écoutant, je me disais : "Il sera un nouveau Martí ou le pire." » Je n'ai pas osé lui dire... « N'est-il pas devenu le pire ? » Il est passé très vite sur son arrestation et sa torture par les sbires de Batista : « Pendant des années, j'en ai rêvé et je ne pouvais en parler. Maintenant, je ne rêve plus et je peux en parler... Un peu. » Si peu ! « J'ai su tout de suite, continue-t-il, que la sierra Maestra, ce n'était pas pour moi. En revanche, dans la guérilla urbaine, j'étais dans mon élément... »

Je l'ai quitté quatre heures plus tard, frigorifiée et songeuse. Il pleuvait sur La Havane.

Jeudi 11 décembre. Le soleil a séché la pluie de la veille. Nous marchons, Léa, Stéphane et moi, jusqu'au musée des Beaux-Arts, ouvert l'année dernière face à celui de la Révolution que je n'ai pas encore visité. L'agencement intérieur est des plus fonctionnels ; des ascenseurs, des rampes douces permettent aux personnes handicapées de visiter le musée de la manière la plus agréable. J'ai beaucoup aimé les salles consacrées à l'art colonial et aux débuts de l'art moderne. Celles où s'expose l'art contemporain me laissent de glace.

La visite du cimetière de Colón, tout de marbre blanc, laisse Léa et Stéphane songeurs. Je les emmène déjeuner à la Divina Pastora.

En fin de journée, nous allons rendre visite à Amado Valdés et à sa charmante épouse, Myra. Ils nous attendent sur le trottoir en bavardant avec des voisins. L'ascenseur nous dépose au septième étage, dans ce grand appartement entouré de terrasses qui dominent la ville. Comme à leur habitude, leur accueil est chaleureux et, cependant, je sens au bout de quelques minutes un malaise chez mon hôte : son regard n'est plus aussi direct, il élude mes questions pourtant anodines, ses lèvres sont serrées, ses sourires rares. J'ai apporté livres, parfum et un coffret des chansons d'Édith Piaf, sa chanteuse française préférée. Nous parlons littérature, des auteurs cubains que j'aime. Hélas, ils ne sont pas du goût d'Amadito : « Ils n'écrivent pas pour le peuple, ils écrivent pour leurs pairs... » Après avoir terminé mon verre de vieux rhum, j'écourte la visite sous prétexte de réception à l'ambassade. Ils souhaitent nous avoir à dîner chez eux, samedi ou dimanche prochains ; je sais déjà que nous ne répondrons pas à leur invitation. Nous les quittons après les effusions habituelles et restons silencieux dans l'ascenseur. Que s'est-il passé ? Ont-ils eu des ennuis à la suite d'une de mes visites ? Leur a-t-on reproché de recevoir des étrangers trop souvent ? Je n'en saurai rien.

Nous terminons la journée au Patio, place de la Cathédrale, où Stéphane nous invite à dîner.

Est-ce le malaise éprouvé durant ma visite aux Valdés ? Je n'arrive pas à dormir. L'idée de boire un mojito se fait de plus en plus obsédante... Je cède : il est une heure trente du matin. Après avoir jeté un léger manteau noir sur ma chemise de nuit, je descends au bar qui est ouvert. Trois jeunes Cubains regardent la télévision et me jettent un regard étonné. Je m'assieds et passe ma commande au barman. En attendant, je vais bavarder avec la jeune femme de la réception. C'est sa deuxième nuit ; ses yeux cernés attestent de sa fatigue. Nous bavardons dans notre sabir commun. Elle me dit ses difficultés, sa lassitude, son désenchantement face à la politique. Je dresse l'oreille : n'ont-ils plus rien à perdre, ces Cubains qui disent leurs désillusions à des étrangers ? N'ont-ils plus peur d'éventuelles représailles ? « Cela me fait du bien de vous parler », me dit-elle quand le barman m'apporte mon mojito. Je la quitte et vais m'asseoir à une table pas trop mal éclairée, dans le patio. J'écris quelques notes dans mon carnet, allume un cigarillo et bois mon cocktail cubain. À deux heures et demie, je m'endors du sommeil du juste.

Vendredi 12 décembre. Je laisse la voiture à Léa et Stéphane qui veulent aller à Vinales et à Pinar del Rió. Je prétexte une mauvaise nuit pour ne pas les accompagner. Je profite de cette solitude pour marcher au hasard des rues, m'arrêtant ici et là. Je n'arrive toujours pas à joindre Ketty Angel.

Samedi 13 décembre. Rendez-vous, à neuf heures trente, chez Wladimiro Roca, chef de file des socialistes cubains. Hier, j'ai pris un taxi pour venir en repérage dans ce coin du Nouveau Vedado. Bien m'en a pris : ce matin, je retrouve sans peine mon chemin. Je gare la voiture dans une rue perpendiculaire ; personne ne m'a suivie. Je sonne au portail d'une belle maison entourée d'un jardin. Un homme grand, métis, aux cheveux grisonnants, vient m'ouvrir : c'est Wladimiro Roca. À l'intérieur, tout est calme. Une femme vient me saluer, Mme Roca, et me propose un café. Je m'étonne que nous soyons seuls : ses amis, dont un traducteur, n'ont pu venir. J'apprendrai plus tard qu'ils n'ont pas osé. La conversation s'engage, difficile. Je lui remets les lettres, l'argent dont j'étais porteur. Le téléphone sonne : c'est notre ami commun, Luis T., qui, de France, vient aux nouvelles. Je lui confirme que tout va bien. Je demande à Wladimiro Roca s'il a un message à transmettre à ses homologues français. « Non », me dit-il ; à part moi, je m'en étonne... Une heure plus tard, je repars et retrouve facilement mon chemin. La pluie se met à tomber.

Je retrouve Léa et Stéphane à l'hôtel. Vu le temps, pas question d'aller sur une plage, à la grande déception de Léa. Je leur propose d'aller au Jardin botanique dont je garde un agréable souvenir. Nous roulons jusqu'au parc Lénine. Peu de visiteurs se pressent à l'entrée du parc. Un petit train, tiré par un antique tracteur qui crache une fumée noire, nous balade à travers ses six cents hectares. Nous faisons une halte pour déjeuner au restaurant végétarien El Bambu où nous nous régalons de soupes, de légumes et de fleurs : un des meilleurs repas faits à Cuba. Nous rentrons sous une pluie battante.

Dimanche 14 décembre. Pour la première fois, le matin, j'allume la télévision ; le visage d'un clochard barbu envahit l'écran. C'est Saddam Hussein que l'on vient d'arrêter. On examine les dents de l'homme comme celles d'un cheval mis en vente. Malaise. Est-il nécessaire de montrer et de remontrer les scènes de cette humiliation ? On peut tuer un ennemi, l'humilier jamais ! L'humilier, c'est humilier son peuple et les pays arabes. Mais, c'est un tyran, un individu qui n'a pas hésité à tuer son propre peuple en utilisant les gaz vendus par les États-Unis et l'Europe – ces pays croyaient-ils vraiment qu'il ne les utiliserait pas ? Il les achetait pour quoi faire, alors ? Les chaînes de télévision du monde entier n'en finissent pas de diffuser les images de cet homme épuisé, au regard hagard. Je pense à Fidel Castro qui, comme moi, regarde fasciné ce dictateur déchu. Pense-t-il au sort que lui réserveraient les Américains ou certains exilés cubains de Miami s'ils l'arrêtaient, eux qui détiennent, en dépit du droit international, des prisonniers sur la base de Guantánamo ? Léa et Stéphane arrivent, très excités par la nouvelle. Nous arrivons place de la Cathédrale pour la fin de la messe. Nous prenons un café au Patio en regardant les gens. Comme il fait beau, ils décident d'aller vers les plages de l'est ; je décline leur invitation, préférant me prélasser à la terrasse d'un café avec un livre.

L'eau était froide, les vagues trop hautes : Léa est déçue de n'avoir pu se baigner. Nous dînons au El Aljibe, un restaurant, sous un immense toit de chaume, datant d'avant la Révolution où la spécialité est le poulet servi en abondance.

Pour cette dernière soirée à La Havane, je regarde les arbres de la place d'Armes rendue déserte par le mauvais temps.

Lundi 15 décembre. Mes bagages sont prêts. Je descends prendre le petit déjeuner. Il fait beau. Marisel me rejoint. Quelqu'un m'appelle : c'est Ketty Angel. Après nos embrassades, elle me présente l'homme qui l'accompagne, Rolando, le pianiste de la Casa del Tango. Je les invite à prendre un café et, avec l'aide de Marisel, nous bavardons. Depuis la fermeture de la Casa del Tango, elle et son compagnon n'ont pas de travail. Pour survivre, elle fait des ménages et lui cultive la terre dans la région de Pinar del Rió ou chante, en sa compagnie, pour les touristes sur le Malecón. Il n'y plus d'endroits, à La Havane, pour chanter le tango... Ketty a l'air fatigué, les mains de Rolando portent les marques du travail de la terre. Je donne à Ketty les quelques cadeaux rapportés de Paris ; elle a du mal à retenir ses larmes. J'accroche à mon cou le collier de bois qu'elle m'offre à son tour. Avisant le piano de l'hôtel, elle dit : « Je vais chanter pour toi, ce sera mon cadeau ». Mais, le piano est fermé à clef et la direction ne l'a pas. « Je sais où il y a un piano, dit Rolando. C'est à deux pas d'ici. » Nous quittons le Santa Isabel pour le tout proche Castillo de la Real Fuerza, la plus vieille forteresse de Cuba ; c'est, à présent, le musée de la Céramique. Un pont de bois enjambe les anciennes douves. Rolando va parlementer et revient vers nous, l'air réjoui. Il nous conduit dans une vaste salle aux voûtes de pierre où trône un piano à queue, devant lequel il s'assied. À notre tour, nous nous asseyons sur des chaises face au piano. Alors, sous les voûtes qui rappellent celles d'antiques cachots, la voix de Ketty s'élève, forte, magnifique, libre. Mes yeux s'emplissent de larmes. Quel nom donner à un régime qui empêche une femme de chanter ? Le tango, cette « pensée triste qui se danse » – comme l'appelait le célèbre compositeur de tangos, Enrique Discépolo –, raconte presque toujours des histoires d'amour qui finissent mal. La voix de Ketty dit toute la tristesse des chagrins d'amour, l'espoir aussi. Les gardiens du musée s'assemblent autour de nous, les visiteurs s'arrêtent, surpris de ce concert improvisé. Les larmes de Rolando, au piano désaccordé, coulent ; celles de Ketty aussi. Marisel étreint ma main ; ses yeux, comme les miens, emplis de larmes. Les chants tristes se succèdent. Ketty a retrouvé son dynamisme de la Casa del Tango, sa voix monte claire, ses gestes sont plus amples : son bonheur de chanter est manifeste. Nous quittons la forteresse sous les applaudissements des gardiens et nous allons à la boulangerie de la rue Obispo boire un verre. Je propose à Ketty et à Rolando de manger quelque chose. « Je n'ose pas », dit-elle. Devant mon insistance, elle et son compagnon commandent un sandwich dont ils enveloppent soigneusement la moitié ; je sais que ce sera leur dîner, ce soir. J'ai du mal à leur faire accepter un peu d'argent : « Ce sera mon cadeau de Noël ! » Nous nous quittons, heureux et tristes à la fois, et je vais rejoindre Xavier d'Arthuys à la Divina Pastora où il doit me remettre des documents sur les derniers événements concernant les prisonniers de conscience et l'exécution des otages, à laquelle Raül Castro se serait opposé. Xavier est très dur quant à l'attitude du représentant des États-Unis à La Havane, James Cason, au moment de l'arrestation des journalistes indépendants dont certains recevaient des subsides de son gouvernement.

Le reste de la journée s'écoule tristement ; je n'aime pas quitter La Havane tant j'ai peur de ne jamais y revenir...

Le départ pour Paris s'effectue sans encombres.

Mardi 16 décembre. *Paris.* Le froid nous accueille à la descente de l'avion.

Dans l'après-midi, je me rends aux Galeries Lafayette pour une séance de signatures que j'avais oubliée. Quand j'arrive, beaucoup de monde se presse devant la table mise à ma disposition. Deux heures plus tard, je rentre épuisée à la maison où m'attend une pile de journaux et de courrier. Moi qui suis « papivore », je n'ai pas souffert de manque de presse pendant ces deux semaines. L'échec de la Constitution européenne, à Bruxelles, n'est pas arrivé jusqu'à moi ni le débat sur la laïcité et le port du voile à l'école. Les quotidiens font leur une de l'arrestation de Saddam Hussein, les Françaises sont championnes du monde de handball, tandis qu'au Maroc, par la grâce du roi Mohammed VI, les femmes vont devenir, presque, les égales des hommes.

Mercredi 17 décembre. Mon ordinateur ne marche plus ; un camarade de Franck, spécialiste en informatique, vient me dépanner. Un truc est grillé dans la machine. Il emporte le tout et reviendra demain..

Je cours à LCI enregistrer l'émission de Patrick Poivre d'Arvor. Camille vient me chercher pour me conduire à Juvisy, à la librairie les Feuillantines, où je dois dédicacer mon livre. Comme la veille, beaucoup de monde...

Le soir, au théâtre Montparnasse, nous voyons la pièce de Michel del Castillo.

Jeudi 18 décembre. Le gouvernement renonce à instaurer deux nouveaux jours fériés, l'un pour les fêtes juives du Kippour, l'autre pour la fête musulmane de l'Aïd el-Kébir, et se prononce pour une loi interdisant voile, kippa et grande croix à l'école.

Rendez-vous avec Philippe Vallet pour son émission sur France Info.

Les Généraux du crépuscule sont toujours sur les listes des meilleures ventes sans qu'une seule critique en ait rendu compte. Ce succès n'est dû qu'aux seuls lecteurs : qu'ils en soient remerciés. Depuis le premier volume de *La Bicyclette bleue*, les critiques français ont boudé mon travail, en dépit du succès rencontré livre après livre. Tout au plus ont-ils rendu compte du phénomène, sans se demander pourquoi le public me renouvelait, à chaque parution, sa confiance. J'ai été plus surprise que peinée par cette indifférence. Surprise car il n'est pas fréquent qu'un écrivain soit plébiscité par les lecteurs qui n'ont eu connaissance de son existence que par le bouche-à-oreille. C'est ce qu'on appelle un succès populaire. Oh, le vilain mot ! Populaire ! Je suis un écrivain populaire. C'est ce qu'ont voulu être mes prédécesseurs les plus célèbres et les plus célébrés et reconnus de leur temps et du nôtre : Victor Hugo était populaire, Balzac, Dumas, Sue l'étaient, Flaubert et Stendhal en rêvaient. C'était un honneur, pour eux, d'être lus et aimés du peuple. Aujourd'hui, on méprise le public populaire, on ne veut plus être lu que par ses pairs. Mais, qui sont-ils, les pairs d'aujourd'hui dont l'avis fait autorité, dont on guette l'article à la sortie d'un livre ? Qu'on m'en nomme un seul. La plupart sont des écrivains de seconde zone qui peinent à trouver leurs lecteurs et qui se vengent sur ceux qui en ont, en montrant leur rancœur et leur médiocrité. Il est vrai qu'il vaut mieux être ignoré d'eux que d'appartenir à la coterie des auteurs dont ils rendent compte dans les colonnes de nos journaux. Une seule louange de l'un d'entre eux serait comme une insulte à mon travail. Je crois voir Michel Winock sursauter : ce n'est guère prudent de s'en prendre à la presse. Cher Michel, la prudence n'est pas mon fort et je connais trop ces gens pour avoir envie de leur plaire et de me comporter avec eux en courtisan. Au cours de ma carrière d'éditeur, jamais la presse française ne m'a soutenue quand j'en avais besoin. Elle se bornait à rapporter que j'étais vêtue de blanc lors d'un de mes procès, que je refusais de donner le nom de mes auteurs publiant sous pseudonyme, que l'on se pressait aux audiences de la 17e chambre correctionnelle, dont j'étais devenue une habituée... Mais, rien sur mon combat pour la liberté d'expression, rien sur les peines d'emprisonnement dont j'étais menacée, rien sur mes droits civiques retirés, rien sur les lourdes amendes qui me frappaient et, surtout, rien sur la qualité des ouvrages que je publiais : Apollinaire, Aragon, Mandiargues, Gautier, Musset, Hardellet, Restif de la Bretonne... Ils n'étaient pas dignes d'eux. Un seul journal a pris ma défense, *Le Figaro*, sollicité par un écrivain catholique, résistant, académicien et poète, Pierre Emmanuel, qui prit la tête d'une pétition pour m'éviter la prison et recueillit des centaines de signatures, de personnalités de gauche comme de droite. Ni Jérôme Lindon – qui me disait : « Vous êtes le fer de lance de notre combat » – ni Paul Flamand – qui regardait en souriant la jeune femme que j'étais alors se débattre dans le filet des lois – ne signèrent ladite pétition, sous prétexte que j'en faisais une affaire personnelle. Bien sûr qu'il s'agissait d'une affaire personnelle, puisque c'était moi que l'on voulait mettre en prison pour n'avoir pas respecté la loi qui me faisait obligation de faire le dépôt de mes livres avant de les mettre en vente ; ce que je considérais comme une censure préalable et étant, en cela, du même avis que Flamand et Lindon. Je suis, à jamais, reconnaissante à Pierre Emmanuel de m'avoir soutenue de son amitié et de son renom, dans ces moments où j'ai fait l'apprentissage de la solitude et de la lâcheté. Qu'il en soit remercié. Il m'a encouragée, lors de la publication de mes premiers livres dont il admirait « la fraîcheur et la luminosité qui éclairaient certaines pages ». J'étais flattée et, cependant, sceptique. Je pensais alors : « son amitié l'aveugle », tant j'étais peu sûre de mon talent...

Vendredi 19 décembre. Mon bureau de la rue de Buci est envahi par l'équipe de France 2, sous la conduite de Geneviève Moll.

Déjeuner à L'Alcazar avec Jean-Claude Gawsewitch, directeur des Éditions Ramsay, qui vient d'être congédié comme un malpropre. Je connais Jean-Claude depuis plus de trente ans : c'est un garçon honnête et scrupuleux qui accomplit son travail d'éditeur avec prudence et passion.

Je cours faire des courses pour Noël ; si j'en juge par le monde qui se presse dans les grands magasins, je ne suis pas la seule à être en retard...

Lundi 22 décembre. Déjeuner au Flore avec Sonia que je retrouve toujours avec le même plaisir. Comme moi, elle est en retard pour ses cadeaux. Nous nous réjouissons de nous retrouver, pour la fin de l'année, à l'île de Ré.

Demain, nous partons pour Boutigny où les enfants viennent passer Noël. Cette année mes parents ne seront pas des nôtres : le voyage en voiture leur fait peur. « Un Noël sans eux, ce n'est pas vraiment Noël », déclare Léa en décorant le sapin traditionnel.

Mardi 23 décembre. *Boutigny*. Lucie, ma petite-fille, a aidé à faire la crèche et à décorer l'arbre de Noël. La maison est sens dessus dessous et les cavalcades des chats ajoutent au désordre. Pierre s'est réfugié dans la chambre...

Mercredi 24 décembre. Ultimes courses à Houdan où je trouve les jouets pour les enfants. Chacun apporte son aide et petits et grands donnent un coup de main à Marie-Jeanne qui officie, avec bonne humeur, dans la cuisine. Après le repas, chacun va déposer son soulier dans la cheminée. Les enfants ont du mal à contenir leur impatience. Coup de sonnette... C'est le Père Noël ! Lucie, Simon, Théodore et Paloma se précipitent au salon en poussant des cris de joie. Les chaussures ont disparu sous les paquets multicolores. « Il ne s'est pas brûlé, le Père Noël ? » demande Paloma en désignant le feu qui flambe dans la cheminée. Son frère, Théodore, la rassure. Bientôt, les papiers jonchent le sol, les cris de joie fusent. Le Père Noël a été très généreux avec moi : un magnifique tableau représentant Jeanne d'Arc et un de ses compagnons, une crèche en papier mâché rapportée, par Léa, de Cuba, un œuf russe, une broderie, une poupée de chiffon, des livres, des disques... Chacun exhibe ses cadeaux. C'est beau, Noël !

Jeudi 25 décembre. À tour de rôle, au téléphone, nous souhaitons un joyeux Noël à mes parents, avant de faire honneur au déjeuner préparé par Marie-Jeanne qui arbore le bracelet que lui a apporté le Père Noël. Les enfants se disputent gentiment leurs jouets ou regardent un dessin animé à la télévision...

Vendredi 26 décembre. Simon a sept ans, aujourd'hui ; ce qui lui vaut de nouveaux cadeaux et la visite de son père. Quand tout le monde est parti, la maison redevient silencieuse. Ne restent, du passage des petits, que des lambeaux de papiers colorés, un jouet oublié, un livre glissé sous un lit... Devant la cheminée, je savoure la tranquillité retrouvée.

Samedi 27 décembre. Tremblement de terre en Iran : plus de vingt mille morts.

Les menaces terroristes seraient de plus en plus précises, du moins si l'on en croit nos politologues européens, sans doute confortés par leurs collègues d'outre-Atlantique qui, derrière chaque basané, voient un islamiste et, derrière chaque passager de vols venant du reste du monde, un kamikaze. Tous les plans de sécurité sont renforcés, des policiers en armes prennent place à bord des avions. Paris, Londres, Rome, Madrid, Berlin renforcent leurs dispositifs de sécurité.

Mardi 30 décembre. *Ars-en-Ré.* Départ direction Ars-en-Ré où nous passons, comme à l'accoutumée, les derniers jours de l'année.

Nous nous arrêtons à La Rochelle pour déjeuner. Petite déception : le libraire de livres anciens a fermé.

Sur l'île de Ré, il y a un grand soleil. Chez Antoine et Valérie Solvit, nous retrouvons, autour d'un feu de bois, Sonia Rykiel, Jacques Merle, Michel et José Rotman. Au dîner, nous nous régalons d'une excellente soupe faite par Valérie et de fromages de chez Barthélemy, apportés de Paris ; le tout arrosé d'un côtes-du-Rhône d'une rondeur sympathique.

Mercredi 31 décembre. J'arrive à la fin de ce journal avec un peu de mélancolie. Toute l'année, il m'a tenu compagnie et donné à réfléchir sur les événements heureux et malheureux dont elle a été jonchée. Que restera-t-il, dans nos mémoires, de cette année 2003 ? La guerre en Irak, les morts de la canicule, les revendications des intermittents du spectacle, l'annulation de nombreux festivals, la mort de Marie Trintignant et le battage médiatique qui a suivi, les milliers d'hectares de forêt partis en fumée, l'arrestation de Saddam Hussein, les inondations du Sud-Ouest de la France, le chômage qui repart, les allocations de chômage supprimées à cent quatre-vingt mille demandeurs d'emploi ?

Tandis que son pays s'enfonce dans la misère, le président d'Haïti, Aristide, réclame à la France vingt et un milliards de dollars, « prix » de l'indépendance en 1804, payé par le successeur de Toussaint-Louverture, Jean-Jacques Dessalines. Dans ce pays, où plus de huit millions d'Haïtiens vivent en dessous du seuil de pauvreté, règne une corruption qui n'a d'égale que celle qui règne au Bangladesh et au Nigeria. Plus des deux tiers de la population est analphabète, mal soignée, sans travail et vit dans la plus grande misère. Quand on la compare à sa voisine, Cuba, celle-ci ressemble à un eldorado.

À Bam, en Iran, il y aurait, selon le président Muhammad Khatami, quarante mille morts et soixante-dix mille sans logis. L'aide internationale s'est mise en place avec les plus grandes difficultés. Devant l'ampleur du désastre, le gouvernement de Téhéran a accepté l'aide des États-Unis avec lesquels les relations diplomatiques étaient rompues depuis 1980. Cependant, le président iranien a rejeté toute reprise du dialogue avec son homologue américain.

Le président de la République offre ses vœux aux Français et fait de l'année 2004 l'année de l'emploi. Voilà qui va rassurer les centaines de milliers de chômeurs que compte notre pays. Jacques Chirac rappelle que la France « a assumé fortement et clairement ses responsabilités pour la paix et le respect du droit. Elle continuera à agir dans ce sens ».

Haïti s'apprête à fêter le bicentenaire de son indépendance, marqué par des manifestations quotidiennes. Les manifestants, venus des bidonvilles, réclament le départ du président Aristide. « Toutes les couches sociales doivent se révolter contre Aristide », entend-on à la radio. Dans l'opposition, l'attitude des États-Unis est vivement critiquée. « Quelles que soient nos convictions, nous savons très bien que, si les États-Unis ont décidé de maintenir Aristide au pouvoir jusqu'à la fin de son mandat en 2006, tout restera en place. Ici, les Américains ont toujours le dernier mot. »

Il ne faut plus penser à l'année écoulée mais à celle qui vient et que nous voulons heureuse, à la paix possible entre les peuples, aux enfants à naître, à la vie qui continue, aux livres que j'écrirai, au printemps qui succédera à l'hiver, à Cuba qui retrouvera sa joie de vivre et à Ketty Angel qui rechantera des tangos...

Régine Deforges,
1er janvier 2004.

Notes

Janvier

1. Éditions XO.
2. Librairie Arthème Fayard, 2003.
3. *Cacao*, Éditions Bibliophane, 2003.
4. J'ai lu, 2000.

Avril

1. *Murale*, Arles, Actes Sud, 2003.
2. José Corti Éditeur, 2003.
3. *Itinéraire dans la France d'en bas, d'en haut et d'ailleurs*, Seuil, 2003.
4. Alternatives, 2003.
5. Librairie Arthème Fayard, 2003.
6. Gallimard.

Mai

1. Grasset, 2003.
2. Frédéric Godefroy, Honoré Champion Éditeur.
3. Jean Delorme, PUF, « Que sais-je ? ».
4. Thierry Prellier, Livre de Poche.
5. Éditions de Minuit.
6. J.-Millon Éditeur.
7. Frédérique Crestin-Billet, Flammarion.

Juin

1. Éditions du Seuil.
2. *Le Journal de Ma Yan, ou la Vie quotidienne d'une écolière chinoise*, Éditions Ramsay, 2002.
3. Éditions P.O.L.

4. Avec la collaboration de Laurent Beccaria, *Est-ce dans ce monde-là que nous voulons vivre ?*, Éditions des Arènes, 2003.
5. Grasset.
6. Gallimard.
7. À paraître aux Éditions Mango-Pratique en octobre 2003.
8. Première édition chez Ramsay, en 1991, republié à la Librairie Arthème Fayard.
9. Entretiens avec Pauline Réage, auteur d'*Histoire d'O* ; première édition chez Jean-Jacques Pauvert en 1975.
10. Librairie Arthème Fayard, 1978.
11. Mohamed Dib, *L'Enfant-Jazz. Poèmes*, Éditions de la Différence, coll. « Clepsydre »,1998.
12. Textes et propos recueillis par Jean-Michel Vernochet pour les Éditions du Rocher.

Juillet

1. Flammarion.
2. Librairie Arthème Fayard.
3. Odile Jacob, 2002.
4. *La Forêt et les Dieux, religions afro-cubaines et médecine sacrée à Cuba*, J.-M. Place Éditeur, 2003 ; traduit de l'espagnol (Cuba) par Béatrice de Chavagnac.
5. Lionel Hoëbeke Éditeur, 2000.

Août

1. Éditions du Seuil, 2003.
2. Grasset & Fasquelle, 2003.
3. Également dans la collection « Folio », chez Gallimard.

Septembre

1. L'Harmattan, 2003.
2. Grasset & Fasquelle, 2003.
3. Arles, Actes Sud, 2003.
4. Belfond, 2003.
5. Grasset & Fasquelle, 2003.
6. Stock, 2003.
7. Michel Lafon, 2003.
8. Arthaud, 1976.
9. Gallimard, 2000.
10. Gallimard, 2003.

Octobre

1. Librairie Arthème Fayard, 2000.
2. Librairie Arthème Fayard, 2003.
3. Éditions du Seuil.
4. Librairie Arthème Fayard, 2003.
5. Stock, 2003.
6. Verticales, 2003.
7. Librairie Arthème Fayard, 2003.
8. Éditions du Seuil, 2003.
9. Éditions du Seuil, 2001.
10. Éditions du Seuil, 1985.
11. Éditions Maurice Nadeau, 1982.
12. Jean-Jacques Pauvert, 1975 ; nouvelle édition revue et augmentée en 1995.
13. Stock, 1999.
14. Éditions Melville, 2003.
15. *Diaspora : terres natales de l'exil*, La Martinière, 2003.
16. Albin Michel, 1977.
17. Albin Michel, 2003.
18. Albin Michel, 2003.
19. Gallimard, 2003.
20. Gallimard, 2003.
21. Éditions du Seuil, 2003.
22. *Shangaï*, Robert Laffont, 2003.
23. *Castro, l'infidèle*, Librairie Arthème Fayard, 2003.
24. *Dans les jardins d'Esther*, Calmann-Lévy, 1975.
25. Grasset, 1979.
26. *Suzanne Valadon ou la Recherche de la vérité*, Presses de la Renaissance, 1984 ; et Librairie Arthème Fayard en 2004.
27. Plon, 1990.
28. Aux Presses d'aujourd'hui, 1974.

Novembre

1. Londres, Éditions Putnam, 2003.
2. Robert Laffont, 2003.
3. Perrin, 2003.
4. Collectif, *Reiser forever*, Denoël-Graphic, 2003.
5. Librairie Arthème Fayard, 2003.
6. *À la splendeur abandonné*, Éditions Régine-Deforges, 1991 ; nouvelle édition chez Joëlle Losfeld, 2002.
7. Odile Jacob, 2003.

8. Librairie Arthème Fayard, 2003.

9. Grasset.

10. Gallimard.

11. *Les Visiteurs du soir*, illustrations de Stanislas Bouvier, Desclée de Brouwer, 2003.

12. La Patrie est à tous.

13. Julliard, 1994.

14. Claude Droussent, *L'Encyclopédie de la boxe*, Ramsay, 1990.

15. Scandéditions, 1993.

Décembre

1. Grasset, 1981.

Chronologie

Janvier

3 La société Clonaid, proche de la secte des Raéliens, annonce la naissance d'un deuxième bébé cloné après Ève le 26 décembre 2002, puis de trois autres enfants dans les semaines suivantes, sans jamais fournir de preuves scientifiques.

Dans le sud d'Alger, 13 membres de deux familles sont assassinés à l'arme blanche par un groupe armé islamiste. Dans les Aurès, ce sont 43 membres des forces de sécurité qui trouvent la mort dans une embuscade.

Un double attentat-suicide – presque simultané – fait 23 morts et une centaine de blessés dans un quartier populaire de Tel-Aviv (Israël).

Ouverture, devant le tribunal correctionnel de Paris, du procès des comptes du Crédit Lyonnais. D'anciens dirigeants et des hauts fonctionnaires sont soupçonnés d'avoir falsifié les bilans de la banque publique pour cacher l'ampleur de ses déficits, au début des années 90.

Les salariés d'EDF et de GDF se prononcent à 53,42 % contre le projet de réforme du financement des retraites négocié entre les directions des deux entreprises et quatre syndicats.

Remise en liberté d'Abderazak Besseghir, le bagagiste de l'aéroport de Roissy écroué en décembre 2002, après la découverte dans sa voiture d'armes et d'explosifs. Il a été victime d'un complot familial.

La Corée du Nord annonce son retrait du traité de non-prolifération nucléaire (TNP).

11 5 000 personnes manifestent dans les rues de Los Angeles contre une possible guerre en Irak.

Décès du réalisateur Maurice Pialat (77 ans).

12 Mort du musicien Maurice Gibbs (53 ans), membre du groupe Bee Gees.

Décès de l'ancien dictateur argentin Leopoldo Galtieri, instigateur de la guerre des Malouines (1982).

17 Au Paraguay, le Sénat donne son accord au déclenchement d'une procédure de destitution à l'encontre du président Luis Gonzalez Macchi, pour mauvais exercice de ses fonctions. Soupçonné de corruption, il serait notamment impliqué dans le détournement de 16 millions de dollars appartenant à la Banque centrale.

18 4 personnes décèdent dans les incendies qui ravagent Canberra, la capitale de l'Australie.

19 Mort de la journaliste Françoise Giroud (86 ans).

21 Un tremblement de terre fait au moins 28 morts et 300 blessés sur la côte Pacifique du Mexique.
La direction de Metaleurop Nord annonce qu'elle ne financera plus le plan de restructuration de l'usine de Noyelles-Godault (Pas-de-Calais) qui fermera dans moins d'une semaine et qu'elle ne dépolluera pas le site. 830 ouvriers se retrouvent au chômage.

24 Signature de l'accord de Marcoussis (Île-de-France) qui prévoit le maintien au pouvoir en Côte-d'Ivoire de Laurent Gbagbo et la mise en place d'un gouvernement de réconciliation nationale dirigé par Seydou Diarra, un musulman du nord. Le 26, les partisans du président ivoirien s'en prennent aux intérêts français à Abidjan, et notamment à l'ambassade de France. Le 27, Laurent Gbagbo lance un appel au calme et qualifie l'accord de Marcoussis de « propositions ».
Mort d'Henri Krasucki, secrétaire général de la CGT de 1982 à 1992.
Décès de Giovanni Agnelli, fondateur de l'empire Fiat.

26 Tsahal pénètre dans la ville de Gaza, pour la première fois depuis la création de l'Autorité palestinienne en 1994. 12 Palestiniens sont tués. Le 28, le Likoud d'Ariel Sharon remporte les élections législatives.

27 Les chefs des inspecteurs en désarmement des Nations unies présentent leur rapport devant le Conseil de sécurité : l'Irak semble « ne pas avoir accepté [...] le désarmement qui lui a été réclamé et qu'il doit mener pour gagner la confiance du monde ».

30 Dans une lettre commune, 8 dirigeants européens – 5 membres de l'Union européenne (le Danemark, l'Espagne, l'Italie, la Grande-Bretagne et le Portugal), 3 pays en cours d'intégration (la Hongrie, la Pologne et la République tchèque) – appellent à soutenir le président américain dans la crise irakienne. Ils marquent ainsi leurs divergences d'opinion avec l'accord signé par les Quinze le 28, en faveur de la poursuite des inspections de l'ONU en Irak.

31 L'ancienne infirmière Christine Malèvre est condamnée à 10 ans de réclusion, pour avoir assassiné 6 patients du centre hospitalier de Mantes-la-Jolie (Yvelines). Son avocat fait appel.

Février

1er La navette spatiale *Columbia* explose au-dessus du Texas, lors de son retour sur Terre. Les 7 astronautes qui étaient à bord décèdent. L'accident est dû à un morceau de l'isolant du réservoir extérieur qui s'était détaché juste après le décollage et avait endommagé les dalles de protection thermique.

En France, première journée nationale de manifestation à l'appel de l'ensemble des syndicats qui réclament des négociations avec le gouvernement sur la réforme des retraites. Le 3, le Premier ministre Jean-Pierre Raffarin lance, lors d'un discours devant le Conseil économique et social, le débat sur ce thème.

4 L'ONU autorise le déploiement de forces militaires franco-africaines en Côte-d'Ivoire pour une période de six mois renouvelables et leur permet de recourir à la force.

Naissance du nouvel État de Serbie-Monténégro.

5 Lors d'un discours devant les Nations unies, le secrétaire d'État américain Colin Powell dresse un réquisitoire sévère contre l'Irak. Il présente des preuves – des photos et des bandes sonores – de la non-coopération du régime de Bagdad. Pour la plupart des pays, cela ne justifie pas une intervention militaire. Le 10, l'Allemagne, la France et la Russie adoptent une déclaration commune appelant « à la poursuite des inspections et au renforcement substantiel de leurs capacités humaines et techniques par tous les moyens » afin de donner « toutes les chances au désarmement de l'Irak dans la paix ».

7 L'explosion d'une voiture piégée à Bogota fait au moins 32 morts et 162 blessés. C'est l'acte terroriste le plus meurtrier qui frappe la capitale colombienne depuis le début des années 90.

10 L'Allemagne, la Belgique et la France opposent leur veto, lors de la réunion des 19 ambassadeurs des pays membres de l'OTAN, aux mesures demandées par les États-Unis pour sécuriser la Turquie en cas d'attaques venues de l'Irak. Ces pays, qui préconisent une solution pacifique, considèrent que cela ferait entrer prématurément l'OTAN dans une « logique de guerre ».

11 L'Organisation mondiale de la santé (OMS) diffuse un premier message d'alerte, *via* son réseau ProMed, sur une maladie respiratoire encore mystérieuse, mais potentiellement mortelle, qui sévit en Chine. On apprendra par la suite qu'il s'agit du Syndrome respiratoire aigu sévère (SRAS) ou pneumonie atypique.

Décès du producteur Daniel Toscan du Plantier (61 ans).

12-13 De violents affrontements entre l'armée et la police font 33 morts et près de 200 blessés à La Paz (Bolivie). Le président Gonzalo Sanchez de Lozada finit par retirer son projet d'augmenter de 12 % les impôts des fonctionnaires, à l'origine des émeutes.

14 Nouveaux rapports des chefs des inspecteurs en désarmement de l'ONU. Hans Blix conclut que rien ne prouve que l'Irak possède des armes de destruction massive, mais que rien, pour autant, ne permet de l'exclure. Le ministre français des Affaires étrangères, Dominique de Villepin, affirme devant le Conseil de sécurité des Nations unies que « l'usage de la force ne se justifie pas aujourd'hui » et qu'« il y a une alternative à la guerre : désarmer l'Irak par les inspections ».

15 Près de 10 millions de personnes manifestent partout dans le monde, notamment en Europe, contre la guerre en Irak.

17 Les automobilistes doivent désormais payer 7,5 euros pour pouvoir circuler dans le centre-ville de Londres. Une mesure destinée à désengorger la capitale britannique.

À l'issue du Conseil européen extraordinaire sur la crise irakienne, les 15 pays membres de l'Union européenne adoptent une déclaration commune dans laquelle ils affirment que « la force ne devrait être utilisée qu'en dernier recours », tout en exhortant Bagdad à coopérer « immédiatement et intégralement » avec les inspecteurs en désarmement de l'ONU.

24 La Corée du Nord procède à un tir de missile sol-mer dans la mer du Japon, opération qu'elle renouvelle le 10 mars et le 1er avril.

Décès du chef cuisinier Bernard Loiseau (52 ans), trois étoiles au Guide Michelin.

27 Le Tribunal pénal international pour l'ex-Yougoslavie condamne Biljana Plavsic, ex-présidente des Serbes de Bosnie, à 11 ans de prison pour son rôle dans la campagne de nettoyage ethnique menée par les nationalistes serbes contre les musulmans et les Croates de Bosnie pendant la guerre en Bosnie-Herzégovine (1992-1995).

28 Élection présidentielle en République tchèque. Après trois élections sans résultat, Vaclav Klaus est élu à la tête de l'État par les députés et les sénateurs, par 142 voix, soit une de plus que la majorité requise. Il succède à Vaclav Havel, dont le mandat a expiré le 2 février.

Mars

1er Khaled Cheikh Mohammed, l'un des plus hauts responsables présumés d'al-Qaïda, est arrêté au Pakistan par la CIA et les services secrets locaux.

2 En visite d'État en Algérie, le président français, Jacques Chirac, est accueilli triomphalement à Oran et à Alger.

En Nouvelle-Zélande, les Suisses du *Défi Alinghi* s'imposent dans la Coupe de l'America, face à *Team New Zealand.* C'est la première fois qu'un pays européen remporte cette compétition sportive créée en 1851.

3 Ouverture, devant le tribunal d'Athènes, du procès de 19 membres présumés de l'Organisation du 17 novembre, suspectés d'avoir commandité 23 assassinats en Grèce, entre 1975 et 2000. 200 chefs d'inculpation doivent être examinés ; plus de 300 témoins seront entendus. Le verdict ne devrait pas être rendu avant au moins six mois.

Premier « vol groupé » du ministère français de l'Intérieur : 54 Africains, qui s'étaient vu refuser l'accès au territoire français, sont reconduits chez eux par avion.

Le gouvernement français informe la Commission européenne que le pays n'a pas respecté les critères de convergence du traité de Maastricht : les déficits publics ont atteint 3,04 % du produit intérieur brut en 2002.

4 Un attentat à l'explosif dans l'aéroport de Davao (Philippines), revendiqué par l'organisation terroriste Abu Sayyaf, fait 21 morts et près de 150 blessés.

Mort de l'écrivain et cinéaste français, Sébastien Japrisot.

5 Un kamikaze se fait sauter dans un bus à Haïfa (Israël). Bilan : 15 morts et plusieurs dizaines de blessés. Quelques heures plus tard, l'armée israélienne pénètre dans le camp de réfugiés de Jabaliyé, au nord de la bande de Gaza. 11 personnes sont tuées, des dizaines d'autres blessées.

La France, l'Allemagne et la Russie réaffirment leur opposition à une intervention militaire en Irak. Le 7, les chefs des inspecteurs en désarmement présentent leurs rapports au Conseil de sécurité des Nations unies. Ils affirment que l'Irak s'est montré « actif » dans sa coopération au cours du mois dernier, mais que beaucoup de questions restent encore en suspens.

6 personnes trouvent la mort dans un attentat à la voiture piégée dans le parking d'un centre commercial de Cucuta, au nord-est de la Colombie. Le gouvernement en impute la responsabilité à l'Armée de libération nationale.

6 Un Boeing s'écrase au décollage à Tamanrasset (Algérie). Bilan : 102 morts et 1 survivant.

En République tchèque, un homme se suicide en s'immolant, pour protester contre la situation dans son pays et contre la guerre en Irak. 5 autres personnes font de même au cours du mois suivant.

7 Le braqueur Joseph Menconi s'échappe de la prison de Borgo, en Haute-Corse. Deux complices, munis d'un lance-roquettes et d'une

arme de poing factices, ont fait ouvrir sa cellule. Le 12, c'est Antonio Ferrara qui se fait la belle de la prison de Fresnes, grâce à l'intervention d'un commando armé.
Le Parlement de Serbie-Monténégro élit le premier président de ce pays qui remplace la République fédérale de Yougoslavie. Il s'agit de Svetozar Marovic.

8 Au référendum sur l'adhésion de Malte à l'Union européenne, le « oui » l'emporte avec 53,6 % des voix.
En Côte-d'Ivoire, les partis politiques et les rebelles parviennent à un accord sur la constitution d'un gouvernement d'union nationale : les portefeuilles de la Défense et de l'Intérieur seront gérés par un Conseil national de sécurité composé de 15 membres.

11 Une cour d'appel de Washington confirme que les quelque 650 prisonniers arrêtés en Afghanistan et détenus sur la base américaine de Guantanamo (Cuba) ne peuvent pas bénéficier des droits constitutionnels américains puisqu'ils ne se trouvent pas « dans les limites d'un territoire sur lequel les États-Unis exercent leur souveraineté ».
Décès du coureur cycliste kazakh Andreï Kivilec (29 ans), victime d'une chute dans la course Paris-Nice.

12 Zoran Djindjic, artisan de la chute de Slobodan Milosevic et Premier ministre serbe, est assassiné.
L'Organisation mondiale de la santé déclenche une alerte mondiale pour faire face au Syndrome respiratoire aigu sévère (SRAS). Plus de 150 cas de pneumonie atypique lui ont déjà été déclarés.

14 Mort de l'homme d'affaires français Jean-Luc Lagardère.

15 Réouverture du musée de l'Albertina à Vienne (Autriche), après dix ans de travaux.

16 Le général François Bozizé, ancien chef d'état-major de l'armée, s'empare du pouvoir en Centrafrique. Le président élu, Ange-Félix Patassé, se réfugie au Cameroun.
2 Palestiniens sont tués par des tirs de Tsahal, dans la bande de Gaza et une militante pacifiste américaine est écrasée par un bulldozer israélien qui détruisait des maisons. Le 17, 6 Palestiniens meurent lors d'une incursion israélienne dans un camp de réfugiés.
La Maison-Blanche donne 48 heures à Saddam Hussein pour quitter le pouvoir, sans quoi les États-Unis attaqueront l'Irak.
Ouverture, devant le tribunal correctionnel de Paris, du procès Elf qui porte sur le détournement de plus de 2 milliards de francs entre 1989 et 1993. Parmi les accusés figurent Loïk Le Floch-Prigent et Alfred Sirven.
Le Parlement français vote la révision de la Constitution : la France est désormais une République à « organisation décentralisée » et les

collectivités territoriales « peuvent déroger, à titre expérimental et pour un objet et une durée déterminés, aux dispositions législatives ou réglementaires qui régissent l'exercice de leurs compétences ».
Robin Cook, ministre britannique chargé des relations avec le Parlement, démissionne pour manifester son opposition à la guerre en Irak. C'est le troisième membre du gouvernement britannique à dénoncer de cette manière l'attitude de la Grande-Bretagne.
Le Tribunal suprême espagnol interdit le parti indépendantiste basque Batasuna, en raison de ses rapports avec les terroristes de l'ETA.

19 Mahmoud Abbas, négociateur des accords d'Oslo, accepte de devenir le Premier ministre de l'autorité palestinienne.
Décès de la romancière et historienne française Jeanne Bourin.

20 En Irak, à 02 h 35 GMT, premiers bombardements sur Bagdad. Les forces américaines et britanniques ont commencé la guerre.
Les soldats américains mènent une opération de grande ampleur au sud de Kandahar pour mater la résistance talibane. Les attaques contre les Américains ou les Afghans collaborant avec les États-Unis se sont multipliées dans cette région, au cours des dernières semaines.

23 La Slovénie approuve par référendum son entrée dans l'OTAN et dans l'Union européenne.
En Tchétchénie, victoire du « oui » au référendum organisé et supervisé par la Russie pour imposer une nouvelle Constitution qui réaffirme l'appartenance de cette république indépendantiste à la Fédération de Russie.

Avril

2 Pour la première fois de son histoire, l'Organisation mondiale de la santé émet un avis de restriction de voyage et recommande de ne pas se rendre à Hong Kong et dans la province de Canton, en Chine.
Une explosion à Davao (Philippines) fait 15 morts et une cinquantaine de blessés.

4 En République démocratique du Congo, une nouvelle Constitution est promulguée, comme l'exigeait l'accord de paix mettant fin à quatre années de guerre civile. Le texte prévoit la mise en place d'un gouvernement de transition et la tenue d'élections démocratiques.

7 75 dissidents cubains – parmi lesquels le poète Paul Riveiro – sont condamnés à des peines de 14 à 28 ans de prison, pour conspiration avec le représentant des États-Unis à La Havane, James Cason. Le 11, trois des meneurs du détournement d'un ferry, qui voulaient émigrer aux États-Unis, sont fusillés.

8 Le président George Bush se dit prêt à accorder à l'ONU une responsabilité dans la future reconstruction de l'Irak.

9 Après trois semaines de bombardements aériens et quelques jours de combats au sol, les Américains s'emparent de la capitale irakienne, Bagdad. Le 14, c'est Tikrit, fief de Saddam Hussein, qui se rend.

12 Les Hongrois approuvent à 83,8 %, l'adhésion de leur pays à l'Union européenne. Mais l'abstention s'élève à 65 % des inscrits.

13 La Fédération nationale des musulmans de France remporte 16 des 41 sièges du conseil d'administration du Conseil français du culte musulman (CFCM). L'Union des organisations islamiques de France, proche des Frères musulmans, en obtient 14.

14 Trois figures du grand banditisme marseillais – Eric Alboreo, Franck Perletto et Michel Valero – s'évadent de la prison de Luynes (Bouches-du-Rhône). Ils sont repris le 9 mai.

15 Ouverture, à Toulouse, d'une information judiciaire à l'encontre « de Patrice Alègre et de tous autres », pour viols aggravés, proxénétisme en bande organisée, viols sur mineur, tortures et actes de barbarie.

En Tchétchénie, des combattants indépendantistes font sauter un bus, près d'une base militaire. 16 personnes sont tuées.

16 La Commission des droits de l'homme des Nations unies condamne pour la première fois la Corée du Nord pour « violations graves et systématiques des droits de l'homme ».

Le basketteur américain Michael Jordan (40 ans) abandonne les parquets, après deux « faux » départs à la retraite, en 1993 et 1998.

18 Décès de Jean Drucker, l'un des fondateurs de la chaîne de télévision M6. Il avait 61 ans.

19 Au cours d'un scrutin entaché d'irrégularités selon les observateurs internationaux, Olusegun Obasanjo est réélu président du Nigeria, avec 62 % des voix.

21 Mort de la chanteuse Nina Simone (71 ans).

22 En Chine, le ministre de la Santé et le maire de Pékin sont limogés pour avoir sous-estimé – soi-disant volontairement – la gravité de l'épidémie de pneumonie atypique.

23 Pour la première fois en 20 ans, les Chypriotes grecs et turcs peuvent franchir librement la « ligne verte » qui sépare l'île en deux, depuis le cessez-le-feu de 1974.

25 En Afrique du Sud, Winnie Mandela est condamnée à 5 ans de prison, dont 4 ferme, pour fraude et vol dans une affaire de prêts bancaires illégaux. Elle démissionne de ses mandats de député et de présidente de la Ligue des femmes de l'ANC, le parti au pouvoir.

27 Nicanor Duarte Frutos est élu président du Paraguay. Il succède à Luis Gonzalez Macchi, soupçonné de corruption.

30 Un attentat-suicide à Tel-Aviv fait 3 victimes israéliennes, le jour de la publication de la « feuille de route », le projet de plan de paix élaboré par le « quartet » : les États-Unis, l'Union européenne, la Russie et l'Organisation des Nations unies. Le 1er mai, 13 Palestiniens sont tués lors d'un raid de Tsahal, dans la bande de Gaza.

Mai

1er Le président américain George Bush annonce la fin de la guerre en Irak.
L'est de la Turquie – plus particulièrement la ville de Bingöl – est touché par un séisme d'une amplitude de 6,4 sur l'échelle de Richter. Bilan : 150 morts et plus de 500 blessés.

3 Le Tribunal suprême espagnol annule 241 des 249 listes électorales présentées par le nouveau parti Autodeterminaziorako Bilgunea (AuB) en vue des scrutins municipaux et régionaux, estimant qu'elles sont les héritières du parti basque radical Batasuna interdit en mars.

4 Montpellier devient le premier club français champion d'Europe de handball.
En Côte-d'Ivoire, entrée en vigueur d'un nouveau cessez-le-feu, en préalable au déploiement d'une force de sécurité dans l'ouest du pays secoué par des affrontements entre combattants rebelles et soldats ivoiriens, depuis novembre 2002.

6 300 hectares de maquis sont détruits par les flammes dans le golfe d'Ajaccio, en Corse.

10-11 Au référendum sur l'adhésion de la Lituanie à l'Union européenne, le « oui » l'emporte avec 91,04 % des voix.

12 Trois attaques à la voiture piégée – qui pourraient avoir été commanditées par le groupe terroriste al-Qaïda – font 34 morts à Ryad, capitale de l'Arabie Saoudite.
Attentat à l'explosif contre un bâtiment administratif en Tchétchénie, à la frontière russe. Bilan : 59 morts et plus de 300 blessés.
Pierre Chanal, accusé de la séquestration et de l'assassinat de trois des huit disparus de Mourmelon, tente de mettre fin à ses jours, à la veille de sa comparution devant la cour d'assises de la Marne. Le 19, en raison de l'état de santé de l'ex-adjudant, le procès est reporté au mois d'octobre.

13 Grande journée de mobilisation en France contre le projet gouvernemental de réforme des retraites. Le taux de grévistes dépasse 57 % dans la fonction publique.

14 À Goudermès, dans le nord-est de la Tchétchénie, une kamikaze se fait exploser lors d'un discours d'Akhmad Kadirov, chef prorusse

de l'administration locale. 15 personnes sont tuées, 145 autres blessées.
Décès de l'acteur américain Robert Stack (84 ans).

15 En Chine, toute personne s'opposant à une mesure de quarantaine ou disséminant intentionnellement le SRAS (Syndrome respiratoire aigu sévère) est désormais passible de la peine capitale ou de la prison à vie.

16 À Casablanca (Maroc), cinq attentats-suicides se produisent à quelques minutes d'intervalles, faisant 44 victimes et blessant plus de 100 personnes.
En République démocratique du Congo, un accord de cessez-le-feu met fin aux combats entre les ethnies hema et lendu, autour de la ville de Bunia.

17 Sur l'autoroute A6, à proximité de Lyon, 28 touristes allemands trouvent la mort dans un accident de car provoqué par la pluie et une vitesse excessive.
La Slovaquie approuve à 92,6 % son adhésion à l'Union européenne. Mais le taux de participation au référendum n'est que de 52,15 %.

18 Les libéraux et les socialistes remportent les élections législatives belges ; le parti d'extrême droite, le Vlaams Block, poursuit sa progression.

20 Le premier cas d'encéphalopathie spongiforme bovine du continent américain est détecté au Canada. Les États-Unis, la Corée du Sud et le Japon suspendent leurs importations de bœuf canadien.
La cour d'appel de Lyon estime que le cas des 6 prisonniers français de la base américaine de Guantanamo (Cuba) ne relève pas du droit français.

21 Un violent tremblement de terre ravage la région d'Alger, notamment la ville de Boumerdès. Le bilan fait état d'au moins 2 300 morts et 10 000 blessés. Les secours sont accusés d'avoir été trop lents.

22 Le Conseil de sécurité des Nations unies adopte la résolution américano-britannique qui lève les sanctions pesant sur l'Irak depuis 12 ans et qui organise l'administration du pays.
Réélection de François Hollande à la tête du Parti socialiste français.

23 Mort du comédien et réalisateur Jean Yanne (63 ans).

24 La finale 100 % française du championnat d'Europe de rugby voit la victoire du stade toulousain, au détriment de Perpignan.

25 Israël approuve la « feuille de route », le plan de paix élaboré par les États-Unis, l'Union européenne, la Russie et les Nations unies, qui prévoit la création d'un État palestinien d'ici à 2005. Mais le gouvernement d'Ariel Sharon s'oppose au retour de tout réfugié palestinien sur le sol israélien.

Nestor Kirchner devient le 52e président de l'Argentine, après l'abandon – avant même le deuxième tour de l'élection présidentielle – de Carlos Menem, chef de l'État de 1989 à 1999.
Des centaines de milliers de manifestants – 359 000 selon la police, 730 000 selon les organisateurs – défilent en France contre le projet Fillon sur les retraites et contre celui de Luc Ferry sur la décentralisation dans l'Éducation nationale.

27 Mohamed Jassem Al-Ali, le directeur général de la chaîne d'information en continu quatarie Al-Jazira, est limogé. Il est soupçonné d'avoir collaboré avec les services de renseignement irakiens.

30 Aung San Suu Kyi, prix Nobel de la paix et dirigeante de l'opposition birmane, est à nouveau arrêtée dans le nord du pays.

Juin

1er Le chef des inspecteurs en désarmement des Nations unies, Hans Blix, réaffirme dans son dernier rapport, n'avoir « pas trouvé [en Irak] la preuve [...] de quantités significatives d'armes prohibées ».

3 Expulsé d'Arabie Saoudite, Christian Ganczarski est arrêté à son arrivée en France. Cet Allemand converti à l'islam serait lié à l'attentat contre la synagogue de Djerba (Tunisie) qui avait coûté la vie à 21 personnes, en avril 2002.
Une collision entre un train de marchandises et un train de voyageurs à Chinchilla, dans le sud-est de l'Espagne, fait une vingtaine de morts et une quarantaine de blessés. C'est le treizième accident ferroviaire dans ce pays depuis le début de l'année.
Arrestation au Maroc de Pierre Robert. Ce Français de 31 ans, de confession musulmane, est soupçonné d'avoir participé aux attentats de Casablanca, en mai.

4 Le président américain George Bush et les Premiers ministres israélien et palestinien Ariel Sharon et Mahmoud Abbas lancent, à Akaba (Jordanie), un nouveau processus de paix au Proche-Orient, la « feuille de route » imaginée par les États-Unis, l'Union européenne, la Russie et les Nations unies, qui prévoit la création d'un État palestinien d'ici 2005.
Le Comité politique et de sécurité de l'Union européenne (COPS) décide d'envoyer des militaires dans l'est de la République démocratique du Congo, dans la province de l'Ituri secouée par des affrontements ethniques, depuis près de 5 ans.

8 Les Polonais approuvent à 77 % l'adhésion de leur pays à l'Union européenne.

Décès du premier Français contaminé par le SRAS. Ce cardiologue de 65 ans avait contracté le Syndrome respiratoire aigu sévère en mars 2003, au Vietnam. Au total, l'épidémie a fait plus de 900 victimes, dans 32 pays différents.

11 Un attentat-suicide, revendiqué par le Hamas, fait 18 morts dans le centre-ville de Jérusalem-Ouest. Une heure plus tard, 7 personnes – dont l'un des responsables de l'aile militaire de cette organisation islamiste – sont tuées dans un raid de l'armée israélienne sur Gaza.

En Autriche, le Parlement adopte la réforme des retraites : il faudra désormais cotiser 45 ans pour atteindre un taux plein et le montant de la pension ne sera plus calculé sur 15 annuités, mais sur 40. Le droit à une retraite anticipée sera supprimé en 2017.

Pendant plusieurs jours, des milliers d'étudiants iraniens manifestent contre les dignitaires religieux conservateurs et pour réclamer des réformes.

12 Décès de l'acteur américain Gregory Peck (87 ans).

13 Décès de l'animateur et du producteur de télévision Guy Lux. L'inventeur d'*Intervilles* et du *Schmilblick* avait 83 ans.

La Convention sur l'avenir de l'Europe adopte un projet de Constitution pour une Union européenne élargie à 25 pays.

14 La République tchèque se prononce en faveur de son entrée dans l'Union européenne (77,33 % de « oui »).

15 Tony Parker, le jeune meneur (21 ans) des San Antonio Spurs, conduit son équipe à la victoire, en finale de la NBA (National Basketball Association), face aux New Jersey Nets. C'est le premier Français à disputer et à remporter cette compétition.

17 Au Liberia, signature d'un accord de cessez-le-feu qui prévoit, dans le mois à venir, un « accord de paix intégral » au terme duquel Charles Taylor devra abandonner le pouvoir, 14 ans après avoir déclenché une guerre civile pour s'en emparer. Malgré cette trêve, les combats reprennent.

L'Organisation mondiale de la santé lève son avis déconseillant de se rendre à Taiwan, en raison de l'épidémie de pneumonie atypique.

167 membres de l'Organisation des moudjahidines du peuple iranien – dont Maryam Radjavi, la femme du dirigeant de ce mouvement terroriste – sont interpellés à Auvers-sur-Oise (Val-d'Oise). Dans les jours qui suivent, 6 Iraniens tentent de s'immoler par le feu à Londres, Paris et Berne en signe de protestation.

Mise en examen pour « complicité de dénonciation de crime imaginaire » de Patricia, l'une de deux prostituées qui avaient cité le nom de Dominique Baudis, dans l'affaire Patrice Alègre. Selon elles, l'ancien maire de Toulouse aurait participé à des soirées sado-masochistes organisées par le tueur en série.

18 La Cour de cassation rend un arrêt confirmant le non-lieu dans l'affaire du sang contaminé. Les 30 personnes mises en examen pour empoisonnement ou homicide – parmi lesquelles de hauts fonctionnaires et des médecins – ne seront pas jugées.
En Italie, la Chambre des députés confirme la décision du Sénat de suspendre les procès en cours de hauts responsables de l'État, jusqu'à la fin de leur mandat.
Dans le procès des comptes du Crédit Lyonnais, l'ancien président de la banque, Jean-Yves Haberer, et son numéro 2, François Gille, sont condamnés à des peines de prison avec sursis. Le gouverneur de la Banque de France Jean-Claude Trichet – directeur du Trésor à l'époque des faits – est relaxé. Il pourra donc succéder à Wim Duisenberg à la tête de la BCE (Banque centrale européenne).

20 6 policiers sont tués et 14 personnes blessées dans un attentat-suicide contre des bâtiments officiels, à Grozny. Le président russe, Vladimir Poutine, promet la tenue rapide d'une élection présidentielle en Tchétchénie.

22 Pour la première fois, les Français remportent la Coupe d'Europe d'athlétisme à Florence, en Italie.
José Bové, le porte-parole de la Confédération paysanne, est interpellé chez lui à l'aube et incarcéré à la prison de Villeneuve-lès-Maguelone. Le leader de la Confédération paysanne avait été condamné à dix mois de prison ferme pour destruction d'organismes génétiquement modifiés (OGM). Il est libéré le 2 août.

26 Le footballeur camerounais Marc Vivien Foé s'écroule sur la pelouse du stade Gerland de Lyon, pendant la demi-finale de la Coupe des confédérations. La finale – remportée par la France, face au Cameroun – est dédiée au joueur décédé accidentellement.

27 Le MEDEF et trois organisations syndicales signent un accord modifiant le système d'indemnisation chômage des intermittents du spectacle. La CGT, majoritaire dans le monde du spectacle, et FO sont contre. Plusieurs milliers d'intermittents manifestent à Paris et en province et empêchent la tenue de spectacles. Le 29, l'ouverture du Festival d'art lyrique d'Aix-en-Provence est suspendue.

29 Le Hamas, le Djihad islamique et le Fatah annoncent une trêve des attentats. Israël se retire d'une partie de Gaza, mais continue à construite une ligne de sécurité de 140 kilomètres en Cisjordanie, afin d'empêcher l'intrusion sur son territoire de kamikazes palestiniens.
Décès de l'actrice américaine Katharine Hepburn (96 ans).

Juillet

1er L'Italie prend la présidence de l'Union européenne. Le 2, Silvio Berlusconi, chef du gouvernement italien, traite de nazi un député allemand du Parlement européen.

2 En Algérie, les deux principaux dirigeants du FIS (Front islamiste de libération), Abassi Madani et Ali Benhadj, sont libérés après avoir passé 12 ans en prison pour « atteinte à la sûreté de l'État ».

3 Maryam Radjavi est relâchée. La femme du dirigeant de l'Organisation des moudjahidines du peuple iranien reste cependant mise en examen, notamment pour « association de malfaiteurs en relation avec une organisation terroriste ».

4 Arrestation en Corse d'Yvan Colonna, assassin présumé du préfet Érignac.
Décès du chanteur Barry White (58 ans).

5 Un attentat-suicide lors d'un concert de rock à Moscou fait une cinquantaine de blessés et 18 morts, parmi lesquels les deux femmes – des indépendantistes tchétchènes – qui se sont fait sauter.

6 Les Corses rejettent à 50,98 % le projet de réforme institutionnelle proposée par le gouvernement, qui prévoyait notamment l'instauration d'une collectivité unique remplaçant les départements de Haute-Corse et de Corse du Sud. 2 100 voix à peine séparent le « oui » du « non ».

7 Le ministre de la Culture, Jean-Jacques Aillagon, annonce que le système actuel d'assurance-chômage des intermittents du spectacle sera maintenu jusqu'à la fin de l'année. Le nouveau protocole ne sera que progressivement mis en application à partir de 2004-2005, avec des aménagements. Les intermittents ne décolèrent pas : le 8, les Francopholies de La Rochelle et le Festival d'Avignon sont annulés, tout comme de nombreuses autres manifestations partout en France, tout au long de l'été.

8 La Maison-Blanche reconnaît pour la première fois que des informations utilisées pour justifier la guerre en Irak étaient fausses : il n'y a pas eu de transactions entre Bagdad et le Niger en vue d'acheter de l'uranium, contrairement à ce qu'avait affirmé l'administration Bush.

10 Arrestation du braqueur Antonio Ferrara qui s'était échappé de la prison de Fresnes, le 12 mars.

11 Les 8 nationalistes corses qui comparaissaient devant la cour d'assises spéciale de Paris pour l'assassinat du préfet Claude Érignac, en février 1998, sont condamnés à des peines allant de 15 ans de prison à la réclusion à perpétuité.

13 Mort du Cubain Compay Segundo. Le compositeur et chanteur du *Buena Vista Social Club* avait 95 ans.

15 De violents orages s'abattent sur le sud-ouest de la France. L'état de catastrophe naturelle est décrété dans 5 départements.

16 Décès de la chanteuse cubaine Celia Cruz.

17 Suicide de David Kelly, un expert britannique en armes biologiques, qui avait fourni des informations à la BBC. Dans un reportage diffusé en mai, la radio avait accusé le gouvernement d'avoir gonflé les chiffres des armes de destruction massive détenues par l'Irak afin de justifier la guerre.

Le Pentagone reconnaît être confronté à « une guérilla persistante » en Irak. Une trentaine de soldats américains ont été tués au cours d'attaques depuis la fin de la guerre, le 1er mai.

17-18 De violents incendies ravagent 11 000 hectares de sous-bois et de pinèdes dans le massif des Maures (Var).

19 Pour la troisième fois en un mois, les rebelles lancent un assaut contre Monrovia, la capitale du Liberia. Les combats reprennent avec les forces gouvernementales et, le 20, le quartier des ambassades est bombardé. Le président Charles Taylor se dit prêt à quitter le pouvoir dès qu'une force internationale sera déployée.

21 Le gouvernement français annonce que le taux de rémunération du Livret A passera de 3 % à 2,25 % à compter du 1er août.

22 Les deux fils aînés de Saddam Hussein, Oudaï et Qoussaï, sont tués au cours d'un raid américain sur Mossoul (Irak).

23 Patrick Henry est condamné à 4 ans de prison pour détention de cannabis alors qu'il était en liberté conditionnelle. L'assassin du petit Philippe Bertrand retourne donc derrière les barreaux pour y purger à nouveau une peine à perpétuité.

24 En raison d'une campagne de signatures contre lui, le gouverneur de Californie, Gray David, doit remettre en jeu son mandat. C'est la première fois que cette procédure, dite du *recall*, aboutit aux États-Unis.

Le Parlement français adopte la réforme des retraites qui prévoit l'alignement progressif de la fonction publique sur le privé et l'allongement de la durée de cotisation.

27 Le coureur cycliste américain Lance Armstrong remporte son cinquième Tour de France, qui fête son centenaire cette année.

28 Décès de l'acteur et humoriste d'origine britannique Bob Hope (100 ans).

À cause d'une vague de chaleur exceptionnelle, les incendies reprennent dans le sud de la France, notamment dans le massif des Maures, ainsi que dans le sud de l'Europe. En une semaine, 25 personnes décèdent et des milliers d'hectares de forêts et de sous-bois sont détruits. Le 4 août, le Portugal décrète « l'état de calamité nationale ».

Août

1er Un attentat-suicide au camion piégé devant l'hôpital militaire de Mozdok (Russie) fait 35 morts. La piste tchétchène est évoquée par les autorités russes.
Décès de l'actrice française Marie Trintignant (41 ans), victime d'un œdème cérébral. Son compagnon, Bertrand Cantat, leader du groupe Noir Désir, est soupçonné de l'avoir frappée.
Le Sénat belge abroge la loi de 1993 dite « de compétence universelle » qui permettait aux juges d'instruire toute plainte pour crime contre l'humanité déposée en Belgique. Désormais, toute affaire devra avoir un lien avec ce pays.

4 Au Liberia, arrivée des premiers soldats de la force de paix ouest-africaine, après plus de 15 jours de combats violents entre les rebelles et les soldats du gouvernement. Le 11, Charles Taylor quitte le pays et confie le pouvoir au vice-président Moses Blah.

5 Une voiture piégée explose devant un hôtel de Djakarta (Indonésie) et fait 14 morts et plus de 150 blessés, deux jours avant l'ouverture du procès de membres de la Jamaah Islamiyah, organisation terroriste proche d'al-Qaïda, soupçonnés d'avoir organisé l'attentat de Bali en octobre 2002.

7 Attentat à la voiture piégée devant l'ambassade de Jordanie à Bagdad (Irak). Bilan : 19 morts et une soixantaine de blessés.

10 Décès du cinéaste français Jacques Deray (74 ans).

12 Arrestation en Thaïlande d'Hambali, l'un des chefs de la Jamaah Islamiyah, accusé d'avoir fomenté plusieurs attentats meurtriers en Indonésie.

14 Une gigantesque panne d'électricité frappe le nord-est des États-Unis et le sud-est du Canada. New York est paralysée pendant 29 heures.

15 La Libye reconnaît sa responsabilité dans l'attentat de Lockerbie en 1988 et s'engage à verser 2,7 milliards de dollars aux familles des 270 victimes. Le 31, elle signe un accord avec la France et revoit à la hausse l'indemnisation des proches des 170 personnes mortes dans l'explosion d'un DC 10 d'UTA en 1989. Le 12 septembre, l'ONU lève les sanctions qui pesaient sur le pays depuis 15 ans.

18 En France, le professeur Lucien Abenaïm, directeur général de la Santé, démissionne après avoir été mis en cause par Jean-François Mattéi qui affirme ne pas avoir été prévenu de la gravité de la situation. La canicule qui a sévi en France pendant tout l'été aurait fait plus de 11 000 morts entre le 1er et le 15 août, selon le ministère de la Santé.
Les 14 otages européens détenus depuis plus de six mois par des islamistes algériens – probablement des membres du GSPC (Groupe

salafiste pour la prédication et le combat) – sont libérés, dans le nord du Mali.

19 Un camion explose devant le siège de l'Organisation des Nations unies à Bagdad et fait 24 morts, parmi lesquels le représentant des Nations unies en Irak, Sergio Vieira de Mello.

Attentat-suicide dans un bus à Jérusalem-Ouest. Bilan : 22 morts et une centaine de blessés. Israël décide d'intensifier ses attaques ciblées contre des dirigeants islamiques palestiniens. Le 21, Ismaïl Abou Chanab, un haut responsable du Hamas à Gaza, est tué par un hélicoptère de combat israélien. Les mouvements radicaux palestiniens rompent la trêve de trois mois qu'ils s'étaient engagés à respecter le 29 juin.

21 Confirmant la décision de la Chambre des députés, le Sénat argentin abroge les lois du Point final et du Devoir d'obéissance qui empêchaient jusqu'à présent que les ex-tortionnaires de la dictature (1976-1983) soient jugés. La Cour suprême doit encore déclarer inconstitutionnelles ces lois dites du pardon.

24 Première élection présidentielle au Rwanda depuis le génocide perpétré en 1994. Paul Kagame est réélu avec plus de 94 % des voix.

25 Deux attentats à la voiture piégée font 52 victimes et une centaine de blessés à Bombay (Inde).

27 Mort de l'homme politique français Pierre Poujade (82 ans).

28 En Grande-Bretagne, le Premier ministre Tony Blair est entendu par la justice dans le cadre de l'affaire Kelly. Le 29, son conseiller en communication, Alastair Campbell, démissionne.

29 Une voiture piégée explose devant le mausolée d'Ali, dans la ville sainte chiite de Nadjaf (sud de l'Irak) et fait 85 morts – dont Mohammed Baker Hakim, l'un des dignitaires du pays – et plus de 200 blessés.

Décès de l'acteur français Michel Constantin.

30 Les pays membres de l'OMC signent un accord autorisant les pays pauvres à importer des médicaments génériques pour lutter contre les maladies infectieuses les plus graves.

Mort de l'acteur américain Charles Bronson (81 ans).

31 Fin des championnats du monde d'athlétisme au Stade de France (Seine-Saint-Denis). Les Bleus remportent 7 médailles, un record historique pour l'athlétisme français.

Reprise des incendies en Corse et dans le sud de la France, notamment dans le massif des Maures. 3 pompiers décèdent en luttant contre les flammes. Depuis le début de l'année, 10 personnes sont mortes et 60 000 hectares de forêt et de sous-bois sont partis en fumée en France. C'est le pire bilan depuis 30 ans.

Septembre

1er Aux Pays-Bas, le ministère de la Santé autorise la vente de cannabis, sur ordonnance, aux malades atteints de cancer, du sida, de sclérose en plaques ou de troubles nerveux graves.

2 Attentat à la voiture piégée devant le quartier général de la police irakienne à Bagdad. Bilan : 1 mort et une quinzaine de blessés.

Abou Bakar Bashir est condamné à 4 ans de prison pour trahison. Le tribunal de Djakarta n'a pas retenu contre lui les accusations le présentant comme le chef de la Jamaah Islamiyah, réseau terroriste soupçonné d'entretenir des relations avec d'al-Qaïda et d'avoir organisé de nombreux attentats en Indonésie.

6 Démission du Premier ministre palestinien, Mahmoud Abbas, en raison d'un désaccord avec le président Yasser Arafat sur le contrôle des services de sécurité. Il est remplacé par le président du Parlement palestinien, Ahmed Qoreï.

9 En riposte à la tentative d'assassinat de leur chef spirituel, le cheikh Ahmed Yacine, le 6, les militants du Hamas commettent deux attentats-suicides en Israël. Le premier cause la mort de 8 soldats israéliens, à un arrêt de bus à la sortie de Tel-Aviv. Une autre explosion, devant un café de Jérusalem, fait 7 morts.

À Ebril (Irak), une voiture piégée conduite par un kamikaze saute dans un centre de services de renseignement américain, tuant 3 personnes.

10 La ministre suédoise des Affaires étrangères, Anna Lindh, qui militait pour l'adoption par son pays de l'euro, est tuée d'un coup de couteau en pleine rue. Le 14 septembre, pour la seconde fois, la Suède dit « non » à la monnaie unique (56,1 % des voix).

11 Le cabinet de sécurité israélien vote en faveur de l'éviction du président palestinien, Yasser Arafat, laissant la voie ouverte à son expulsion ou à son assassinat.

14 L'Union européenne place toutes les branches du Hamas sur sa liste des organisations terroristes. Conséquence : leurs avoirs sont gelés dans les 15 pays membres.

Les Estoniens approuvent à 66 % leur entrée dans l'Union européenne.

Échec des négociations sur la libéralisation du commerce mondial à Cancún (Mexique). L'Europe et les États-Unis ne sont pas parvenus à trouver un terrain d'entente avec le « groupe des 21 » mené par la Chine, le Brésil et l'Inde.

19 Le passage sur la côte est des États-Unis de l'ouragan Isabel fait au moins 28 morts. L'état de catastrophe naturelle est décrété dans le Maryland, en Virginie et en Caroline du Nord.

20 Référendum sur l'adhésion de la Lettonie à l'Union européenne. Le « oui » l'emporte à 67 %.

22 Attentat-suicide près du siège de l'ONU à Bagdad (Irak). Deux personnes – le kamikaze et un garde – sont tuées sur le coup, 17 personnes sont blessées.
La Commission européenne juge « satisfaisant » le plan financier de sauvetage d'Alstom concocté par l'État français et les banques créancières du groupe industriel. Alstom, endetté à hauteur de 5 milliards d'euros, échappe au dépôt de bilan dans l'immédiat. Bruxelles doit encore donner son accord définitif.

23 Le Parlement européen approuve la nomination de Jean-Claude Trichet à la présidence de la Banque centrale européenne. Le 1er novembre, il succède au Néerlandais Wim Duisenberg.
La Commission des comptes de la Sécurité sociale confirme un déficit « historique » de l'assurance-maladie. Le déficit du régime général est estimé à 8,9 milliards d'euros pour 2003 et 13,6 milliards d'euros pour 2004.
En Côte-d'Ivoire, les rebelles suspendent leur participation au gouvernement, accusant le président Gbagbo de bloquer le processus de réconciliation nationale issu des accords de Marcoussis.

25 À Bagdad (Irak), une bombe saute devant un hôtel abritant une équipe de journalistes de NBC, tuant un vigile somalien.

26 Décès de Vincent Humbert (22 ans). Ce pompier, tétraplégique, muet et presque aveugle depuis trois ans, suite à un accident de la route, avait exprimé à plusieurs reprises son souhait de mourir. Le 24, sa mère lui avait injecté des barbituriques, le plongeant dans un coma profond dont il n'est jamais sorti.
Après quatre mois de détention dans un lieu secret, Aung San Suu Kyi, chef de l'opposition birmane, est à nouveau placée en résidence surveillée.

27-28 Une gigantesque panne d'électricité affecte toute l'Italie – à l'exception de la Sardaigne – provoquant le décès de 4 personnes.

28 Mort du cinéaste et écrivain Elia Kazan (94 ans).
Un attentat à la moto piégée, attribué par les autorités aux FARC, fait 11 morts et 47 blessés à Florencia.

29 Retour des États-Unis au sein de l'UNESCO (Organisation des Nations unies pour l'éducation, la science et la culture). Le pays avait claqué la porte de cette agence de l'ONU en 1984, la jugeant corrompue et inefficace.
La Commission européenne donne son accord conditionnel à la fusion entre les géants de l'aluminium canadien Alcan et français Pechiney.
Les compagnies française Air France et néerlandaise KLM annoncent

leur mariage pour le printemps 2004. Elles formeront le premier groupe européen de transport aérien en termes de chiffre d'affaires.

Octobre

1er Le gouvernement israélien approuve le tracé de 290 kilomètres supplémentaires de la « ligne de sécurité » entre Israël et les territoires palestiniens, censée empêcher l'infiltration de kamikazes palestiniens depuis la Cisjordanie. 140 kilomètres ont déjà été construits en juillet.

2 En Algérie, le Front de libération nationale, première force politique du pays, se retire du gouvernement de coalition estimant ne plus pouvoir soutenir le président. Les membres du FLN accusent Abdelaziz Bouteflika de tenter d'empêcher leur leader, Ali Benflis – son ancien Premier ministre qu'il avait limogé en mai – de se présenter à la présidentielle de 2004.

Dans un rapport d'étape sur les armes de destruction massive en Irak, le chef de l'équipe américaine déclare ne pas avoir découvert d'arsenal illégal. « Nous n'avons pas trouvé à ce jour d'armements réels. Cela ne signifie pas que nous ayons conclu qu'il n'y avait pas d'armements », précise David Kay qui demande de six à neuf mois de plus pour poursuivre les recherches.

Un tribunal fédéral interdit au gouvernement des États-Unis de requérir la peine de mort contre le Français Zacarias Moussaoui, inculpé dans les attentats du 11 septembre 2001, en raison du refus des autorités américaines d'autoriser le témoignage de terroristes présumés pour sa défense.

Élections législatives en Géorgie. Les observateurs internationaux constatent de nombreuses irrégularités ; l'opposition conteste le résultat et organise des manifestations dans tout le pays.

4 À la veille de la fête juive Yom Kippour, une kamikaze palestinienne se fait sauter devant un restaurant de Haïfa. Bilan : 20 morts et une cinquantaine de blessés. Le Djihad islamique revendique l'attentat. Dans la nuit, Tsahal mène un raid près de Damas, contre un camp d'entraînement palestinien soi-disant utilisé par l'organisation terroriste. C'est la première fois depuis une vingtaine d'années que l'armée israélienne opère si loin en Syrie.

5 Le candidat du Kremlin, Akhmad Kadirov, remporte l'élection présidentielle en Tchétchénie, dès le premier tour, avec 81,1 % des voix. Ce scrutin controversé a été organisé par la Russie.

7 L'acteur américain et candidat républicain Arnold Schwarzenegger est élu gouverneur de Californie. Il succède au démocrate Gray Davis révoqué par les Californiens pour sa mauvaise gestion de l'État.
Le Parlement turc autorise l'envoi de troupes en Irak, pour une durée d'un an.
Signature d'un accord de paix au Burundi. Le président et le chef de la principale faction rebelle, les Forces pour la défense de la démocratie, se mettent d'accord sur l'entrée au gouvernement de quatre membres des FDD.

8 Un attentat à la voiture piégée fait 6 victimes dans un quartier populaire de la capitale colombienne, Bogota.

9 À Bagdad, deux attentats simultanés causent la mort de 9 Irakiens et d'un diplomate espagnol.

10 Pour la onzième fois en un siècle d'existence, le prix Nobel de la paix est décerné à une femme, l'avocate iranienne Shirin Ebadi, distinguée pour son action en faveur des droits de l'homme et de la démocratie.
14 personnes décèdent au cours d'une opération de l'armée israélienne contre des activistes palestiniens, dans un camp de réfugiés de Rafah. Le 20, Tsahal lance cinq raids dans la bande de Gaza qui font 12 victimes et des dizaines de blessés.

12 7 Irakiens périssent dans un attentat-suicide à la voiture piégée, à une centaine de mètres d'un hôtel du centre de Bagdad utilisé par du personnel de sécurité américain.
En Formule 1, Michael Schumacher remporte son sixième titre mondial, dépassant ainsi le palmarès de l'Argentin Juan Manuel Fangio.

12-17 De violents affrontements entre forces de l'ordre et manifestants font plus de 80 morts en Bolivie. Depuis plus d'un mois, une partie de la population proteste contre un projet du gouvernement d'exporter du gaz naturel *via* un port chilien. Le 17, le président Gonzalo Sanchez de Lozada démissionne et est remplacé par Carlos Mesa.

14 Ouverture, devant la cour d'assises de la Marne, du procès de l'ex-adjudant Pierre Chanal en son absence. Soupçonné du meurtre de 3 des 8 disparus de Mourmelon dans les années 80, il refuse de comparaître. Le 15, il met fin à ses jours avec une lame de rasoir. Il avait déjà fait une tentative de suicide en mai, ce qui avait entraîné le report du procès.
Un kamikaze se tue en faisant exploser sa voiture devant l'ambassade de Turquie à Bagdad (Irak). Une dizaine de personnes sont blessées.
Décès du cancérologue français Léon Schwartzenberg (79 ans).

15 La cour d'assises de Paris condamne en appel l'ancienne infirmière, Christine Malèvre, à 12 années de prison pour l'assassinat de 6 patients de l'hôpital de Mantes-la-Jolie (Yvelines) et l'innocente du septième décès.

18 Décès du journaliste et écrivain espagnol Manuel Vázquez Montalbán (64 ans).

19 Le pape Jean-Paul II béatifie mère Teresa de Calcutta.
Forte percée de la droite populiste aux élections législatives en Suisse. L'Union démocratique du centre devient le premier parti politique du pays.

20 95 % des buralistes français font grève, pour la première fois de leur histoire. Ils protestent contre les hausses répétées des taxes sur le tabac.

21 Au lendemain d'un accord entre dirigeants catholiques et protestants, le gouvernement britannique annonce que des élections auront lieu en Irlande du Nord, le 26 novembre, ouvrant ainsi la voie à la restauration de l'assemblée et du gouvernement de la province suspendus depuis octobre 2002. Au dernier moment, le leader unioniste, David Trimble, émet des réserves quant au désarmement de l'IRA (armée républicaine irlandaise).
L'Iran s'engage à coopérer avec l'AEIA (Agence internationale de l'énergie atomique) et à suspendre son programme d'enrichissement en uranium.

24 Les trois derniers Concorde transportant des passagers atterrissent à l'aéroport d'Heathrow à Londres.

25 Arrestation de Mikhaïl Khodorkovski, patron de la société pétrolière Ioukos. L'homme le plus riche de Russie, adversaire politique potentiel du président Vladimir Poutine, est incarcéré pour fraude et évasion fiscale.

26 Un soldat américain est tué et 17 personnes sont blessées dans l'attaque à la roquette contre un hôtel de Bagdad dans lequel séjourne le secrétaire adjoint américain à la Défense, Paul Wolfowitz. Le lendemain, au premier jour du Ramadan, cinq attentats-suicides à la voiture piégée ont lieu dans la capitale irakienne. En moins d'une heure, le Comité international de la Croix-Rouge et quatre postes de police sont touchés. Bilan : 43 morts, 224 blessés. Le 28, un kamikaze tue 7 personnes – dont des écoliers – en faisant exploser sa voiture près d'un commissariat de Falloujah.

29 Le nouveau Premier ministre malaisien, Abdullah Ahmad Badawi, succède à Mahathir Mohamad qui se retire de la vie politique après 22 ans passés au pouvoir.

Novembre

2 En Irak, un hélicoptère américain est abattu en plein vol, près de Falloujah. 15 militaires décèdent ; 21 sont blessés. C'est l'attaque la plus meurtrière que subissent les États-Unis depuis la chute de Bagdad, le 9 avril.

4 Au cours de son procès, Gary Ridgway, un Américain de 54 ans surnommé « le tueur de Green River », avoue les meurtres de 48 femmes. Jamais aux États-Unis un meurtrier en série n'avait reconnu un tel nombre de crimes.

Les pompiers parviennent à maîtriser les incendies qui, en deux semaines, ont fait 22 victimes et ont ravagé près de 300 000 hectares de végétation dans le sud de la Californie.

5 Au Cambodge, les deux formations de l'opposition, le Funcinpec (Front d'union nationale pour un Cambodge indépendant) et le PSR (Parti Sam Rainsy), acceptent de faire partie d'un gouvernement dirigé par le Premier ministre sortant, Hun Sen, et son parti, le Parti du peuple cambodgien. L'accord met fin à une crise politique, le PPC, vainqueur des élections de juillet 2003, ne parvenant pas à former un gouvernement faute d'avoir réuni la majorité des deux tiers des députés.

Au Sri Lanka, la présidente Chandrika Kamaratunga décrète l'état d'urgence en signe d'opposition au processus de paix entre le gouvernement du pays et le mouvement des Tigres tamouls.

9 Attentat-suicide à la voiture piégée contre un complexe résidentiel pour expatriés à Ryad (Arabie Saoudite). Bilan : 17 morts et 122 blessés.

Élections législatives au Japon. La coalition conservatrice, qui soutient le Premier ministre Junichiro Koizumi, reste majoritaire.

12 Un attentat visant le quartier général des carabiniers italiens à Nassiriya (sud de l'Irak) fait 31 morts.

Dans l'affaire Elf, qui portait sur le détournement de plus de 2 milliards de dollars, le tribunal correctionnel de Paris condamne 30 des 37 prévenus à des peines de prison ferme. Les trois principaux dirigeants de la société de 1989 à 1993 sont les plus lourdement sanctionnés : Loïk Le Floch-Prigent et Alfred Sirven écopent de 5 ans de prison ; André Tarallo de 4 ans.

La séance des questions d'actualité au gouvernement à l'Assemblée nationale est interrompue par un groupe d'intermittents du spectacle qui dénoncent la réforme de leur régime d'assurance-chômage.

13-14 Le FLNC-UC (Front de libération nationale de la Corse-Union des combattants), la principale formation clandestine de Corse, annonce une trêve sans condition des attentats, dans la perspective d'une union des mouvements nationalistes pour les élections territoriales de mars 2004.

15 Un double attentat contre des synagogues fait 24 morts et 146 blessés, à Istanbul (Turquie).

Les États-Unis annoncent un plan pour l'Irak prévoyant le transfert du pouvoir à un gouvernement provisoire d'ici fin juin 2004 et la tenue d'élections avant fin 2005.

Aux Chantiers de l'Atlantique à Saint-Nazaire (Loire-Atlantique), lors d'une visite réservée aux personnels et à leurs proches, une passerelle du *Queen Mary II*, le plus grand paquebot du monde, s'effondre. Bilan : 16 morts et 32 blessés.

16 Invalidée pour la troisième fois en treize mois faute de participation, l'élection présidentielle en Serbie voit la défaite des réformateurs au profit des nationalistes radicaux. C'est maintenant au président sortant ou au président du Parlement de convoquer un nouveau scrutin.

18 Les ministres des Finances de la zone euro suspendent les procédures engagées contre la France et l'Allemagne pour le dérapage de leurs déficits, mettant ainsi à mal l'existence du pacte de stabilité.

20 Deux attentats à la voiture piégée contre le consulat de Grande-Bretagne et contre les bureaux de la banque anglaise HSBC à Istanbul (Turquie) font 27 victimes et plus de 450 blessés. Ces actions terroristes, revendiquées par al-Qaïda, interviennent au moment où le président américain, George Bush, est en visite d'État en Grande-Bretagne.

23 Suite à des élections législatives contestées, le président géorgien Édouard Cheverdnadzé est contraint à la démission sous la pression populaire et l'arbitrage de la Russie.

Élections législatives en Croatie. Les nationalistes reviennent au pouvoir, après 4 ans dans l'opposition.

24 Le *sniper* John Allen Muhammad, qui avait semé la terreur dans la région de Washington à l'automne 2002, en tuant 10 personnes, est condamné à la peine de mort.

25 Pour la première fois en Colombie, 855 paramilitaires déposent les armes à Medellín, pour réintégrer la vie civile.

Collision entre deux ferries surchargés sur le lac Maindombe au Congo, durant une tempête. Bilan : 182 morts.

26 Un an après la suspension du gouvernement semi-autonome d'Irlande du Nord, élections à l'assemblée locale. Les ennemis jurés, les protestants radicaux du DUP et les nationalistes catholiques de Sinn Fein, l'emportent.

27 La cour d'assises spéciale de Paris condamne en appel l'islamiste algérien Boualem Bensaïd à la réclusion criminelle à perpétuité assortie d'une période de sûreté de 22 ans, pour avoir commis 3 attentats à Paris, en 1995.

Décembre

1er-3 Des inondations frappent le sud-est de la France et font 7 morts. Violentes manifestations devant la base militaire française d'Abidjan (Côte-d'Ivoire). Des partisans du président Laurent Gbagbo réclament le départ des troupes françaises.

3 Les familles des victimes de l'attentat du DC 10 d'UTA dénoncent « le revirement incompréhensible » de la Libye qui vient de se retirer d'un accord de principe sur leur indemnisation.

4 Ibon Fernandez Iradi, chef présumé de l'appareil logistique de l'organisation séparatiste basque espagnole ETA, est arrêté à Mont-de-Marsan (Landes). Cet Espagnol de 32 ans s'était échappé en décembre 2002 du commissariat de Bayonne (Pyrénées-Atlantiques).

5 Deux jours avant les élections législatives, un attentat-suicide dans un train de banlieue fait 44 morts et plus de 160 blessés dans le sud de la Russie. Moscou en impute la responsabilité aux séparatistes tchétchènes.

Le Tribunal pénal international pour l'ex-Yougoslavie condamne Stanislav Galic à 20 ans de prison pour crimes contre l'humanité et crimes de guerre. L'ancien général bosno-serbe commandait les 18 000 hommes de l'armée serbe qui ont encerclé Sarajevo de 1992 à 1994.

6 Plus d'un million d'Italiens selon les organisateurs, 250 000 selon la police manifestent dans les rues de Rome contre le projet de réforme des retraites du gouvernement de Silvio Berlusconi qui envisage de porter la durée de cotisation de 35 à 40 ans.

7 Le parti du président Vladimir Poutine, Russie unie, remporte les élections législatives russes marquées par le recul du parti communiste et la percée du parti libéral démocratique de Russie du leader ultranationaliste Vladimir Jirinovski.

Le « non » l'emporte en Martinique (72,98 %) et en Guadeloupe (50,48 %) lors du scrutin sur la réforme des institutions locales. En revanche, victoire du « oui » à Saint-Barthélemy (95,51 %) et à Saint-Martin (76,17 %).

Le Zimbabwe quitte le Commonwealth, jugeant inacceptable le prolongement de sa suspension. Le pays avait été exclu de l'organisation en mars 2002, après la victoire à l'élection présidentielle de Robert Mugabe dans des conditions contestées.

L'ancien président du Nicaragua Arnoldo Aleman est condamné à 20 ans de prison, notamment pour blanchiment d'argent et corruption.

8 Décès du pianiste cubain et membre du *Buena Vista Social Club*, Ruben Gonzalez.

9 Arrestation dans la banlieue de Pau (Pyrénées-Atlantiques) du chef présumé de l'appareil militaire de l'organisation séparatiste basque ETA, Gorka Palacios Alday.

12 Un attentat-suicide perpétré à proximité du Kremlin à Moscou (Russie) fait 6 morts.
Décès de l'ancien président de l'Azerbaïdjan, Haïdar Aliev (80 ans), qui a dominé la vie politique pendant une trentaine d'années.

13 L'ancien dirigeant irakien Saddam Hussein est arrêté par les forces américaines dans une ferme à 30 kilomètres de sa ville natale, Tikrit.
Le 15, 9 personnes trouvent la mort dans deux attentats-suicides à la voiture piégée contre des commissariats de la capitale irakienne.
Afin d'éviter de nouveaux combats, les forces gouvernementales et les rebelles de Côte-d'Ivoire commencent à retirer leurs armes lourdes de la ligne de cessez-le-feu qui sépare le pays en deux.
Les 25 pays membres de l'Union européenne élargie échouent à trouver un accord pour doter l'Europe de sa première Constitution.

14 L'équipe de France féminine de handball remporte les championnats du monde, 32 à 29 après prolongations, face à la Hongrie, et offre à la France son premier titre mondial dans un sport collectif féminin.

17 6 membres de l'organisation terroriste du 17 novembre sont condamnés à la prison à vie par une cour spéciale d'Athènes. Ils ont été reconnus coupables de divers attentats perpétrés en Grèce entre 1975 et 2000.

22 Le gouvernement français et la justice américaine parviennent à un accord portant sur 770 millions de dollars, pour éviter un procès pénal dans l'affaire Executive Life. L'ancien président du Crédit Lyonnais, Jean Peyrelevade, est notamment inculpé de conspiration et de violation de la loi bancaire. La banque est accusée d'avoir eu recours à un montage frauduleux pour mettre la main sur l'assureur-vie californien en faillite, en 1991, alors qu'elle était encore publique.

19 Après neuf mois de négociations secrètes menées par les États-Unis et la Grande-Bretagne, la Libye accepte de renoncer à ses programmes d'armes de destruction massive.

23 Après trois mois de boycott, les anciens rebelles de Côte-d'Ivoire reprennent leur place au sein du conseil des ministres et ouvrent ainsi la voix à la relance du processus de paix.
Premier cas de maladie de la « vache folle » détecté aux États-Unis, dans une ferme de l'État de Washington.
L'ancien président de Vivendi Universal, Jean-Marie Messier, renonce à son indemnité de départ de 20,5 millions d'euros.
Le jeune *sniper* Lee Boyd Malvo est condamné à la prison à vie. Âgé de 17 ans au moment des faits, il avait semé la terreur dans la région de Washington, à l'automne 2002.

24 8 Palestiniens – dont un dirigeant du Djihad islamique – sont tués lors d'une incursion de l'armée israélienne à Rafah, dans le sud de la bande de Gaza. Quelques minutes plus tard, un attentat-suicide fait 3 morts et 16 blessés à un arrêt d'autobus près de Tel-Aviv.

24-25 Air France annule ses vols entre Paris et Los Angeles. Les autorités américaines craignaient des attentats.

25 Un Boeing 727 à destination de Beyrouth (Liban) s'écrase peu après son décollage de Cotonou (Bénin). Bilan : au moins 128 morts.

26 Un séisme d'une magnitude 6,3 sur l'échelle de Richter fait environ 35 000 morts et des dizaines de milliers de blessés dans le sud-est de l'Iran. La citadelle de Bam, l'un des joyaux du patrimoine archéologique du pays, est totalement détruite.

27 28 ans après sa création, l'émission de TF1 *30 millions d'amis* s'arrête faute d'audience.

Décès du comédien britannique Sir Alan Bates (69 ans).

28 Le Parti radical serbe (extrême droite nationaliste), allié de Slobodan Milosevic, sort vainqueur des élections législatives en Serbie. L'ex-président yougoslave – qui est actuellement jugé par le Tribunal pénal international de La Haye pour crimes de guerre – remporte un siège au Parlement.

Table

Du même auteur
sélection

AUX ÉDITIONS ALBIN MICHEL

Pour l'amour de Marie Salat
roman épistolaire, 1986

AUX ÉDITIONS BLANCHE

L'Orage
roman érotique, 1996

AUX ÉDITIONS FAYARD

Blanche et Lucie
roman, 1976

Le Cahier volé [épuisé]
roman, 1978

Contes pervers
nouvelles, 1980

La Révolte des nonnes
roman, 1981

Les Enfants de Blanche
roman, 1982

Lola et Quelques Autres
nouvelles, 1983

Sous le ciel de Novgorod
roman, 1989

La Bicyclette bleue
1981

101, avenue Henri-Martin
La Bicyclette bleue, tome 2, 1983

Le Diable en rit encore
La Bicyclette bleue, tome 3, 1985

Noir Tango
La Bicyclette bleue, tome 4, 1991

Rue de la Soie
La Bicyclette bleue, tome 5, 1994

La Dernière Colline
La Bicyclette bleue, tome 6, 1996

Cuba Libre !
La Bicyclette bleue, tome 7, 1999

Camilo
Portrait du révolutionnaire cubain Camilo Cienfuegos
1999

Alger, ville blanche
La Bicyclette bleue, tome 8, 2001

Les Généraux du crépuscule
La Bicyclette bleue, tome 9, 2003

Pêle-mêle, Chroniques de *L'Humanité*
tomes I à IV, 1998, 1999, 2000, 2002

AUX ÉDITIONS JEAN-JACQUES PAUVERT

O m'a dit
Entretiens avec l'auteur d'*Histoire d'O*, Pauline Réage
1975, nouvelle édition avec une préface inédite, 1995

COMPOSITION : IGS CHARENTE-PHOTOGRAVURE À L'ISLE-D'ESPAGNAC
IMPRESSION : IMPRIMERIE FIRMIN-DIDOT AU MESNIL-SUR-L'ESTRÉE (EURE)
DÉPÔT LÉGAL : FÉVRIER 2004. N° 58527 (67167)

Journal de la fin du siècle

1991
Les Frontières vives
par Michel Winock

1993
Journal d'une Parisienne
par Françoise Giroud

1994
Une année Sisyphe
par Edgar Morin

1995
L'Année des dupes
par Jacques Julliard

1997
Théâtre d'ombres
par Bertrand Poirot-Delpech

1998
L'Année du Tigre
par Philippe Sollers

1999
L'Adieu au siècle
par Michel del Castillo

2000
Les Plats de saison
par Jean-François Revel

Journal du nouveau siècle

2001
Le Fracas du monde
par Alain Minc

2002
Chronique des peurs ordinaires
par Alain-Gérard Slama